O DIREITO

Ano 138.° (2006), I

Director

INOCÊNCIO GALVÃO TELLES

O DIREITO

Ano 138.° (2006), I
Director: INOCÊNCIO GALVÃO TELLES

Propriedade de JURIDIREITO – Edições Jurídicas, Lda.
Sede e Redacção: Faculdade de Direito de Lisboa – Alameda da Universidade – 1649-014 Lisboa
Editora: Edições Almedina, SA
Rua da Estrela, n.° 6
Telef.: 239 851 904 – Fax: 239 851 901
3000-161 Coimbra – Portugal
editora@almedina.net

Publicação: cinco números anuais
Assinatura anual € 70,00
Número avulso € 14,00

Coordenação e revisão: Veloso da Cunha
Execução gráfica: G.C. – Gráfica de Coimbra, Lda.
Rua do Progresso, 13 – Palheira
3040-692 Assafarge
Telef.: 239 802 450 – Fax: 239 802 459
producao@graficadecoimbra.pt
Depósito legal: 229122/05
N.° de registo no ICS – 124475

ÍNDICE

ARTIGOS DOUTRINAIS

JURISPRUDÊNCIA ANOTADA

REGISTO BIBLIOGRÁFICO

Artigos Doutrinais

Subsídios para o estudo do Direito processual recursório na área judicial com especial ênfase no processo civil

CONSELHEIRO J. O. CARDONA FERREIRA

SUMÁRIO: *I. Introdução. II. Porquê uma reforma do direito recursório. III. As diversidades recursórias judiciais. IV. O dualismo e o monismo recursório. V. Recorribilidade. VI. Interposição e alegações. VII. Uniformização de jurisprudência. VIII. Concluindo.*

I. **Introdução**

I.1. No momento em que este texto é escrito, está em marcha um debate público, acerca da reforma do sistema de recursos judiciais, algo redutoramente centrado nas áreas cível e penal, decorrente até ao fim de 2005, com sessões de trabalho em várias Universidades, algumas já ocorridas e que, tanto quanto sabemos, tiveram a seguinte programação inicial, todas em 2005:

– 17 de Maio: Universidade Nova de Lisboa;
– 07 de Julho: Universidade do Minho;
– 22 de Setembro: Universidade do Porto;
– 21 de Outubro [1]: Universidade de Coimbra;
– 15 de Dezembro: Universidade de Lisboa.

A estas Universidades, juntou-se, em boa hora, a *Universidade Lusíada de Lisboa*, com um colóquio marcado para 22 de Novembro.

[1] Esta data acabou por ser alterada para outra posterior.

Com estes apontamentos, pretendo dar o contributo que me é possível para a ponderação da referida temática. Consequentemente, este texto servir-me-á de guião nas intervenções que puder ter em algumas das referidas sessões de debate.

Mas será, também, o texto com que espero ter o gosto de colaborar nos Estudos em Homenagem e Memória do Professor Doutor José Dias Marques, para que, amavelmente, fui convidado.

Devo anotar, desde já que, tendo sido aluno do Professor Doutor J. Dias Marques é, obviamente, com respeito e saudade que colaboro em tais Estudos.

Mas, quer por formação, quer por *deformação* funcional, este meu texto não tem a dimensão científica que o Homenageado e os auditórios mereceriam. Com efeito, natural é que, dedicado à Judicatura durante dezenas de anos, *sendo* ainda, essencialmente, Juiz [2], me tenha habituado a sentir, a pensar, a decidir, os casos concretos, e a procurar uma linguagem *directa* que não só contivesse fundamentação mas, mais do que isso, a tornasse, tanto quanto possível, simples, clara, acessível a todos, sem grandes divagações.

E é assim que continuo a dedicar-me e a escrever sobre Justiça e Direito, mesmo quando abordo questões mais difíceis ou menos claras.

Vem de caminho acrescentar que, ainda recentemente, a propósito dos Julgados de Paz, estudei algumas obras sobre esta temática à luz da historicidade, e um dos estudos que tive o gosto de reler foi a síntese, muito clara, da História do Direito Português, do Professor Doutor J. Dias Marques.

Curvo-me, pois, perante a sua Memória; e honra-me esta minha, ainda que modesta e, simplesmente simbólica, colaboração.

I.2. O que eu possa dizer, sobre Direito Recursório, será, na linha que referi, quase esquemático.

Na circunstância, mais ainda do que por força do modo habitual de escrever, acontece que, conforme já reflecti, estes apontamentos não são mais do que isso e, destinando-se, também, a intervenções em colóquios, têm de ser concretos, directos e de dimensão tão reduzida quanto baste, face aos limites temporais de que é usual dispor-se.

Como assim, de entre a multiplicidade de questões que poderia referenciar, focarei, apenas seis [3], quatro de carácter geral, duas específicas, naturalmente a

[2] Embora já não *esteja* Juiz

[3] Aliás e pelas razões referidas, esquematicamente, mais como alertas do que outra coisa.

partir de linhas orientadoras do livro sobre a matéria que elaborei para efeitos académicos [4]:

1. Porquê uma reforma do Direito recursório;
2. As diversidades recursórias judiciais;
3. O dualismo ou o monismo recursório;
4. A recorribilidade;
5. A interposição de recurso e as alegações;
6. A chamada uniformização de Jurisprudência.

Antes de abordar estas questões, devo frisar que, tendo feito parte de uma Comissão de Reforma do Processo Civil, sei que, *basicamente, qualquer reforma depende dos princípios que sejam assumidos*. Se os princípios forem claros, as soluções casuísticas acabarão por aparecer com princípio, meio e fim. Daí a grande importância que dou ao que chamo questões de carácter geral, mais rigorosamente princípios. Mesmo as questões que rotulei sob n.os 5 e 6 e que coloco em grupo de questões específicas, acabam por ter muito a ver com princípios.

E, antes de concretizar, ainda um esclarecimento. Sei, antecipadamente, que aquilo que defendo não é tudo, igualmente, susceptível de motivar decisão favorável. Mas o que procuro parece-me possível e desejável.

Embora, como diria Pirandello, para cada um, sua verdade.

II. **Porquê uma reforma do Direito recursório**

Vale a pena?

É certo que quem anda, realmente, pelos Tribunais Judiciais, sabe que os problemas não começam, nem se situam, principalmente, nas fases recursórias.

Os maiores problemas – todos os práticos forenses o sabem – estão na 1.ª instância, em termos processuais, com regulamentarismo e burocracismo exagerados, principalmente na área civilística, com leis organizativas a precisarem de reconsideração, com toda a estrutura a necessitar de *refundação*. É que isto do Direito *vivido* é algo que, por definição, só na *vida* se realiza verdadeiramente. E, em Portugal, reformas, mais ou menos parcelares, dispersas, minis e, até, contraditórias, têm havido muitas; mas, *verdadeira refundação, que abarque as várias vertentes estruturais* do foro judicial, em 9 séculos de História, só houve uma, no

[4] J. O. Cardona Ferreira, *Guia de Recursos em Processo Civil*, 3.ª edição, Coimbra Editora.

século XIX, após o triunfo do Liberalismo, graças a uns poucos homens de génio.

Todavia, se é verdade que os maiores problemas estão na fase da primeira instância – *não obstante o muito que, ali, se trabalha* – a isso, acrescem as delongas, quantas vezes injustificadas, das fases recursórias, já de si complexas, e dos expedientes e abusos a que se prestam.

Logo, *as fases recursórias devem ser revistas e simplificadas, tanto quanto possível, mesmo que, simultaneamente, o não sejam as fases da 1.ª instância.*

Tudo releva – também, ou principalmente, aqui – dos princípios de que se parta, conforme aflorei.

E não podemos esquecer, para sermos realistas que, desde logo nestas matérias, há princípios que nascem contraditórios mas que, na vida real, têm de ser harmonizados. Refiro-me, basicamente, a duas ideias que, hoje, reluzem em todos os textos pertinentes tantas vezes apresentadas como modernas e que, em rigor, vêm de sempre, embora, na actualidade, tenham, efectivamente, um vigor incontornável:

– *o princípio do processo equitativo;*
– *o princípio do prazo razoável.*

Aliás, a meu ver, este é um corolário daquele. E, isto, significa que a harmonização é desejável, possível e lógica.

Embora por outras palavras, permita-se-me que recorde [5] que, já nos alvores do século XV, o Infante D. Pedro [6] escrevia, de Bruges, a seu irmão D. Duarte, que viria a ser Rei, e lhe dava conta dos males da Justiça centrados em dois pólos: o rigor e a oportunidade, ou, aliás, a falta de um e de outro, naquele tempo. Com efeito, do mesmo passo que frisava dúvidas sobre o rigor material, terminava essas observações com a impressiva expressão: "... aquelles que tarde vencem ficam vencidos" [7].

Hoje, os *princípios do processo equitativo e do prazo razoável* são expressos por relevantes textos legislativos internacionais [8] e nacionais [9] e pela Doutrina[10], como pela Jurisprudência.

[5] Como tantas vezes tenho feito.

[6] O que a "vilanagem" viria a matar na batalha de Alfarrobeira.

[7] J. P. Oliveira Martins, *Os Filhos de D. João I*, 396.

[8] Designadamente, Declaração Universal dos Direitos do Homem, de 1948 (artigo 10.°), Convenção Europeia dos Direitos do Homem, de 1950 (artigo 6.°), Tratado Constitucional da União

Que tem isto a ver com recursos?

Tem tudo porque, a meu ver, o *princípio da equidade* – ou seja, a atenção ao equilíbrio das posições das partes e à viabilização de correctas decisões dos casos concretos, quer em termos pessoais, quer em termos sociais – implica que as decisões, porque humanamente falíveis, sejam passíveis de recurso, isto é, de reconsideração; mas o *sentido do prazo razoável* motiva que as dúvidas se não eternizem, as reconsiderações sejam tão célebres quanto possível, e não mais que as indispensáveis. Caso contrário, em vez de um, porque não dois ou três, ou quatro, ou vinte recursos, etc., etc.?

O *direito à segunda* opinião não deve confundir-se com a insegurança na definição de direitos e obrigações que, substancialmente, se traduziria, no fundo, por denegação de Justiça.

Sem necessidade de mais considerações, basta pensar que nada asseguraria que, ao 20.° recurso, a causa ficasse melhor decidida do que através da sentença inicial, mormente num sistema como o português, sabido que é, fundamentalmente, *nos factos que as causas se clarificam* e é bem mais seguro *ver falar* (como na 1.ª instância) do que ouvir o que se falou.

Conclusão: recursos, sim; demasiados, não.

Donde, *uma reforma que tenda a reformular os sistemas recursórios na base dos dois princípios que ficam aflorados terá, sempre, toda a justificação.*

III. **As diversidades recursórias judiciais**

Embora, desde pouco depois de 1974, os Tribunais Judiciais não incluam só os cíveis e os criminais mas, também, os laborais, transitados que foram do ultrapassado mundo dito corporativo [11], hoje com competência especializada tripartida (cível, contravencional e contra-ordenacional) e claro reflexo nas três Secções básicas dos Tribunais Superiores (Cíveis, Penais e Sociais), às vezes continua a expressar-se, redutoramente, o mundo judicial apenas bi-partido em cível e criminal.

Europeia, de 2004, que, ratificado ou não, não impede a subsistência da Carta dos Direitos Fundamentais, Parte II, do referido Tratado, artigo 107.°.

[9] Artigo 20.° da Constituição da República Portuguesa.

[10] V.g. LEBRE DE FREITAS, *Introdução ao Processo Civil*, 95.

[11] Veja-se, v.g. a Lei n.° 82/77, de 06.12 (artigos 56.°, 65.° e sgs.) e, dando um salto no tempo, a Lei n.° 3/99, de 13.01 (artigos 78.° e 85.° e sgs.).

Todavia, é seguro que o *luxo* normativo português vai ao ponto de haver códigos de Direito Processual diferentes para os sectores cíveis, criminais e laborais, com regras próprias e, quantas vezes, desnecessariamente divergentes.

A meu ver, ressalvando a ponderação do que, *inevitavelmente*, provoque *nuances* normativas, posto que o Direito processual é instrumental do substantivo, penso que *uma das apostas convenientes deve ser no sentido de, tanto quanto possível, ainda que nem sempre seja fácil, se deve caminhar para a identificação dos três Direitos Judiciais Recursórios, como embrião de um futuro Código de Direito Processual Judicial*. Algo como a extrapolação daquilo a que o C.P.T. já vai chamando "Direito Processual Comum" [12].

Estou a pensar, *brevitatis causa*, por exemplo, no regime monista existente no Direito Processual Penal, e na simultaneidade da interposição de recurso e apresentação de alegações (ou motivação) já existente no Direito Processual Penal [13] e no Direito Processual Laboral [14].

Mas, no Direito Processual Civil que tem teimado em ser, dos três, o mais conservador e avesso a evoluir realmente, continua a vigorar o regime dualista e ainda existem momentos diferenciados para interpor recurso e para alegar [15]. Adiante voltarei a estas questões.

E o que é mais curioso – negativamente! – é que o Direito Processual Civil, sendo o mais formalizado e *passadista*, é o paradigma, aquele que continua a assumir-se como o subsidiário dos outros [16]!

Ora a aproximação – a meu ver, desejável e possível – dos três Direitos Processuais Judiciais deve ser feita com objectivo *simplificador*. O que vale por dizer que as linhas de rumo poderão (deverão) advir, em grande parte, do Direito Processual Penal e do Direito Processual Laboral.

O que não é mais possível é pensar-se que é viável modificar o Direito Processual Civil e o Direito Processual Penal sem se considerarem as implicações que isso terá no Direito Processual Laboral; e, mais, sem se ponderar o que já acontece no Direito Processual Laboral, melhor do que no Direito Processual Civil. Dou, ainda, dois tipos de exemplos, para além do que referi quanto à simultaneidade de interposição de recurso e de alegação, que já acontece no foro laboral, mas não no civil.

[12] Artigo 1.°, n.° 2, *e*), do CPT.

[13] Artigo 411.°, n.° 3, do CPP.

[14] Artigo 81.°, n.° 1, do CPT.

[15] Por exemplo, artigos 676.°, n.° 2, e 698.°, n.° 2, do CPC.

[16] Artigo 4.° do CPP, artigo 1.°, n.° 2, *a*), do CPT.

Por um lado, *o Laboral sofre o reflexo, a meu ver negativo, do regime dualista, vigente no Processual Civil*[17]. Por outro lado, o CPT resolve de uma forma muito mais simples e clara do que o CPC a questão do efeito de recursos ainda ditos de apelação ou agravo[18].

Outrossim, não pode esquecer-se a importância social do Direito Processual Laboral, na vida das pessoas singulares e das empresas, mormente em época de "vacas magras" como é a actual. Há que assumir, na vida real, que o Direito e, em especial, *o Direito do Trabalho, é fundamental para a Economia*[19]. O que também é verdade em sede recursória. Donde, como poder esquecer, para efeitos da reforma em estudo, o que respeite ao Direito Processual Laboral?

Obviamente, simplificações não são o mesmo que facilitismos.

Mas há que assumir que a simplificação, bebida ora num, ora noutro dos três campos judiciais, tem seguras causas-finais, mormente duas que considero incontroversas:

Por um lado, deve legislar-se, tanto quanto possível, *para os cidadãos comuns* compreenderem aquilo que podem e devem fazer, e não apenas os peritos da normatividade, não só para que os cidadãos comuns saibam como podem ou devem agir ou pode ou deve agir-se em seu nome, de forma a ter-se bem noção dos *limites* de uma velha máxima *do tempo em que as Leis eram muito menos e pouco abrangentes* – "a ignorância da Lei não aproveita a ninguém" – para cuja razoabilidade há que ter, quantas vezes, tanta actuação *cum grano salis*; e, outrossim, mais facilmente compreenderem o que decide quem tem de decidir casuisticamente.

E, por outro lado, quanto menos se formalizar a normatividade, mais se poderá deixar margem à Justiça do caso concreto, no fundo à criatividade decisória, porque *são os casos concretos que mais falam às pessoas* em cujo nome os Juízes julgam[20], não o são tanto as abstracções normativas.

Sintetizando: deve aproximar-se, tanto quanto possível, a normatividade recursória em todos os campos judiciais, simplificando-a; sem esquecer que o campo laboral recebe influência do cível e do penal, principalmente daquele, mas que também pode e deve influenciar as opções, com a sua especial vertente de patente

[17] V.g. artigo 80.° do CPT.

[18] Artigo 83.° do CPT e, v.g., artigos 693.° e sgs. do CPC.

[19] Ainda que tantas vezes se esqueça que o mundo da Economia também influencia o Judicial. Quanto pior aquela, mais dificuldades neste. É a interactividade social.

[20] Os Juízes julgam em nome do Povo – artigo 202.°, n.° 1, da CRP – logo, em nome dos Cidadãos.

intervenção social, mormente quando *a interdisciplinaridade entre o Direito e o mundo social, quer humano, quer empresarial, é um dado incontroverso como acontece no nosso tempo e no nosso espaço.*

IV. O dualismo e o monismo recursório

Comecei por abordar algumas linhas de orientação, aliás sem deixar de referir, logo, algum apontamento sobre consequências concretas.

E, na questão que, agora, abordarei, mais se acentuará a concretização da básica orientação que sigo.

Reconheço que tenho, ainda mais nesta matéria, alguma formação e, porventura, o que poderá ser considerado uma deformação, como flui do que, inicialmente, referi.

É que, depois de primeiros trabalhos genéricos por meados dos anos 70 do século XX, aconteceu que, nos anos 80, tive o privilégio de muito aprender e, já agora, de muito trabalhar, durante alguns anos, como elemento de uma Comissão de Reforma do Processo Civil, de cujos trabalhos saíram a chamada Reforma Intercalar[21] – verdadeiramente essencial para se ajudar a impedir a ruptura do sistema judicial que, já então, estava iminente e – o que é, geralmente, ignorado – um Projecto *completo* de novo Código de Processo Civil, entregue ao, então, Ministro da Justiça, em 1990 (depois de um Anteprojecto publicado em 1988), que o Ministério da Justiça veio a publicar, depois de muitas insistências, ainda sob o título Anteprojecto, em 1993[22]. Era um texto discutível, eu próprio o considerava, e considero, necessitado de reanálise, mas era lógico, completo e uma relevante base de trabalho.

[21] Decreto-Lei n.° 242/85, de 07.07

[22] Decerto esse Projecto de novo CPC de 1990 (1993) justificava reconsideração, mas tinha muito de útil. *Por exemplo*, assumia, claramente, uma ruptura a favor do *registo da prova* que veio a dar origem, aliás, *redutoramente*, ao Decreto-Lei n.° 39/95, de 15.02, *anterior* – o que, às vezes, parece esquecer-se – à chamada reforma de 1995/1996 (Decreto-Lei n.° 329-A/95, de 12.12, e Decreto-Lei n.° 180/96, de 25.09). Aquele grupo de trabalho era, todavia, uma Comissão porventura demasiado grande, o que dava origem a empenhadas e extensas discussões. Todas as 108 actas estão, transparentemente, publicadas no Boletim do Ministério da Justiça e apenas as primeiras 26 mereceram as honras de uma publicação autónoma em 1996. Refiro isto porque são subsídios relevantes para os estudos das tentativas de reforma do Direito Processual Civil que, apesar de recentes, parecem esquecidos.

Tudo isto vem ao caso, neste momento concreto destes apontamentos porque, então, tudo começava por se definirem princípios, sem os quais se correria o risco de acabar desordenado; e, no concreto que, aqui e agora, importa, *já nessa altura se propôs (embora sem êxito) o termo do ultrapassado, complicado e complicativo regime cível recursório dualista*, optando-se, abertamente, pelo regime monista de recursos no Direito Processual Cível, com reflexos, desde logo, no Direito Processual Laboral[23].

O que vem a ser isto?

Decerto, todos o sabem.

Para simplificar uma matéria desnecessariamente complexa, o regime dualista leva a que, nos recursos cíveis ordinários, passemos a vida a pensar se cabe apelação ou agravo de 1.ª instância[24], ou se cabe revista ou agravo de 2.ª instância[25]; e, o que é, normalmente, esquecido, *até nos recursos cíveis extraordinários*, há que saber se cabe revisão ou oposição de terceiro (ainda que o "terceiro" possa não ser terceiro, e apesar de a oposição de terceiro levar, também, a uma revisão)[26]. O *luxo* recursório cível é imenso!

Devo reconhecer que, no Projecto de 1990 (1993) assumia-se o monismo quanto aos recursos cíveis ordinários, mas mantinha-se o dualismo nos cíveis extraordinários[27], talvez porque a raridade destes lhes não dava grande relevância.

Sintetizando ideias, continuo a pensar que *o CPP está no caminho certo e o não estão o CPC e o CPT.*

Nem se diga que não é possível e desejável o regime monista. Se o é no campo penal, também o será nos outros campos judiciais.

Aliás, o Projecto de novo CPC – embora aperfeiçoável – apresentado em 1990, e publicado em 1993, demonstra, insofismavelmente, tal possibilidade.

Com o regime monista acabar-se-ia toda a controvérsia sobre objecto de recursos de apelação, ou de revista, ou de agravo, que pode ser muito querida ao labor mental, mas é francamente má em termos de vida real e de acesso cívico ao Direito.

[23] Devido, em grande parte, à imaginação fulgurante do Conselheiro Campos Costa, com quem tive o gosto de trabalhar estreitamente, e a quem rendo a minha homenagem.

[24] Artigos 691.° e 733.° do CPC.

[25] Artigos 721.° e 754.° do CPC.

[26] Artigos 771.° e 778.° do CPC.

[27] Artigo 549.°, n.° 2, do Projecto de 1990 (1993): "Os recursos dizem-se ordinários ou extraordinários; são ordinários a apelação e a revista; são extraordinários a revisão e a oposição de terceiro".

De resto, deixem-me acrescentar algo que gostaria de não empolar, mas que é patente. Se procurarmos, no extensíssimo relatório do Decreto-Lei n.° 329-A/95, de 12 de Dezembro, qualquer justificação para não se ter seguido o regime monista gizado em 1990, o que, verdadeiramente, se encontra é a assunção de que isso, sim, seria uma *reformulação* e não um simples acerto de pormenores e seria *difícil*. Difícil ou não, sendo útil, creio que o caminho é por aí. Não releva acerto de pormenores mas, sim, refundação, que seja ruptura se conveniente à necessária simplificação processual.

Pois, neste campo [28], o Direito anterior às Ordenações que, nestas, se reflectiu, não diferenciava, por exemplo, apelações e agravos; o que fazia era, em termos de linguagem corrente, expressar-se no sentido de *apelação do agravado*, isto é, não diferenciando tipos de recursos, considerava, ao invés, a situação do "agravado", ou seja, do prejudicado, para lhe viabilizar que "apelasse" [29]. Mas a distinção formal entre sentenças ditas "definitivas" e, por outro lado, "interlocutórias" veio a desembocar na complexidade de distinção entre "apelo" e "agravo" e em consequente expressão popular que fez o seu tempo, e continua a fazer.

É tempo, agora, mas de retornar a um regime simples mais eficaz, mais uniforme: o monista.

Ou por outras palavras e em conclusão deste ponto: há que reformular o Direito Recursório Judicial na base do regime monista, na linha do que se reflecte no CPP [30].

E isto é, igualmente, válido para os recursos extraordinários em que, a meu ver, se não justifica distinção entre revisão e oposição de terceiro porque uma coisa é a recorribilidade e, outra, a legitimidade recursória [31]. E, em termos de pormenor, não faz sentido o regime complicativo da autónoma acção de simulação (artigo 779.°, n.° 1, do CPC) no recurso de oposição de terceiros, mais complexo do que na versão do CPC de 1939 (artigo 780.°).

V. **Recorribilidade**

V.1. O que vou dizer a seguir é controverso e, tendo duas sub-questões, reconheço que podem parecer contraditórias.

[28] Como, por exemplo, no do assunto dos sistemas hoje ditos alternativos ou extrajudiciais.

[29] V.g. Ordenações Afonsinas, Livro Primeiro, Títulos 38 e 108.

[30] V.g. artigos 399.° e segs. do CPP.

[31] Artigos 771.° e 778.° do CPC.

Mas não são.

Como já reflecti, uma reforma deve decorrer de princípios claros.

Ora, neste plano essencial, a que chamo *recorribilidade*, estou a pensar num *princípio que tem duas faces*. Como digo num livro que escrevi sobre Recursos [32], o Direito Recursório tem de conjugar *exactidão* com *eficiência*, o que vale dizer que deve haver recorribilidade que viabilize uma *segunda opinião*, como na medicina, mas não demasiadas opiniões, que façam perder em eficiência o *eventual* ganho de exactidão.

Tudo isto sem esquecer que *exactidão* pode ganhar-se ou não. Mas, *eficiência*, perde-se, sempre, mais ou menos, com delonga.

Aqui, penso nos avanços do CPP e, de certo modo, do CPT, em contraponto com a redutora norma do n.° 1 do artigo 678.° do CPC.

O que significa isto? Simplificando razões:

Aprendi, no primeiro julgamento cível a que procedi, que as questões forenses podem ser mais ou menos *juridicamente* difíceis ou fáceis. Mas, para quem as vive e sofre, cada causa, tenha o valor material que tiver, é a mais importante. E, outrossim, para tantos cidadãos, 100 euros podem ser mais importantes do que dez mil ou cem mil para outros.

Por outro lado, é exacto que a Constituição da República Portuguesa não impõe com segurança que haja recurso em todas as causas cíveis [33]. Mas não é menos verdade que as razões constitucionais que apontam no sentido da recorribilidade [34] não têm excepções.

Se, a isto, juntarmos que o valor Justiça não é quantificável, e uma certa abrangência de fundo do princípio da igualdade (artigo 13.° da CRP), facilmente concluímos que todas as causas judiciárias deveriam ser passíveis de recurso – diria em um grau. Ainda que em termos genéricos mas acerca da relevância do princípio da igualdade, "carregado de sentido": Maria da Glória Garcia, *Estudos sobre o Princípio da Igualdade*.

Aliás, os CPP [35] e CPT [36] apontam neste sentido, *mais aquele do que este*, não totalmente autonomizado.

[32] *Guia de Recursos em Processo Civil*, 3.ª edição, 26, Coimbra Editora.

[33] O que tem permitido a consideração jurisdicional da não inconstitucionalidade do n.° 1 do artigo 678.° do CPC, ou seja, por razão negativa: a da não imposição do contrário. V.g. Ac. do TC n.° 360/2005, in *Diário da República*, 2.ª Série, de 03.11.2005

[34] Mormente o direito a processo equitativo (artigo 20.°, n.° 4, da CRP) e a pirâmide jurisdicional [artigo 209.°, n.° 1, *a*) e *b*), da CRP].

[35] V.g. artigo 399.° do CPP.

[36] V.g. artigo 79.° do CPT.

E, se virmos bem, o controverso artigo 669.°, n.° 2, do CPC, a pretexto de pretensas nulidades, o que faz é, na *essência*, viabilizar impugnação de decisões, designadamente, em processos não passíveis de recursos ordinários, obrigando porém à invocação de graves erros do Juiz.

Vem ao caso referir que o Direito Processual Civil espanhol prevê recurso de *apelação* da 1.ª para a 2.ª instância; mas também admite o chamado recurso de "reposición ante el mismo tribunal que dictó la resolución recurrida" "contra todas las providencias y autos no definitivos dictados por qualquer tribunal civil" (artigo 451.° da Lei de Enjuicimento Civil).

Ou seja, a Lei espanhola é mais aberta, mais frontal e mais geral que a regra de pretensas nulidades do n.° 2 artigo 669.° do CPC, que vem a viabilizar o recurso "de reposión" meio *envergonhado*.

Diria que, do mal, o menos: antes recurso, sempre, para o Juiz recorrido, por decisão interlocutória, do que o sistema português.

Mas penso que, *embora com o regime da reparabilidade a que se reporta o artigo 744.° do CPC, as decisões jurisdicionais, por princípio, deveriam admitir, sempre, recurso para Tribunal de 2.ª instância, susceptíveis, necessariamente, de decisão singular do Relator, nos termos do artigo 705.° do CPC, quando de valor inferior à alçada da 1.ª instância.* Mas *sem reclamação,* até porque, se a 1.ª instância decide singularmente, por maioria de razão o deve poder fazer, realmente a segunda[37].

Enfim, o que proponho é que, por regra, *não haja decisões jurisdicionais irrecorríveis*[38]; interlocutórias ou, por maioria de razão, finais e que, para tanto, se aproximem todos os Direitos recursórios judiciais, alterando substancialmente e em especial o artigo 678.° do CPC.

Tenha-se, porém, proponho, em muita *atenção*, o que refiro na nota final destes apontamentos porque, se apoio uma reforma efectiva do Direito Processual Recursório, tal será injustificado se não for acompanhado ou precedido de reforma orgânica e funcional que viabilize, efectivamente, *meios humanos e materiais para que os Tribunais Superiores, mormente os de 2.ª instância, realizem o seu trabalho.*

V.2. Disse que a problemática da recorribilidade tem duas vertentes.

Uma, já abordada, *a da recorribilidade em um grau que, a meu ver, deve ser geral. Outra, a da recorribilidade para o STJ, que, ao invés, deve ser restringida.*

[37] Ideia que já ouvi defendida por ilustre Colega.

[38] Salvo, naturalmente, despachos de mero expediente ou proferidos no uso legal de poder discricionário (artigo 679.° do CPC).

O nosso Direito Processual, mormente o cível, enferma de dois extremos – ou quase extremos – creio que, ambos carentes de modificação: por um lado, imensas causas insusceptíveis de recurso; outras, em que se podem interpor recursos excessivos.

Vejamos esta última questão.

Quem esteve anos no STJ, como eu – e em funções especiais – sabe que o STJ está inundado de processos cuja subida ao Mais Alto Tribunal do País não tem justificação.

O problema, aliás, não se resolve com simples aumento da alçada da 2.ª instância, embora deva começar-se por aí.

Penso que já existe, no foro comum português, embora não judicial, o princípio que deve ser levado para o foro judicial, até porque, se é exacto que os Direitos Processuais Judiciais devem ser aproximados, não podemos esquecermo-nos de que o nosso *luxo* processual não se limita aos Judiciais, estende-se aos Comuns, como os Administrativos e Fiscais.

Ora, o artigo 150.° do Código de Processo dos Tribunais Administrativos, designadamente, admite que haja "...*excepcionalmente*, revista para o STA quando esteja em causa a apreciação de uma questão que, pela sua *relevância jurídica ou social,* se revista de *importância fundamental* ou quando a admissão do recurso seja *claramente* necessária para uma melhor aplicação do Direito".

A análise dos pressupostos do n.° 1 do artigo 150.° do CPTA depende, em cada caso concreto, de uma apreciação preliminar sumária por 3 Juízes de entre os mais antigos da Secção do Contencioso Administrativo.

Penso que um sistema deste tipo deve ser transposto para o foro judicial, mormente cível, e para o STJ, *colocando a análise preliminar, que deve ser irrecorrível, a cargo de um colégio constituído pelos Presidentes das Secções Cíveis, Social e Penais do STJ*[39], que já são os mais antigos de cada uma dessas Secções[40]. A propósito, há que acabar com a *errada* ideia que, estranhamente, ainda há quem defenda, segundo a qual as funções dos Presidentes de secção não passariam de formais ou burocráticas.

[39] O que estará, perfeitamente, em harmonia com a Recomendação N.°-R (1995) 5, de 07.02.1995, do Comité de Ministros do Conselho da Europa.

[40] Artigo 46.°, n.° 1, da LOFJ (Lei n.° 3/99, de 13.01)

VI. **Interposição e alegações**

Na recta final destas notas, entro em dois aspectos particulares que continuam seguindo a linha de rumo que é a minha, designadamente, em matéria recursória: a *harmonização possível entre o valor que deve ser reconhecido aos recursos e outrossim, o pragmatismo de que deve revestir-se a tramitação.* Escolho as duas questões que vou abordar, aliás sinteticamente, como exemplares de outras sobre as quais poderíamos reflectir.

Desde já, a que considero, hoje, menos justificável e, portanto, mais fácil de resolver, basicamente, à luz do princípio basilar sobre o qual já me pronunciei, isto é, a procura de um Direito Processual Judicial tão uniforme quanto possível.

Ora, acontece que, tanto no Direito Recursório Penal[41], como no Laboral[42], as alegações ou motivação, por princípio, devem acompanhar a interposição de recurso. Só no regulamentarismo do Direito Processual Civil assim não é.

Não tem sentido. E isto é assim, principalmente, no sistema dualista[43], que ainda vigora entre nós, mas também o é no sistema monista que defendo e sem o qual não há, a meu ver, reforma significativa.

É que, ao recorrer-se, deve saber-se porquê e, isto, é uma forma de defender a *ética sem a qual não há Direito. O recurso "cautelar" – recorre-se e, depois, logo se vê – é protelante, anti-ético, injustificado, rejeitável.*

Ao recorrer, o recorrente deve dizer porquê e concluir.

Enfim, motivar a sua conduta.

Tenho este ponto por tão elementarmente insusceptível de dúvidas, que fico por aqui nesta questão, limitando-me a enfatizar a conveniente sintonia entre o CPC, o CPP e o CPT, tanto quanto possível.

A questão de prazos não vejo que seja susceptível de grandes dúvidas. Optaria por algo como 15 dias em qualquer dos recursos judiciais[44]. E vamos à última questão.

[41] Artigo 411.°, n.° 3, do CPP.

[42] Artigo 81.°, n.° 1, do CPT.

[43] Lembremo-nos das chamadas "convolações" face ao confronto entre o que é alegado e concluído e o recurso interposto: v.g. artigo 702.° do CPC.

[44] Hoje, vêm ao caso, v. g., artigo 411.° do CPP e artigo 80.° do CPT.

VII. Uniformização de jurisprudência

Já disse – ainda que agora o repita – que deve caminhar-se para a, tanto quanto possível, unidade de um sistema recursório judicial.

E isso deve fazer-se comparando os nossos divergentes Direitos recursórios judiciais e optando pelos melhores caminhos.

Salvo o devido respeito por qualquer outra opinião, não foi o que se fez quanto à problemática da chamada uniformização de Jurisprudência ... que nada, juridicamente, uniformiza.

Não vou entrar na polémica sobre constitucionalidade ou inconstitucionalidade dos velhos Assentos.

Todavia, tenho para mim que exacta era a tese do Tribunal Constitucional que, algumas vezes, foi invocada, *distorcidamente*. O que o Tribunal Constitucional considerou inconstitucional foi, apenas, o segmento *geral* do, então, artigo 2.° do Código Civil [45], o que vale por dizer que, assim sendo, os Assentos poderiam, sem obstáculo constitucional, ser vinculativos *na ordem judicial*, isto é, na linha hierárquica dos respectivos Tribunais [46], como conviria à luz da ideia de segurança que é uma das vertentes da Justiça, posto que se tratava de interpretar a ordem jurídica e não de a criar.

Os Assentos tinham, efectivamente, a grande vantagem de conferir segurança na interpretação jurídica.

O que era necessário era reduzir a sua divergência, simplificar o processado e viabilizar alteração pelo próprio STJ [47].

Toda a simplificação, inclusive a eliminação do recurso para o Pleno, foi objecto do Projecto de 1990. As próprias expressões "revista ampliada" e "uniformização de Jurisprudência" é daí que vêem. Só que, na reforma de 1995/6 acresceu-lhe a eliminação da vinculação *na ordem judicial, o que amputou o sistema de algo muito importante.*

Ou seja, juridicamente, temos hoje uma imensa tramitação, com grande ênfase verbal, e uma "uniformização" ... que nada uniformiza, salvo se os Juízes das instâncias tal quiserem assumir.

[45] Acórdão n.° 743/96, de 28.05.1996 (*Diário da República*, 1.ª série, de 18.07.1996)

[46] Cfr. Acórdão n.° 1197/96, do TC, de 21.11.1996 – *Diário da República*, 2.ª série, de 24.02.1997.

[47] Como acontecia, aliás, no CPC, versão de 1939 (artigo 769.°) e só deixou de ser assim em 1961, com a nova versão do CPC (Decreto-Lei n.° 44 129, de 28.12.1961).

Por outro lado, é curioso o argumento (que já ouvi) segundo o qual a vinculação judicial coartaria a liberdade decisória. Se isto fosse para entender assim, então seria inconstitucional (!) a vinculação dos Juízes à própria lei[48], o que seria absurdo.

O que é mais estranhamente curioso é que, ao tempo da reforma processual civil de 1995/6, vigorava, no Direito Processual Penal, regra semelhante à propugnada no Projecto de CPC de 1990, de obrigatoriedade da uniformização na ordem judicial, como se disse, de acordo com a doutrina do Tribunal Constitucional[49].

Isso e a *não expressividade* da reforma processual civil de 1995/6, permitiu-me[50] defender, à luz de uma desejável unidade do Direito Recursório Judicial que, também no Direito Processual Civil, se deveria entender que a chamada uniformização de Jurisprudência, para sê-lo, vinculava na ordem judicial.

Perante estas dúvidas, a orientação legiferante foi no sentido da *uniformização negativa,* isto é, eliminando a obrigatoriedade judicial da chamada uniformização do próprio CPP[51]. É claro que, perante isto, passei a reconhecer que não há, hoje, qualquer dúvida de que, *jure constituto*, a "uniformização" da Jurisprudência não vincula quem quer que seja[52]. E não deixa de ser interessante constatar que a proclamada reforma processual civil de 1995/6 atribuiu a chamada "uniformização" a algo que já, anteriormente, existia e que a mesma reforma eliminou: o julgamento conjunto a que se reportava o n.° 3 do artigo 728.° do CPC, que a dita reforma revogou.

Enfim, histórias da história judiciária.

Entretanto e tal como tudo se encontra, para além de uma "uniformização" que, juridicamente, não uniformiza, alargaram-se de tal modo os recursos que, alguns, embora não tenham nascido ampliados, tendem a passar a ampliados no STJ, o que contribui para um excesso de tramitação[53].

[48] Artigo 203.° da CRP.

[49] Então artigo 445.° do CPP. Há que reconhecer que a expressão "quaisquer Tribunais", constante do artigo 600.° do Projecto de CPC de 1990, deveria ser interpretada e clarificada com referência a Tribunais Judiciais.

[50] Num livro escrito em co-autoria com ANTÓNIO PAIS DE SOUSA, *Processo Civil*, 1997.

[51] Lei n.° 59/98, de 25.08

[52] Salvo, naturalmente, na medida do julgamento do caso concreto em causa, o que *nada* tem a ver com uniformização de jurisprudência.

[53] Cfr. actuais artigos 678.°, n.° 4, e 754.°, n.° 2, do CPC.

Em conclusão, o que proponho que se pondere é que, para haver efectiva segurança normativa[54] por parte dos Cidadãos, a uniformização... uniformize vinculadamente, mas apenas, relativamente aos pertinentes Tribunais, o que até será conforme à respectiva hierarquia[55] e constituirá uma abstracção sempre inconfundível com qualquer decisão sobre caso concreto que não seja, somente, aquele onde a uniformização tiver ocorrido.

Isto é perfeitamente *compaginável* com a possibilidade, que defendo, de o *STJ poder alterar a sua própria uniformização* e, ainda, de poder haver recurso ordinário, designadamente *per saltum*, mas directamente, para o STJ, quando um interessado pretenda fazer alterar a precedente uniformização.

Em síntese: ou se dá um sentido real à "uniformização"; ou mais vale acabar com ela, porque *simples* alcance aconselhador ou orientador *já o devem ter os Acórdãos normais do STJ*. O que existe é, injustificadamente, fruto de um desmesurado trabalho e de desnecessária perda de tempo.

VIII. **Concluindo**

É minha convicção que o Direito Processual, mormente o Civil, necessita de uma profunda reforma: uma verdadeira refundação.

Para isto, *têm de haver rupturas*.

Que se simplifique o Direito Recursório, muito bem.

Mas *que se simplifique e não apenas se aperfeiçoe*, tecnicamente, aqui ou ali.

A simplificação, longe de desrespeitar os direitos fundamentais, é uma forma de os garantir, até porque não podemos esquecer o artigo 20.° da CRP e, designadamente, o direito a processo equitativo decidido em prazo razoável.

Porém, tenho de acrescentar uma nota que não é só fruto da minha experiência de dezenas de anos nos Tribunais Judiciais, inclusive de Presidente de Relação e do S.T.J. mas, também, do que vou sabendo como cidadão interessado.

O mundo da Justiça é uma unidade.

Reformular o Direito Processual é necessário. Mas *tal só terá eficácia, só passará, significativamente, do papel, se for acompanhado de reforma orgânica e funcional.*

[54] Quando se legisla tanto e cada vez mais, às vezes com aparente dissonância.

[55] Artigos 209.°, n.° 1, *a*), e 210.°, n.° 1, da CRP, artigo 4.°, n.° 2, da Lei n.° 3/99, de 13.01, e artigo 4.°, n.° 1, da Lei n.° 21/85, de 30.07. Note-se que, obviamente, hierarquia *de Tribunais* nada tem a ver com *inexistente* hierarquia entre Juízes.

Reformular o Direito Processual Recursório, mormente, o Cível, é necessário. *Mas tal só terá sentido se for acompanhado ou precedido de reforma orgânica e funcional que considere as condições de trabalho dos Juízes* – e dos outros profissionais dos Tribunais Judiciais – que lhes permitam realizar, adequadamente, o seu labor.

Se defendo a recorribilidade generalizada a bem dos Cidadãos, a quem o Estado deve Justiça, não posso deixar de alertar para a absoluta necessidade de se garantir a possibilidade de resposta. A *contingentação* processual, o *apoio de funcionários* aos Juízes, *os meios informáticos*, que devem ser proporcionados a cada Juiz, designadamente das Relações, constituem factores *sine qua non* de qualquer reforma digna desse nome.

Eu sei que sou idealista. Mas ser idealista é uma coisa. Ser irrealista seria outra.

Quando, ainda há poucos dias, li num jornal que, num dos Tribunais de 2.ª instância deste País – ainda por cima, do único Distrito Judicial em que está instalado um outro Tribunal também de 2.ª instância – há centenas de recursos parados, não porque se não trabalhe, mas por falta de Juízes, de Funcionários e de meios, especialmente, informáticos – dei comigo a pensar o que aconteceria se não se trabalhasse tanto como, em geral, se trabalha.

Quando se sabe que estamos no século XXI, e a realização efectiva de Justiça é factor *sine qua non* da Democracia e da confiança, *inclusive do mundo económico,* não é pensável a falta de apoio humano e material – vale dizer, em especial, de Funcionários e de meios informáticos – como algo absolutamente natural ao exercício da função jurisdicional.

Faça-se uma reforma processual. Aceito que se comece pelas fases recursórias. *Mas que tal seja acompanhado ou, mesmo, precedido, de reconsideração orgânica e funcional,* até porque *a reformulação orgânica e funcional já é necessária no contexto vigente.* Penso, mesmo, que é mais necessária esta reformulação do que a processual.

E tudo isto – note-se! – a bem dos Cidadãos carentes de Justiça.

A razão de ser de qualquer reforma nunca pode estar no interesse dos Juízes ou dos Advogados ou de quaisquer outros intervenientes processuais. *O centro de interesse de qualquer reforma tem de ser, sempre e apenas, o cidadão comum.*

É em nome do Povo que os Tribunais decidem[56].

Lisboa, 9 de Novembro de 2005

[56] Artigo 202.°, n.° 1, da CRP.

A declaração de não-cumprimento da obrigação

PROF. DOUTOR ANTÓNIO MENEZES CORDEIRO

1. **O problema**

Na pendência de uma obrigação, o devedor pode tomar a iniciativa de dirigir, ao credor, uma declaração afirmando não querer cumprir. *Quid iuris*? O presente escrito visa dar uma resposta.

2. **O momento do cumprimento**

I. A obrigação de tipo romano equivale a um vínculo jurídico que obriga o devedor a efectuar, ao credor, uma prestação – artigo 397.°, do Código Civil. O credor dispõe, tão-só, do direito subjectivo a uma conduta futura do devedor. O seu bem concretizar-se-á, de facto, apenas no momento em que seja efectivada a prestação, isto é: com o cumprimento.

A efectivação do cumprimento exige diversas coordenadas preestabelecidas: onde efectivar a prestação, como fazê-lo, quando fazê-lo e perante quem fazê-lo, entre outros aspectos [1].

[1] Cf. o nosso *Direito das obrigações* (1989, reimp., 1994), 2, 185 ss..

II. Interessa, agora, centrar a nossa atenção no ponto relativo ao momento em que o cumprimento deva ter lugar. Nalguns casos, quanto mais cedo, melhor para o credor e pior para o devedor. Noutros, é o inverso. Noutros, finalmente, o avanço ou o atraso do cumprimento envolve vantagens e desvantagens para os dois intervenientes.

Seja como for – e em regra – ambas as partes devem saber, pelo menos a partir de certo momento, qual a ocasião exacta da realização da prestação: o devedor, para a efectuar e o credor, para a receber.

Pelas regras gerais, o prazo para a realização da prestação pode estar predeterminado:

– pela lei;
– pela natureza das coisas;
– por estipulação das partes.

No momento daí resultante – e salvo qualquer superveniência legítima – a obrigação deve-se mostrar executada na data prefixada, sob pena de mora do devedor.

III. Pode a obrigação não ter, aquando da sua constituição, uma data predeterminada para o cumprimento. Nessa altura, a sua fixação poderá ser feita com recurso a vários esquemas e, designadamente, por decisão do credor, geralmente após se mostrarem reunidos diversos pressupostos. A decisão do credor é comunicada ao devedor através de uma declaração recipienda: a interpelação.

Podemos aqui distinguir[2]:

– a exigibilidade fraca da prestação: mostram-se reunidas todas as condições para que o credor possa interpelar o devedor, com isso provocando o vencimento da obrigação;
– a exigibilidade forte: a obrigação mostra-se vencida, devendo o devedor executá-la, sob pena de entrar em mora.

IV. O devedor em mora deve indemnizar o credor pelo atraso (804.°/1, do Código Civil); todavia, ele mantém-se vinculado à prestação. O credor nada mais pode pedir do que:

– a realização da prestação retardada;
– a indemnização pela demora.

[2] *Idem*, 191.

Para passar à fase seguinte, caso se mantenha o incumprimento, é necessário (808.°, do Código Civil):

- ou que o credor perca o interesse que tenha na prestação, em termos objectivamente apreciados;
- ou que o credor fixe um "prazo razoável" (o prazo admonitório) para a realização da prestação e que esse prazo seja ultrapassado, sem cumprimento.

Em qualquer dessas hipóteses, o devedor incorre em incumprimento definitivo. Abrem-se as portas a outras sanções:

- a resolução do contrato;
- a execução específica;
- a indemnização global.

3. **O problema da declaração de não pretender cumprir**

I. Pode acontecer que, numa obrigação pendente, o devedor tome a iniciativa de se dirigir ao credor dizendo-lhe, antecipadamente, que a não irá cumprir. Em abstracto, isso poderá suceder:

- numa obrigação com prazo predeterminado, antes da superveniência deste;
- numa obrigação cujo prazo compita ao credor, antes de verificado o circunstancialismo que permitiria a este interpelar o devedor, isto é: numa obrigação de todo ainda inexigível;
- numa obrigação já interpelável pelo credor, mas antes de qualquer interpelação, isto é: numa obrigação exigível em sentido fraco;
- numa obrigação vencida, ou seja: após a interpelação e sendo ela, portanto, exigível em sentido forte; podemos, aqui, subdistinguir:
  - há mora, mas ainda falta a fixação do prazo admonitório;
  - o prazo admonitório já foi fixado, mas ainda não expirou.

Ainda poderíamos distinguir outras hipóteses, em função da entidade a quem caiba a marcação do prazo. O quadro traçado constitui, porém, o cenário essencial onde se posiciona a declaração, feita pelo devedor, de não pretender cumprir.

II. Perante uma obrigação cujo incumprimento se avizinhe, o credor deverá, sucessivamente:

– interpelar o devedor;
– aguardar a mora;
– proceder à fixação do prazo admonitório;
– aguardar a expiração deste,

para então passar às consequências do incumprimento definitivo. Ora se o devedor, logo inicialmente – ou no decurso do processo, mas antes do seu termo – declarar que não vai cumprir, porque não passar, de imediato, ao incumprimento definitivo e às suas consequências?

III. Uma resposta expedita e algo *naïf* logo propenderia para a positiva. A declaração de não-cumprimento equivaleria, *ipso iure*, a um incumprimento definitivo.

Todavia, uma melhor reflexão recomenda cautela. A lei prevê um processo alongado, até ao incumprimento definitivo. Porque não admitir que, durante esse percurso, o devedor seja chamado à razão, acabando, afinal, por cumprir? E mesmo quando isso não suceda: se a lei prescreve que o devedor apenas se sujeite às consequências do incumprimento após uma série de marcos, porquê agravar a sua posição, só porque o devedor teve um acto de franqueza?

Neste como noutros temas, há que evitar o repentismo.

4. A evolução do tema

I. O tema da declaração, pelo devedor, da intenção de não cumprir tem sido aprofundado na Alemanha, acabando mesmo por receber um expresso tratamento legislativo. Importa proceder ao levantamento da evolução aí verificada, tanto mais que ela teve uma influência directa na nossa doutrina.

Em termos actuais, o problema da declaração de não-cumprimento suscitou-se ainda antes do BGB de 1896/1900[3]. Perante o velho Código Comercial de 1861, os tribunais – especialmente o *Reichsgericht*, em decisões de 3-Mai.-1881[4] e 19-Mai.-1882[5] – vieram decidir que, segundo "o modo de ver

[3] Sobre o tema, em especial: PAUL FRITZ, *Die Erfüllungsweigerung des Schuldners*, AcP 134 (1931), 197-218 (198).

[4] RG 3-Mai.-1881, RGZ 4 (1881), 69-72 (71).

[5] RG 19-Mai.-1882, RGZ 7 (1882), 44-45 (44).

dominante no tráfego comercial, a recusa de cumprimento, pelo devedor, torna supérflua a exigência de interpelação".

II. Com o BGB, esta orientação manteve-se, com apelo à anterior jurisprudência [6]. Surge, contudo, uma precisão: a declaração de não-cumprimento equivaleria à renúncia ao direito à fixação do prazo admonitório, então inserido no § 326 do BGB [7]. Teríamos, porém, de estar perante uma recusa séria de não-cumprimento do contrato [8].

Estávamos neste pé quando, em 1902, Hermann Staub veio dar um enquadramento teórico ao assunto, através da sua doutrina sobre a violação positiva do contrato [9]. Segundo esta doutrina, o contrato poderia ser violado não apenas pela omissão, no vencimento, da conduta devida mas, ainda, por determinadas atitudes "activas" do devedor. Staub distinguia, essencialmente [10]:

– a violação de um dever de *non facere*;
– o cumprimento deficiente;
– a falta de uma prestação em contratos de execução sucessiva;
– a declaração de não-cumprimento.

Em termos doutrinários, a ideia de Staub – considerada, hoje, uma "descoberta", lado a lado com a *culpa in contrahendo* de Jhering – surge logo objecto de diversas críticas. Foi-lhe censurado o facto de agrupar figuras totalmente diversas [11] e de apresentar como lacunosas situações que, afinal, teriam um regime perante o Direito vigente [12]. Quer a mora, quer a impossibilidade poderiam resolver o problema [13]. De todo o modo, a violação positiva do contrato man-

[6] RG 26-Nov.-1901, DJZ 7 (1902), 68/I.

[7] RG 27-Mai.-1902, RGZ 51 (1903), 347-351 (349 e 350).

[8] RG 9-Dez.-1902, RGZ 53 (1903), 161-168 (167).

[9] Hermann Staub, *Die positiven Vertragsverletzungen*, 26.DJT (1902), 31-56, publicado de novo em 1904 e como segunda edição com alterações, em 1913, completado por Eberhard Müller. Sobre o teor desta publicação cf. o nosso *Da boa fé no Direito civil* (1984, 2.ª reimp., 2001), 595-596.

[10] Staub, *Die positiven Vertragsverletzungen*, 2.ª ed. cit., 22.

[11] Heinrich Lehmann, *Die positiven Vertragsverletzungen*, AcP 99 (1905), 60-113 (92) e Ernst Zitelmann, *Nichterfüllung und Schlechterfüllung*, FS P. Krüger (1911), 265-281 (265).

[12] Heinrich Stoll, *Abschied von der Lehre von der positiven Vertragsverletzungen (Betrachtungen zum dreissigjährigen Bestand der Lehre)*, AcP 136 (1932), 257-320 (292, 298 ss. e *passim*).

[13] Jury Himmelschein, *Erfüllungszwang und Lehre von den positiven Vertragsverletzungen*, AcP 135 (1932), 255-317 (295) e *Zur Frage der Haftung für fehlerhafte Leistung*, AcP 158 (1959/1960), 288.

teve-se, nas obras influentes, como um instituto autónomo: pelo menos, de enquadramento [14].

III. Não admirará, pois, que a jurisprudência relativa à recusa de cumprimento, pelo devedor, passasse a reportá-la, com maior ou menor ênfase, à violação positiva do contrato: RG 23-Fev.-1904, a propósito da declaração do devedor, de que "anulava o contrato" [15], RG 7-Out.-1919, onde o devedor declarara que não era possível entregar um motor [16], RG 2-Fev.-1922 [17] e RG 10-Dez.-1935 [18].

Em termos mais marcadamente técnicos, a declaração antecipada de não-cumprimento permitiria dispensar a fixação do prazo admonitório: mas com muitas cautelas. Assim, segundo duas importantes decisões do *Reichsgericht*, essa fixação seria dispensável:

- "... só em casos especiais (...) designadamente quando, através de uma recusa não só séria mas também definitiva, do devedor, a inutilidade da fixação fique fora de dúvida" [19];
- só se isso *als leere Form zu betrachten wäre* (fosse de considerar como uma forma vazia) [20].

5. **Divergências na doutrina**

I. Apesar do enquadramento na violação positiva do contrato e de uma consagração judicial em afinamento crescente, a declaração de não-cumprimento, pelo devedor, manteve muitas dúvidas.

O próprio Paul Fritz chama a atenção para a necessidade de distinguir as hipóteses de a declaração sobrevir antes ou depois do vencimento da obrigação [21]. Ela sempre representaria uma violação da boa fé – § 242, do BGB. Para

[14] Assim: Ludwig Enneccerus/Heinrich Lehmann, *Recht der Schuldverhältnisse*, 15.ª ed. (1958), § 55 (234 ss.).

[15] RG 23-Fev.-1904, RGZ 57 (1904), 105-116 (112 e 113).

[16] RG 7-Out.-1919, RGZ 96 (1919), 341-343 (342 e 343).

[17] RG 2-Fev.-1922, RGZ 104 (1922), 275-278 (276 e 278).

[18] RG 10-Dez.-1935, RGZ 149 (1936), 401-404 (404).

[19] RG 12-Jun.-1917, RGZ 90 (1917), 317-318 (318): o que aqui não sucederia.

[20] RG 10-Jun.-1921, RGZ 102 (1921), 262-267 (266).

[21] Paul Fritz, *Die Erfüllungsweigerung des Schulders* cit., 203.

além disso, tal declaração sempre poderia ser revogada pelo próprio, de tal modo que, no vencimento, a prestação se efectivasse: a mera incerteza da prestação não justificaria maiores medidas [22]. Em suma: apenas relevaria a situação objectiva [23]. Stoll recorda que a recusa em cumprir nunca poderia ser mais grave do que uma prévia condenação judicial: ora, mesmo neste caso, seria exigível o prazo admonitório [24].

II. A doutrina subsequente, embora com cautelas, veio admitir a relevância da declaração, pelo devedor, do não-cumprimento. A distinção entre o momento no qual tal declaração sobrevenha – antes ou depois do vencimento – manteve um papel nalguns autores [25]. Assim, Klaus Friedrich, no seu conhecido estudo sobre a quebra do contrato, explica que se, antes do vencimento, o devedor declarar seriamente que não vai cumprir, não há ainda quebra: quando muito, vencimento antecipado [26].

De todo o modo, a recusa de cumprimento, para ter relevância, teria de ser séria e infundada [27]. A interpelação não seria necessária quando carecesse, obviamente, de sentido (*zwecklos*) [28]. Teria ainda de ser definitiva [29]. Ela integraria um subcaso de mora [30]. De facto, o devedor não pode, com as suas declarações, dispor do direito do credor ao cumprimento [31].

III. Nas vésperas da reforma do BGB de 2001/2002, a doutrina estava dividida. Enquanto Emmerich imputava a declaração do devedor de não querer cumprir a uma manifestação de violação positiva do contrato, sendo indiferente que ela se efectivasse antes ou depois do vencimento [32], Otto sustenta que a

22 *Idem*, 209-210.

23 *Idem*, 218.

24 Heinrich Stoll, *Abschied von der Lehre von der positiven Vertragsverletzungen* cit., 307 ss. (307-308).

25 Enneccerus/Lehmann, *Recht der Schulverhältnisse*, 15.ª ed. cit., 239.

26 Klaus Friedrich, *Der Vertragsbruch*, AcP 178 (1978), 468-493 (493).

27 Karl Larenz, *Lehrbuch des Schuldrechts* I – *Allgemeiner Teil*, 14.ª ed. (1987), 365.

28 *Idem*, 346.

29 Manfred Löwisch, no *Staudingers Kommentar*, 13.ª ed. (1995), §§ 255-292, prenot. §§ 275 ss., Nr. 34 (185-186).

30 Wolfgang Fikentscher, *Schuldrecht*, 9.ª ed. (1997), Nr. 311 (216).

31 Johannes Wertenbruch, *Das Wahlrecht des Gläubigers zwischen Erfüllungsanpruch und den Recht aus § 326 BGB nach einer Erfüllungsverweigerung des Schuldners*, AcP 193 (1993), 191-203 (192).

32 Volker Emmerich, no *Münchener Kommentar* 2, 4.ª ed. (2001), prenot. § 275, Nr. 247 e 248 (881).

"recusa precisa, honesta e definitiva de não cumprimento dispensa, por redução teleológica, a interpelação"[33]. A partir daí distingue Otto duas hipóteses:

- se a declaração de não-cumprimento ocorrer depois do vencimento e for relativa à prestação principal, o § 336 do BGB é logo aplicável, sendo dispensada a fixação do prazo admonitório[34];
- se ela ocorrer antes do vencimento ou não disser respeito à prestação principal, o caso é de violação positiva do contrato[35]; poderão caber indemnizações mas, contra Friedrich, nem sempre ocorre o vencimento antecipado[36].

Esta última orientação, claramente mais diferenciada, parecer-nos-ia preferível. Seja como for, interessa agora averiguar as condições necessárias para que a declaração de não-cumprimento possa surtir um qualquer efeito.

6. **Os requisitos da declaração de não-cumprimento**

I. A doutrina, como vimos, sublinha a necessidade de uma declaração de não-cumprimento séria, honesta, precisa e definitiva[37].

Compulsámos alguma jurisprudência mais recente, de modo a ponderar as cautelas postas pelos tribunais nas exigências requeridas. Assim:

BGH 16-Jun.-1982: o prazo admonitório seria dispensável quanto mais não fosse do que uma formalidade dispensável[38];

BGH 19-Set.-1983: a denúncia infundada de um contrato dispensa, a outra parte, de efectuar a fixação do prazo admonitório[39];

BGH 18-Set.-1985: a declaração deve ser clara, sem considerar consequências, de modo a representar, verdadeiramente, a última palavra do devedor[40];

[33] Hansjörg Otto, no *Staudingers Kommentar* II, §§ 315-327 (2000), § 326, Nr. 138 (335). Recordamos que o *Staudinger*, a partir da 13.ª ed., passou a ser referenciado apenas pelo ano.

[34] Otto/Staudinger cit., Nr. 139 (335).

[35] Otto/Staudinger cit., Nr. 140 (336).

[36] Otto/Staudinger, loc. últ. cit..

[37] Cf., ainda, BGH 28-Jun.-1957, WM 1957, 1342-1345 (1344/II), BGH 25-Fev.-1971, NJW 1971, 789-799 (798/I) e BGH 21-Mar.-1974, NJW 1974, 1080-1081 (1081/I).

[38] BGH 16-Jun.-1982, NJW 1982, 2316-2317 (2316/II).

[39] BGH 19-Set.-1983, NJW 1984, 48-49 (49).

[40] BGH 18-Set.-1985, NJW 1986, 661-662 (661/II).

BGH 18-Jan.-1991: não chega, para efeitos de declaração de incumprimento, uma mera divergência de opiniões[41];

BGH 22-Out.-1999: é necessário, para a relevância da recusa, que esta não se apoie em quaisquer razões[42].

II. Na verdade, a declaração de não-cumprimento deve ser rodeada de fortes exigências: enquanto for possível voltar atrás, o devedor deve fazê-lo[43].

E assim não haveria recusa "eficaz" de cumprimento nos casos seguintes[44]:

- um pedido de moratória por falta de dinheiro;
- uma (mera) declaração de não poder cumprir a tempo;
- manifestação de dúvidas jurídicas;
- divergência de opiniões sobre o conteúdo da prestação;
- recusa de cumprimento e simultânea disponibilidade para querer cumprir;
- oferta de prestação parcial;
- declaração de já ter cumprido.

Toda esta série é importante: não deve ser esquecida, pois faz parte do núcleo duro da dogmática do instituto.

7. **A reforma alemã de 2001/2002**

I. A reforma do Direito alemão das obrigações, levada a cabo em 2001/2002[45], permitiu uma consagração expressa, na lei, da evolução doutrinária e jurisprudencial que temos vindo a referir. Surgem, aliás, diversas referências, que passamos a examinar.

O § 286 ocupa-se da mora[46]. Dispõe:

(1) Quando o devedor, perante uma interpelação do credor, ocorrida após o vencimento, não cumpra, cai ele, através dessa interpelação, em mora.

(2) Não é necessária a interpelação quando:

[41] BGH 18-Jan.-1991, NJW 1991, 1822-1824 (1824).

[42] BGH 22-Out.-1999, NJW 2000, 506-509 (508/I).

[43] OTTO/STAUDINGER cit., Nr. 141 (336).

[44] OTTO/STAUDINGER cit., Nr. 142 (336-337).

[45] Quanto a essa reforma, com indicações, cf. o nosso *Da modernização do Direito civil* (2004), 69 ss..

[46] PALANDT/HEINRICHS, *BGB*, 65.ª ed. (2006), § 286 (381 ss.), especialmente Nr. 24 (385).

1. Esteja determinado, segundo o calendário, o momento do incumprimento;
2. A prestação pressuponha um resultado e um momento adequado para a prestação resulte do facto de esse resultado se deixar determinar pelo calendário;
3. O devedor recuse séria e definitivamente a prestação;
4. A entrada imediata em mora se justifique mercê de especiais circunstâncias, sob ponderação dos interesses de ambas as partes.

Como se vê, a declaração séria e definitiva do incumprimento dispensa, aqui, a interpelação.

II. Mas também a fixação de um prazo admonitório pode ser dispensável[47]. Assim, segundo o § 281(1), nova versão, quando o devedor não efectue uma prestação vencida, pode o credor exigir uma indemnização, caso o cumprimento não ocorra num prazo razoável por ele fixado. Posto isto, diz o § 281(2):

> A fixação do prazo é dispensável quando o devedor recuse séria e definitivamente a prestação ou quando existam circunstâncias especiais que, sob a ponderação dos interesses de ambas as partes, justifiquem a imediata invocação da prestação indemnizatória.

Por seu turno, dispõe o § 323 do BGB, nova versão[48]:

(1) Quando o devedor, num contrato bilateral, não concretize uma prestação vencida ou não o faça em conformidade com o contrato, pode o credor rescindir o contrato quando, sem resultado, ele tenha fixado um prazo razoável, ao devedor, para a prestação ou cumprimento.
(2) A fixação do prazo é dispensável quando:

1. O devedor recuse séria e definitivamente a prestação;

(...)

III. A doutrina é muito clara ao explicar que se mantêm as estritas exigências jurisprudenciais e doutrinárias, fixadas pelo Direito anterior[49]. Deve estar em causa uma pura e simples declaração de não-cumprimento, sem qualquer justificação e que traduza a última palavra do devedor.

[47] PALANDT/HEINRICHS, *BGB*, 65.ª ed. cit., § 281 (370 ss.), especialmente Nr. 14 (372-373).
[48] PALANDT/HEINRICHS, *BGB*, 65.ª ed. cit., § 323 (522 ss.), especialmente Nr. 18 (524).
[49] Além das referências constantes das três últimas notas: WOLFGANG ERNST, *Münchener Kommentar*, 2a, 4.ª ed. (2003), § 323, Nr. 98 ss. (1981).

A reforma do BGB alemão constitui um importante marco jurídico-científico para toda a Ciência do Direito. Todavia, devemos usar da maior cautela, quando se trate de operar transposições de regime, para o Direito português. Alguns aspectos básicos são diferentes, obrigando sempre a uma cuidada ponderação, caso a caso.

8. **O Direito português**

I. No Direito português não existe qualquer previsão legal para o problema que ora nos ocupa. Mas ele é conhecido pela doutrina.

Vaz Serra, no âmbito da preparação do Código Civil, dá conta de elementos comparatísticos [50]. Refere, em especial, o artigo 1219.°/2 do Código Civil italiano [51] e a prática jurisprudencial francesa [52], no sentido de tornar dispensável a interpelação quando o devedor tome a iniciativa de "... fazer conhecer ao credor a sua recusa de cumprir". *De iure condendo*, Vaz Serra propõe uma solução de tipo italiano, exigindo que, por escrito, o devedor manifeste "... clara e definitivamente que não fará a prestação devida" [53].

II. Na literatura subsequente surge, por vezes, a equiparação entre a declaração de incumprimento da obrigação e o próprio incumprimento em si, mau grado a falta de base legal[54]. Nós próprios, já tomámos essa posição, ainda que de passagem [55], sendo todavia de notar que Pessoa Jorge toma uma posição claramente contrária [56], com ponderosos argumentos que iremos examinar, mais adiante.

[50] ADRIANO VAZ SERRA, *Mora do devedor*, BMJ 48 (1955), 5-317 (60 ss.).

[51] O Código italiano dispensa a intimação quando o devedor declare por escrito não querer cumprir a obrigação – 1219.°, 2. Na bibliografia actual: PIETRO RESCIGNO (org.), *Codice civile* 1, 5.ª ed. (2003), 1381.

[52] Na doutrina actual: TERRÉ/SIMLER/LEQUETTE, *Droit civil/Les obligations*, 8.ª ed. (2002), n. 1085 (1021), com indicações.

[53] ADRIANO VAZ SERRA, *Impossibilidade superveniente/Cumprimento imperfeito imputável ao devedor*, BMJ 47 (1955), 5-97 (97).

[54] INOCÊNCIO GALVÃO TELLES, *Manual de Direito das obrigações*, 1, 2.ª ed. (1965), 189.

[55] *Direito das obrigações* cit., 2, 457. Mais tarde, viemos aproximar, em certos casos (obrigações sem prazo e prazo estabelecido apenas a favor do devedor) a declaração séria de não-cumprimento do vencimento imediato da obrigação – *Violação positiva do contrato* (1981) em *Estudos de Direito civil* I (1987), 115-142 (134).

[56] FERNANDO PESSOA JORGE, *Lições de Direito das obrigações* 1 (1967), 296-298.

Almeida Costa[57] e Ribeiro de Faria[58] associam à declaração séria e inequívoca de não cumprir, feita pelo devedor, o vencimento antecipado ou a desnecessidade de interpelação.

Ferreira de Almeida, após uma análise comparatística, vem fundar a relevância da declaração de não-cumprimento na proibição de *venire contra factum proprium*[59]. Segundo este Autor, quem fizesse uma declaração de não-cumprimento abusaria do seu direito de se prevalecer do prazo, quando, depois, o invocasse. Mas não o podemos acompanhar. A boa fé remete para os valores fundamentais do ordenamento. Ora não se pode afirmar que o devedor, ao voltar ao bom caminho do cumprimento, esteja, com isso, a atentar contra a boa fé. Evidentemente: o devedor é responsável por declarações disparatadas e danosas que faça, na execução da obrigação. Mas um acto de cumprimento, só por si, não é abusivo. Preferiríamos, por isso, as construções habituais ligadas à antecipação do momento do cumprimento, mas sem prejudicar a fixação de um prazo admonitório.

III. Se um devedor declara, pura e simplesmente, não querer cumprir a sua obrigação, gera-se, de imediato, um sentimento afectivo no sentido de, desde logo, o sujeitar às consequências do incumprimento. E esse sentimento mais se reforça, perante as lições de Direito comparado: França, Alemanha e Itália.

Todavia, a matéria é mais complexa, dadas as especificidades do Direito nacional.

Como explica Pessoa Jorge, a solução do vencimento imediato da obrigação, perante uma declaração do devedor de não querer cumprir, teria um especial interesse nas obrigações sujeitas a prazo: porém, ela não seria, de modo algum, aceitável quanto a estas[60]. E continua[61]:

> Na verdade, numa obrigação sujeita a prazo, o credor tem o seu interesse satisfeito se o devedor cumprir no prazo; se, antes deste, o devedor declara não cumprir mas depois se arrepende e se apresenta a cumprir no momento inicialmente fixado, o credor não terá de se queixar, porquanto tem a prestação devida na altura prevista.

[57] Mário Júlio de Almeida Costa, *Direito das obrigações*, 9.ª ed. (2001, reimp. 2005), 980.

[58] Jorge Ribeiro de Faria, *Direito das obrigações* 2 (1988), 447.

[59] Carlos Ferreira de Almeida, *Recusa de cumprimento declarada antes do vencimento (Estudo de Direito comparado e de Direito português)*, em *Estudos em Memória do Professor Doutor João de Castro Mendes* (s/d, mas 1994), 289-317 (311 ss.).

[60] Pessoa Jorge, *Lições* cit., 297.

[61] *Idem*, loc. cit..

Além disso, segundo este Autor, as causas de exigibilidade antecipada estão fixadas na lei (805.°) e têm natureza excepcional.

Pessoa Jorge admite a eficácia da declaração antecipada de incumprimento, desde que com uma reacção, confluente, do credor[62].

9. **Delimitação e requisitos**

I. A declaração do devedor de não querer cumprir deve-se distinguir:

- da declaração que constate a impossibilidade objectiva do cumprimento;
- da declaração que traduza a impossibilidade subjectiva do cumprimento;
- de quaisquer outras declarações que equivalham a dúvidas, discordâncias ou reticências sobre a viabilidade ou a idoneidade do cumprimento.

Digamos que a declaração deve sobrevir numa área inteiramente livre, estando o devedor em condições de cumprir.

II. Isto dito, haverá que distinguir várias subhipóteses:

- não havendo prazo, a declaração de não-cumprimento provoca o vencimento antecipado, se o credor actuar e no momento em que o faça; não podemos equiparar tal declaração à oferta da própria prestação (777.°/1);
- estando a obrigação não vencida, a declaração de não-cumprimento provocará o vencimento imediato apenas se o prazo for estabelecido a favor do devedor: a interpelação é desnecessária, verificando-se a mora;
- estando a obrigação vencida, a declaração de não-cumprimento (com o devedor consciente da mora já em curso) dispensará a fixação do prazo admonitório do artigo 808.°/1, sempre do Código Civil; não podemos dispensar esta declaração antes mesmo da mora: a declaração de não-cumprir não pode ser mais gravosa do que o próprio incumprimento;
- num contrato complexo, haverá que ponderar que prestação é posta em causa pela declaração de não-cumprir; há que ter presente o seguinte: pelo Direito português, ao contrário do francês, do alemão e do italiano, é nula a renúncia antecipada aos direitos do credor (809.°): ora o devedor declarante é, em simultâneo, credor; a declaração de não cumprir, quando afecte os seus direitos "de credor" é, *ipso iure*, nula.

[62] *Idem*, 297-298.

III. Poderá ainda haver numerosos outros pontos a ter em conta, em função da natureza do concreto contrato em jogo.

Bastará pensar – por exemplo – que uma mera declaração de, *in futurum* não-pagamento de renda, num arrendamento, não constitui um fundamento autónomo de despejo: pelo menos perante o RAU ainda em vigor.

IV. Finalmente: para ser eficaz – e nos casos em que, como vimos, tal eficácia seja possível – a declaração de não-cumprimento deverá ser pura, séria, definitiva, consciente e juridicamente possível. No que toca à "pureza": a declaração de não-cumprimento não deve equivaler à manifestação de dúvidas sobre a exequibilidade do contrato, à decorrência de diversos entendimentos quanto ao mesmo ou à ponderação de dificuldades exteriores.

Ela exprimirá a intenção consciente e definitiva de trocar o contrato pelas consequências da sua inexecução.

*A presunção de constitucionalidade das leis, a interpretação conforme a constituição e o dogma da legislação negativa**

PROF. DOUTOR VIRGÍLIO AFONSO DA SILVA**

1. **Introdução**

Em recente trabalho sobre interpretação constitucional, ao fazer um breve comentário sobre a interpretação conforme a constituição, suscitei que era um facto curioso que essa forma de interpretação fosse incluída entre os chamados princípios de interpretação constitucional, já que, quando se fala em interpretação conforme a constituição, não se está a falar de interpretação constitucional, pois não é a constituição que deve ser interpretada em conformidade com

* Este artigo é uma tradução de: Virgílio Afonso da Silva, "La interpretación conforme a la constitución: entre la trivialidad y la centralización judicial", *Cuestiones Constitucionales* 12 (2005): 3-28. Agradeço a Marco Aurélio Sampaio os comentários e críticas a versões preliminares deste artigo.

** Professor da Faculdade de Direito da Universidade de São Paulo.

ela mesma, mas as *leis infraconstitucionais* [1]. Por isso, naquela ocasião, não aprofundei a análise desse cânone interpretativo, o que pretendo fazer agora neste trabalho. Com isso fica claro, já de início, que o presente artigo é um artigo sobre interpretação das leis e, apenas indirectamente, sobre interpretação constitucional.

Mas é óbvio que essa constatação não retira o objecto de estudo do campo do direito constitucional e isso por dois motivos principais: (*a*) embora a interpretação conforme a constituição seja uma interpretação da lei, o parâmetro para tanto é a constituição; (*b*) ao definir a constituição como parâmetro para se saber como a lei deve ser interpretada, não há como escapar de um mínimo de interpretação da própria constituição [2]. Mas, repita-se, na interpretação conforme a constituição o objectivo principal não é interpretar a própria constituição, mas as leis infraconstitucionais, razão pela qual ela não pode ser considerada como um princípio de interpretação constitucional.

No entanto, afirmar que a constituição é o parâmetro para a interpretação da lei não significa muito. É preciso, em um trabalho sobre interpretação conforme a constituição, que se inicie com um conceito, ainda que preliminar, desse cânone de interpretação.

O conceito de interpretação conforme a constituição não parece ser encarado como algo problemático pela doutrina brasileira e também pela doutrina de outros países. De uma forma geral, quando se fala em interpretação conforme a constituição, quer-se com isso dizer que, quando há mais de uma interpretação possível para um dispositivo legal, deve ser dada preferência àquela que seja conforme a constituição. Duas são as versões desse entendimento que são mais frequentemente citadas, uma jurisprudencial e outra doutrinária.

Na jurisprudência do Supremo Tribunal Federal, o marco no que diz respeito à interpretação conforme a constituição é o voto do Ministro Moreira Alves na Rep. 1417, de 1987:

> [A] interpretação da norma sujeita a controle deve partir de uma hipótese de trabalho, a chamada presunção de constitucionalidade, da qual se extrai que, entre dois entendimentos possíveis do preceito impugnado, deve prevalecer o que seja conforme à Constituição [3].

[1] Cf. Virgílio Afonso da Silva, "Interpretação constitucional e sincretismo metodológico", in Virgílio Afonso da Silva (org.), *Interpretação constitucional*, São Paulo: Malheiros, 2005, pp. 132-133.

[2] Cf., nesse sentido, Christoph Gusy, *Parlamentarischer Gesetzgeber und Bundesverfassungsgericht*, Berlin: Duncker & Humblot, 1985, p. 219.

[3] RTJ 126, 48 (53).

No mesmo sentido é a também muito citada definição de Paulo Bonavides:

> Uma norma pode admitir várias interpretações. Destas, algumas conduzem ao reconhecimento da inconstitucionalidade, outras, porém, consentem tomá-la por compatível com a Constituição. O intérprete, adoptando o método ora proposto [a interpretação conforme a constituição], há-de inclinar-se por esta última saída ou via de solução. A norma, interpretada "conforme a Constituição", será portanto considerada constitucional[4].

Máximas semelhantes podem ser encontradas na doutrina e na jurisprudência estrangeiras em quantidade razoável. Embora no debate brasileiro seja a produção alemã que exerça uma influência mais considerável, o recurso à interpretação conforme a constituição tem uma trajectória muito mais longa e frequente na Corte Federal suíça. Em reiteradas decisões, os juízes suíços ressaltam:

> [N]o controle abstracto de constitucionalidade, a Corte Federal somente deve declarar a nulidade de uma disposição de direito cantonal se ela não se prestar a nenhuma interpretação conforme a constituição[5].

Na jurisprudência do Tribunal Constitucional alemão, a primeira vez que se fez uso expresso da ideia de interpretação conforme a constituição foi em 1953, nos seguintes termos:

> [U]ma lei não deve ser declarada nula se for possível interpretá-la de forma compatível com a constituição, pois deve-se pressupor não somente que uma lei seja compatível com a constituição mas também que essa presunção expressa o princípio segundo o qual, em caso de dúvida, deve ser feita uma interpretação conforme a constituição[6].

Mas talvez seja um antigo precedente da Suprema Corte do Estado da Flórida, nos Estados Unidos, que resuma com melhor clareza o que, no Brasil, tem sido escrito sobre a interpretação conforme a constituição:

[4] Paulo Bonavides, *Curso de direito constitucional*, 6.ª ed., São Paulo: Malheiros, 1996, p. 474. Cf., no mesmo sentido, Gilmar Ferreira Mendes, *Jurisdição constitucional*, São Paulo: Saraiva, 1996, p. 268; Luís Roberto Barroso, *Interpretação e aplicação da constituição: fundamentos de uma dogmática constitucional transformadora*, São Paulo: Saraiva, 1996, p. 175; J. J. Gomes Canotilho, *Direito constitucional e teoria da constituição*, 2.ª ed., Coimbra: Almedina, 1998, p. 1099.

[5] BGE 109 Ia, 273 (tradução livre). Cf., no mesmo sentido, entre outras decisões, BGE 111 Ia, 23 (24) e BGE 122 I, 118 (20).

[6] BVerfGE 2, 266 (282) – tradução livre.

> [S]e a lei é razoavelmente susceptível de duas interpretações, sendo que, segundo uma delas, seria a lei considerada inconstitucional e, segundo a outra, válida, é o dever da Corte adoptar aquela construção que salve a lei da inconstitucionalidade [7].

Outros exemplos podem ser encontrados nas jurisdições de diversos países, como Portugal [8], Itália [9], Áustria [10], Colômbia [11], Chile [12], Canadá [13], entre outros.

A despeito da simplicidade da ideia em que se baseia a interpretação conforme a constituição, alguns problemas com ela relacionados não podem ser ignorados. A interpretação das leis e o controle de constitucionalidade exercidos pelo judiciário significam sempre um ponto de atrito entre esse poder e o legislativo. E, embora a doutrina jurídica costume muitas vezes minimizar esse atrito, ao aceitar como não problemática a legitimidade do judiciário para controlar os actos do legislativo, tentarei demonstrar que um cânone interpretativo que constranja o juiz a tentar salvar uma lei da inconstitucionalidade tende a tornar essa possibilidade de atrito ainda maior [14]. À análise desse e de outros

[7] *Boyton v. State*, So. 2D 536, 546 (1953) – tradução livre. Na Suprema Corte dos Estados Unidos há também várias decisões nesse sentido, mas nenhuma se aproxima tão bem dos termos usados na discussão brasileira quanto essa decisão do estado da Florida.

[8] Cf., recentemente, os acórdãos 327/99 e 466/00 do Tribunal Constitucional português.

[9] Cf., por exemplos, as sentenças 138/1998 (*Giursisprudenza Costituzionale* 43, 1076) e 139/1998 (*Giursisprudenza Costituzionale* 43, 1092), da Corte Constitucional italiana. Nesta última, pode-se ler: "[...] o princípio da superioridade da Constituição [...] veda aos juízes, diante da existência de várias interpretações possíveis, adoptar aquela que torne a disposição legal contrária à Constituição e impõe a eles escolher a solução interpretativa constitucionalmente conforme" (p. 1096). Cf., sobre o tema, GIOVANNI AMOROSO, "L'interpretazione 'adeguatrice' nella giurisprudenza costituzionale tra canone ermeneutico e tecnica di sindacato di costituzionalità", *Il Foro Italiano* 121,V (1998): 89-115.

[10] Cf., por exemplo, Slg. 11.576/1987. Sobre o tema, cf. MEINRAD HANDSTANGER, "Verfassungskonforme oder berichtigende Auslegung?", *Österreichische Juristenzeitung* 53 (1998): 169-174.

[11] Cf., por exemplo, as sentenças C-496/94 e C-109/95.

[12] Cf. Rol 309/2000: "De acordo com o princípio de interpretação conforme à Constituição, entre os vários sentidos possíveis de uma regra jurídica, o intérprete deve decidir por aquele que melhor se acomode aos ditames constitucionais". Cf., sobre o assunto, TEODORO RIBERA NEUMANN, "El tribunal constitucional y su aporte al desarrollo del derecho", *Estudios Públicos* 34 (1989): 196-228.

[13] Cf., por exemplo, *Quebec North Shore Paper Co.* v. *Canadian Pacific* (1977) 2 S.C.R. 1054; *Friends of Oldman River Society* v. *Canada* (1992) 1 S.C.R. 3. Na jurisprudência canadense, a interpretação conforme a constituição é chamada de "reading down".

[14] É frequente, contudo, que se entenda justamente o contrário, isto é, que a interpretação con-

problemas relacionados à interpretação conforme a constituição são dedicados os próximos tópicos deste artigo, com base na seguinte estrutura:

O tópico seguinte (tópico 2) é dedicado à análise dos argumentos que costumam ser usados pela doutrina para fundamentar a interpretação conforme a constituição, especialmente a unidade do ordenamento jurídico (2.1) e a presunção de constitucionalidade das leis (2.2). Já o tópico 3 questiona a importância da interpretação conforme a constituição e serve de introdução à parte seguinte, dedicada à jurisprudência do Supremo Tribunal Federal (tópicos 4 e 5). Na conclusão (tópico 6), além de retomar alguns resultados obtidos ao longo do artigo, proponho uma hipótese sobre a função que a interpretação conforme a constituição poderá ter em vista da actual legislação sobre controle de constitucionalidade.

2. **Fundamentação da interpretação conforme a constituição**

Em alguns trabalhos recentes venho tentando demonstrar que muitos dos conceitos que uma grande parte da doutrina constitucional aceita como pacíficos e sedimentados são, na verdade, extremamente problemáticos [15]. O caso da interpretação conforme a constituição não é diferente.

De uma certa forma, os argumentos utilizados para justificar o recurso à interpretação conforme a constituição são usados de maneira indiscriminada e sem grandes explicações, como se a sua simples menção, sem maiores considerações, fosse suficiente para fundamentar o uso de uma figura tão problemática. Além disso, raramente se vai além do que aquilo que é didacticamente exposto nos manuais universitários alemães. Mas os argumentos usados para fundamentar a interpretação conforme a constituição exigem, na minha opinião, um estudo um pouco mais detido. Em primeiro lugar, porque, como já dito, a mera menção a um ou outro *topos* não é necessariamente suficiente para fundamentar a necessidade de uma interpretação conforme a constituição; em segundo

forme a constituição diminui o atrito entre legislador e julgador e fomenta o respeito à separação de poderes. Cf., sobre isso, o tópico 5, abaixo.

[15] Cf., sobre isso, especialmente Virgílio Afonso da Silva, "Interpretação constitucional e sincretismo metodológico", pp. 115 e ss.; Virgílio Afonso da Silva, "Princípios e regras: mitos e equívocos acerca de uma distinção", *Revista Latino-Americana de Estudos Constitucionais* 1 (2003), pp. 607-630 e Virgílio Afonso da Silva, "O proporcional e o razoável", *Revista dos Tribunais* 798 (2002), pp. 23-50.

lugar, porque a "importação" de conceitos e argumentos pode exigir uma adequação às diferenças entre os diversos ordenamentos; por fim, porque essa "importação" de conceitos e argumentos costuma ser feita de forma isolada e unilateral, deixando-se de lado toda a história que possam ter e, principalmente, todas as controvérsias que possam ter surgido durante sua evolução. Nesse sentido, os próximos tópicos são dedicados à análise desses argumentos, a saber: (1) a unidade do ordenamento jurídico e (2) a presunção de constitucionalidade das leis. Um último argumento – o respeito pela obra do legislador –, será analisado na parte final deste artigo [16].

2.1. *A unidade do ordenamento jurídico*

A menção da unidade do ordenamento como fundamento da interpretação conforme a constituição é encarada como algo auto-explicativo para quem vê o ordenamento jurídico como uma pirâmide em cujo topo se encontra a constituição [17]. Assim é que Gilmar Ferreira Mendes entende que a unidade da ordem jurídica confere validade à interpretação conforme a constituição pois "[a]s leis e as normas secundárias devem ser interpretadas, obrigatoriamente, em consonância com a constituição" [18]. Dois pontos intimamente relacionados devem ser abordados nesse passo.

O primeiro reside na não identificação entre a fundamentação dada por Gilmar Ferreira Mendes, entre outros, e o procedimento de interpretação conforme a constituição, pois "ter a constituição como parâmetro interpretativo" – que é, no fundo, o que se quer dizer com unidade da ordem jurídica – e "dar prioridade à interpretação que mantém a constitucionalidade da lei" são ideias bastante diversas.

[16] Cf. tópico 5.

[17] Cf., por exemplo, GERSON DOS SANTOS SICCA, "A interpretação conforme à constituição – *Verfassungskonforme Auslegung* – no direito brasileiro", *Revista de Informação Legislativa* 143 (1999), p. 20: "O princípio em estudo [a interpretação conforme a constituição] tem por base a Constituição como norma superior do ordenamento, estando toda a actividade hermenêutica vinculada ao disposto no texto maior da ordem jurídica".

[18] GILMAR FERREIRA MENDES, "A declaração de nulidade da lei inconstitucional, a interpretação conforme a constituição e a declaração de constitucionalidade da lei na jurisprudência da corte constitucional alemã". *Cadernos de Direito Tributário e Finanças Públicas* 4 (1993), p. 14. Cf., nesse sentido, entre outros, KONRAD HESSE, *Grundzüge des Verfassungsrechts der Bundesrepublik Deutschland*, n. 81, p. 30; ULRICH HÄFELIN/WALTER HALLER, *Schweizerisches Bundesstaatsrecht*, 4. Aufl., Zürich: Schulthess, 1998, n. 127, p. 43.

O segundo ponto é uma decorrência dessa não identificação. É fácil perceber que proceder de forma exactamente contrária ao que propõe a interpretação conforme a constituição, isto é, declarar a inconstitucionalidade de uma lei, garante, na mesma medida, a unidade do ordenamento. Isto é, o mesmo raciocínio – ter a constituição como parâmetro de interpretação – é também a fundamentação de todo e qualquer controle de constitucionalidade e, por consequência, da possibilidade de se declarar a inconstitucionalidade de uma lei.

Não há como se sustentar, por isso, que a ideia de unidade da ordem jurídica, na forma defendida por Hesse e, no Brasil, por Gilmar Mendes, entre outros, possa ter alguma valia na fundamentação da interpretação conforme a constituição, já que, como visto, tê-la como pressuposto pode fundamentar acções diametralmente contrárias.

2.2. *A presunção de constitucionalidade das leis*

Outro dos argumentos usados para fundamentar a necessidade de uma interpretação conforme a constituição é a presunção de constitucionalidade das leis. Na decisão da Rep. 1417 anteriormente citada, o Ministro Moreira Alves sustenta que, na interpretação de uma disposição legal, é preciso que se parta da hipótese de trabalho de que toda a lei é presumidamente constitucional[19]. A exigência de uma interpretação conforme a constituição seria, assim, uma consequência natural dessa hipótese de trabalho, já que se há pelo menos duas interpretações possíveis para um dispositivo legal e apenas uma delas garante a sua constitucionalidade, essa é a que deve prevalecer, pois ela confirmaria a presunção de constitucionalidade das leis.

Ainda que seja, não apenas no Brasil[20], mas também no exterior[21], uma ideia bastante difundida e, talvez por isso, aceite sem muitos questionamentos,

[19] RTJ 126, 48 (53).

[20] Cf., no Brasil, Luís Roberto Barroso, *Interpretação e aplicação da constituição*, pp. 160 e ss.; Gilmar Ferreira Mendes, *Jurisdição constitucional*, 270; Paulo Bonavides, "A presunção de constitucionalidade das leis e interpretação conforme à constituição", in Paulo Bonavides, *Teoria da democracia participativa: por um direito constitucional de luta e resistência, por uma nova hermenêutica, por uma repolitização da legitimidade*, São Paulo: Malheiros, 2001, pp. 247 e ss. A presunção de constitucionalidade das leis está de tal forma sedimentada no pensamento jurídico brasileiro que temos até mesmo alguém que, pelo menos na visão do STF, se incumbe de zelar por ela: o advogado geral da União (cf. RTJ 131, 958).

[21] A doutrina brasileira costuma apresentar diversos exemplos de recurso à presunção de cons-

parece-me necessário que a presunção de constitucionalidade das leis seja examinada com um pouco mais de atenção, pois essa ideia é, da forma como aventada nas discussões sobre a interpretação conforme a constituição, por demais simplista para ter algum valor argumentativo. Além disso, a prevalência que se dá à constitucionalidade necessita de uma fundamentação um pouco mais sólida do que a usual, que se resume ao mero respeito pela obra do legislador[22].

Com relação ao simplismo da presunção de constitucionalidade conjugada com a interpretação conforme a constituição, costuma-se, quando há várias interpretações possíveis para um determinado dispositivo legal, algumas delas implicando a sua inconstitucionalidade, outras, a sua constitucionalidade, partir do pressuposto de que essa é a única variável importante, ou seja, de que o que importa é apenas o facto de haver diversas possibilidades interpretativas. Não se costuma fazer nenhuma consideração sobre outros possíveis efeitos dessas interpretações que não aqueles relacionados com o binómio constitucionalidade/ /inconstitucionalidade. Bastaria, ao que parece, uma simples "faísca" de constitucionalidade para eliminar toda e qualquer dúvida, por mais procedente que seja, acerca da constitucionalidade de uma lei e todo e qualquer argumento, por mais sólido que seja, sobre uma possível inconstitucionalidade do dispositivo questionado.

Dessa forma, aqueles que aceitam o que se tem escrito sobre a presunção de constitucionalidade das leis e sobre a interpretação conforme a constituição, e que sejam minimamente coerentes com os argumentos que costumam ser

titucionalidade no exterior, especialmente nos Estados Unidos e na Alemanha. É importante ressaltar, no entanto, que há, nesses países, grande controvérsia a respeito dessa ideia, controvérsia que costuma ser ignorada nos exemplos mencionados por autores brasileiros. Cf., por todos, para o caso alemão, KOSTAS CHRYSSOGONOS, *Verfassungsgerichtsbarkeit und Gesetzgebung: Zur Methode der Verfassungsinterpretation bei der Normkontrolle*, Berlin: Duncker & Humblot, 1987, pp. 159 e ss. e KLAUS STERN, *Das Staatsrecht der Bundesrepublik Deutschland*, Bd. III/1: Allgemeine Lehre der Grundrechte. München: C.H. Beck, 1988, § 73, p. 1306 e, para o caso norte-americano, FREDERICK SCHAUER, "Ashwander Revisited", *Supreme Court Review* 1995: 71-98.

[22] E, como se verá adiante, até mesmo esse respeito é duvidoso, ainda mais se se atentar para o fato de que tamanha deferência à obra legislativa soa até um pouco irónica, principalmente porque praticada justamente no acto do controle de constitucionalidade, criado justamente em razão da desconfiança na obra do legislador. Cf., nesse sentido, KARL-AUGUST BETTERMAN, *Die Verfassungskonforme Auslegung: Grenzen und Gefahren*, Heidelberg: C. F. Müller, 1986, p. 24. Sobre a jurisdição constitucional como sinal de desconfiança na obra do legislador, cf. também ROBERT ALEXY, "Grundrechte im demokratischen Verfassungsstaat", in Aulis Aarnio/Robert Alexy/Gunnar Bergholtz (eds.), *Justice, Morality and Society: A Tribute to Aleksander Peczenik on the Occasion of his 60th Birthday 16 November 1997*, Lund: Juristförlaget, 1997, p. 33.

trazidos à baila, logo perceberão que a ideia de controle de constitucionalidade e a interpretação conforme a constituição deixam de fazer muito sentido, pois será difícil não achar um argumento, por simplório que seja, que não sustente a presunção de constitucionalidade de uma lei e, por consequência, a exigência de uma interpretação conforme a constituição.

Não quero com isso sustentar que o facto de o legislador ter decidido nessa ou naquela direcção não deva ser levado em consideração no momento da interpretação constitucional e do controle de constitucionalidade. Pelo contrário, a decisão do legislador tem, entre outras coisas, um peso argumentativo forte, principalmente em casos complexos, em que as incertezas fácticas e normativas sejam grandes[23]. Mas esse peso extra que se dá a um argumento, pelo simples facto de ter sido a decisão do legislador democraticamente legitimado é apenas parte de uma argumentação mais complexa. Esse é um ponto importante. Por isso, ainda que o legislador tenha tomado uma decisão *x* e que haja argumentos a favor de sua constitucionalidade, mesmo assim é possível que haja outras variáveis e argumentos que pendam para o entendimento de que essa decisão do legislador é inconstitucional. Se esses últimos forem mais fortes – e esse é um problema de ponderação – a decisão do legislador poderá ser revista, a despeito da presunção de constitucionalidade e, especialmente, da possibilidade de interpretação conforme a constituição.

Além dessa possível complexidade de variáveis, que costuma ser ignorada quando se fala em interpretação conforme a constituição[24], há um outro factor que reduz a importância de uma possível presunção de constitucionalidade das leis: a fragilidade de sua fundamentação. Como já mencionado acima, o único argumento usado para fundamentar a presunção de constitucionalidade das leis em conjunto com a interpretação conforme a constituição é um pretenso respeito pela obra do legislador e pela separação de poderes[25]. Não somente esse respeito pode ser um mero pretexto para uma "correcção legislativa" por parte do Judiciário, como se verá mais adiante[26], como também não costuma ser fundamentado o porquê dessa prevalência sobre outras variáveis. E, além do

[23] Nesse sentido, cf. VIRGÍLIO AFONSO DA SILVA, *Grundrechte und gesetzgeberische Spielräume*, Baden-Baden: Nomos, 2003, p. 169.

[24] Cf., no mesmo sentido, KOSTAS CHRYSSOGONOS, *Verfassungsgerichtsbarkeit und Gesetzgebung*, Berlin: Duncker & Humblot, 1987, p. 161.

[25] Cf., por exemplo, PAULO BONAVIDES, *Curso de direito constitucional*, 6.ª ed., São Paulo: Malheiros, 1996, pp. 476 e ss. Cf. também FRIEDRICH MÜLLER, *Juristische Methodik*, 6. Aufl., Berlin: Duncker & Humblot, 1995, p. 87. Sobre esse tema, cf. tópico 5, abaixo.

[26] Cf. tópico 5.

deficit na fundamentação, essa prevalência implica um outro problema metodológico: se, como sustentam, por exemplo, o Tribunal Constitucional alemão e, no Brasil, Gilmar Ferreira Mendes, a presunção de constitucionalidade e a interpretação conforme a constituição são um *dever* e, nesse sentido, sempre prevalecem em relação a outras possibilidades, estamos não mais diante de um argumento, mas de um trunfo. Isso excluiria qualquer possibilidade de ponderação na interpretação legal e constitucional, já que ponderação e trunfos são mutuamente excludentes[27].

Além disso, recorrer à separação de poderes e a uma prioridade legislativa do legislador é, nesse ponto, muito pouco. Há várias outras presunções às quais se poderia recorrer no acto de interpretação da lei, todas elas inspiradas, de alguma forma, na constituição, que poderiam militar justamente no sentido contrário, ou seja, como argumento a favor da inconstitucionalidade de uma lei. A presunção *in dubio pro libertate*, para ficarmos apenas em um exemplo, é uma delas. Segundo uma das acepções dessa presunção, caso haja mais de uma interpretação possível para uma lei ou dispositivo legal, e uma delas garanta a liberdade dos cidadãos de forma mais efectiva, é a essa interpretação que se deverá dar prioridade[28]. Pode acontecer, no entanto, que uma lei restrinja alguma liberdade garantida pela constituição. Se seguirmos a ideia subjacente à interpretação conforme a constituição e à presunção de constitucionalidade, caso haja uma interpretação que torne a lei constitucional, essa deverá ter prioridade. Mas é inegável que a liberdade dos cidadãos seria mais efectiva se a lei fosse declarada inconstitucional[29].

[27] Cf., sobre esse problema, Virgílio Afonso da Silva, "Ponderación e inconmensurabilidad", in *Anales del Congreso Internacional de Culturas y Sistemas Juridicos Comparados*, México: IIJ/Unam (no prelo).

[28] Não se deve confundir, como se vê, a máxima *in dubio pro libertate* com a máxima *in dubio pro reo*. Ainda que se possa incluir essa última no escopo da primeira, as duas não são idênticas, pois a primeira é mais ampla.

[29] Cf., sobre essa contraposição entre interpretação conforme a constituição e a máxima *in dubio pro libertate*, Kostas Chryssogonos, *Verfassungsgerichtsbarkeit und Gesetzgebung*, p. 161. Para ficar em um exemplo simples: se uma lei que, com vistas a fomentar outro direito fundamental, tenha restringido a liberdade de associação puder ser interpretada de duas formas, uma que mantenha sua constitucionalidade e outra que a questione, o postulado da interpretação conforme a constituição exigiria a primeira interpretação, enquanto que a máxima *in dubio pro libertate* exigiria a segunda, já que, com isso, a liberdade de associação seria menos restringida e, na dúvida, teria a preferência.

Isso apenas reforça o argumento de que a interpretação conforme a constituição e a presunção de constitucionalidade – e também de máximas como a *in dubio pro libertate* – baseiam-se em premissas excessivamente simplistas e unilaterais para ter alguma valia em casos difíceis. E para os casos simples, elas são simplesmente supérfluas ou triviais.

2.2.1. *Presunção e prova*

Quando se presume algo, estabelece-se como pressuposto que esse algo é verdadeiro. Assim, quando o artigo 1597, I do código civil, prevê que os filhos nascidos cento e oitenta dias, pelo menos, depois de estabelecida a convivência conjugal, foram presumidamente concebidos na constância do casamento, estabelece ele uma presunção. Esse raciocínio, típico das presunções legais, não pode, contudo, ser pura e simplesmente transportado para a presunção de constitucionalidade. Mas é exactamente isso que costuma ser feito quando se escreve sobre presunção de constitucionalidade e interpretação conforme a constituição.

A ideia tradicional de presunção – a chamada presunção *iuris tantum* –, na forma do exemplo do artigo 1597, I acima mencionado, supõe a possibilidade de prova em contrário. Poder-se-á provar, por meio de exame de DNA, por exemplo, que um filho não foi concebido na constância do casamento. Já a ideia de presunção de constitucionalidade não admite prova em contrário, pelo simples facto de que constitucionalidade e inconstitucionalidade não se provam. Isso porque ser constitucional ou ser inconstitucional não são propriedades inerentes à lei. Ao contrário do que o senso comum parece crer, o controle de constitucionalidade não é uma espécie de busca por um "código genético", inerente à lei, ansioso por ser descoberto pelos cientistas do direito.

Assim, quando se fala que uma lei não pode ser declarada inconstitucional a não ser que seja *flagrante*, *insanável* ou *comprovadamente* inconstitucional, está a fazer-se uma transposição equivocada da ideia de presunção fáctica para uma presunção normativa, sem se dar conta de que esse último tipo de presunção não pode ser confirmado ou negado seguindo o mesmo modelo, já que, constitucionalidade e inconstitucionalidade não se provam[30].

[30] Somente quando a presunção de constitucionalidade se baseia em variáveis fácticas seria possível pensar em comprovar a presunção. Isso porque é possível que a constitucionalidade ou a inconstitucionalidade de uma lei dependa da comprovação da veracidade da premissa. Se o legis-

2.2.2. *Presunção e tempo*

Uma última consideração sobre a presunção de constitucionalidade das leis precisa ser feita: essa presunção é o resultado de outra, segundo a qual o legislador, ao elaborar uma lei, pretende fazê-lo sempre de forma a respeitar a constituição. Com isso, grande parte da esperada força argumentativa da presunção de constitucionalidade como fundamento da interpretação conforme a constituição se perde, já que só é possível presumir que o legislador respeite a constituição em vigor na época da elaboração da lei [31]. Como consequência, a presunção de constitucionalidade só poderia valer, no caso brasileiro, para as leis elaboradas, no máximo, a partir de 5 de outubro de 1988. Se a lei em questão aparentemente contrariar dispositivo que tenha sido adicionado à constituição por via de emenda, então uma presunção de constitucionalidade somente poderia existir se o dispositivo também for posterior à emenda referida. Por conseguinte, se a interpretação conforme a constituição é uma consequência da presunção de constitucionalidade das leis, ela só poderia ser aplicada para as leis pós-1988 ou, em vários casos, somente para leis ainda mais recentes.

3. **Interpretação conforme a constituição: uma trivialidade?**

Além de todos os problemas já analisados ao longo dos tópicos anteriores, entendo oportuno, antes de passar à segunda etapa do objecto da análise – a

lador, por exemplo, partindo do pressuposto de que um determinado grupo de pessoas, devido a alguma hipossuficiência, necessita de benefícios não concedidos ao restante da população, a constitucionalidade dessa medida poderá depender da comprovação da existência dessa hipossuficiência. Nesse caso, pode-se falar em presunção de constitucionalidade em relação aos factos, que poderão ser comprovados ou não. Mas esse tipo de presunção é completamente diferente da presunção de constitucionalidade a que a doutrina costuma fazer referência.

[31] Cf., nesse sentido, especialmente WASSILIOS SKOURIS, *Teilnichtigkeit von Gesetzen*, Berlin: Duncker & Humblot, 1973, p. 98, que demonstra, nesse passo, a contradição entre a fundamentação do Tribunal Constitucional alemão para a interpretação conforme a constituição a partir da presunção de constitucionalidade e o facto de que, na maioria das vezes, o tribunal recorre a esse tipo de interpretação em casos de leis anteriores à constituição de 1949. Cf. também CHRISTOPH GUSY, *Parlamentarischer Gesetzgeber und Bundesverfassungsgericht*, p. 218 e HARALD BOGS, *Die Verfassungskonforme Auslegung von Gesetzen*, Stuttgart: Kohlhammer, 1966, p. 22. A mesma contradição é também verificada na jurisprudência da Suprema Corte dos Estados Unidos. Cf., nesse sentido, ROBERT W. SCHEEF, "Temporal Dynamics in Statutory Interpretation: Courts, Congress, and the Canon of Constitutional Avoidance", *University of Pittsburgh Law Review* 64 (2003): 529-587.

prática jurisprudencial da interpretação conforme a constituição e o dogma da legislação negativa – colocar em questão um último ponto que, de uma certa forma, precede todos os outros: a interpretação conforme a constituição acrescenta algo à discussão sobre interpretação legal e controlo de constitucionalidade no caso brasileiro?

A não ser que as definições usualmente utilizadas estejam incompletas ou equivocadas, é possível dizer que a interpretação conforme a constituição não tem grande significado, pelo menos para o sistema jurídico brasileiro[32]. E a razão é simples.

Em todos os processos de controle abstracto de constitucionalidade em que se decida pela constitucionalidade de um dispositivo legal estaremos, de acordo com as definições expostas no tópico 1, diante de uma interpretação conforme a constituição. Esse facto fica bastante claro no caso das acções directas de inconstitucionalidade (ADI), a acção de controle de constitucionalidade por excelência. Sempre que alguma parte legítima propõe uma ADI, ela necessariamente argumentará pela inconstitucionalidade de um determinado dispositivo legal. Ora, se o Supremo Tribunal Federal entender que o referido dispositivo não é inconstitucional, ele automaticamente terá feito uma interpretação conforme a constituição, pelo menos nos termos das definições usuais desse cânone interpretativo, visto que diante de duas possibilidades de interpretação do dispositivo, ele terá escolhido uma que mantém a sua constitucionalidade, rejeitando a outra, aduzida pelo propositor da acção, incompatível com a constituição. Não há como escapar desse modelo, pois sempre haverá a interpretação do STF, favorável à constitucionalidade, e a interpretação do propositor da acção, favorável à inconstitucionalidade. Ao escolher a interpretação favorável, o STF terá praticado a interpretação conforme a constituição, nos termos expostos tradicionalmente pela doutrina e pela jurisprudência. Nesse sentido, e sobre a trivialidade da interpretação conforme a constituição, vale o que Jorge Miranda afirma a respeito:

> Todo o tribunal e, em geral, todo o operador jurídico fazem interpretação conforme com a Constituição. Quer dizer: acolhem, entre vários sentidos a priori configuráveis da norma infraconstitucional, aquele que lhe seja conforme ou mais

[32] Salvo se houver um "significado escondido", que não seja nenhum daqueles comummente mencionados pela doutrina e pela jurisprudência brasileiras. Cf., nesse sentido, a parte final deste artigo.

conforme; e, no limite, por um princípio de economia jurídica, procuram um sentido que [...] evite a inconstitucionalidade da lei[33].

Mas se a interpretação conforme a constituição é tão trivial e se nada acrescenta à prática básica e corriqueira do controle de constitucionalidade, por que há, especialmente nos últimos tempos, tanta discussão a seu respeito?

Vejo três respostas possíveis a essa pergunta. Não são três respostas excludentes. Ao contrário, é possível que as três se complementem na explicação do problema. A primeira delas, bastante simples, resume-se ao deslumbramento diante daquilo que parece ser novidade e, principalmente, diante daquilo que é feito por juristas de outros países, que seria "a doutrina mais moderna". Já me manifestei anteriormente sobre esse fenómeno, nos seguintes termos:

> Não é difícil perceber que a doutrina jurídica recebe de forma muitas vezes pouco ponderada as teorias desenvolvidas no exterior. E, nesse cenário, a doutrina alemã parece gozar de uma posição privilegiada, já que, por razões desconhecidas, *tudo* o que é produzido na literatura jurídica germânica parece ser encarado como revestido de uma aura de cientificidade e verdade indiscutíveis[34].

Não seria exagero dizer que, na área jurídica, cada vez mais valeria o brocardo "o que é bom para a Alemanha, é bom para o Brasil". Mas além desse mero deslumbramento, é possível que a interpretação conforme a constituição venha ganhando cada vez mais impulso por duas outras razões intimamente ligadas. À análise da primeira é dedicado o tópico 5, enquanto que a segunda será abordada na conclusão deste artigo (tópico 6). Antes porém, cabem algumas considerações à prática da interpretação conforme a constituição na jurisprudência do Supremo Tribunal Federal.

4. O STF e a interpretação conforme a constituição

A discussão acerca da interpretação conforme a constituição segue o mesmo padrão de outras discussões relativas a modelos de interpretação e con-

[33] JORGE MIRANDA, *Manual de direito constitucional*. Tomo VI: Inconstitucionalidade e garantia da constituição, Coimbra: Coimbra Editora, 2001, p. 73. No mesmo sentido, cf. BRUN-OTTO BRYDE, *Verfassungsentwicklung: Stabilität und Dynamik im Verfassungsrecht der Bundesrepublik Deutschland*, Baden-Baden, Nomos, 1982, p. 411.

[34] VIRGÍLIO AFONSO DA SILVA, "Interpretação constitucional e sincretismo metodológico", p. 116.

trolo de constitucionalidade desenvolvidos em outros países e recebidos no Brasil. Há uma enorme distância entre aquilo que a doutrina expõe, aquilo que a jurisprudência sustenta aplicar e aquilo que a jurisprudência de facto aplica[35]. Tudo aquilo que a doutrina brasileira expõe e que foi analisado na primeira parte deste artigo, isto é, o conceito de interpretação conforme a constituição e a sua fundamentação, não foi ainda assimilado pelo Supremo Tribunal Federal, embora ele mencione a interpretação conforme a constituição em um sem número de julgados. Esses julgados, no entanto, raramente fazem uso da interpretação conforme a constituição da forma como pretende a doutrina. Com base no que de facto acontece, é possível diferenciar dois tipos de actuação do STF em relação à interpretação conforme a constituição, que serão analisados a seguir.

4.1. *Interpretação conforme a constituição e nulidade parcial sem modificação de texto*

Na jurisprudência e na literatura jurídica alemãs, que servem de fonte para a discussão brasileira sobre interpretação conforme a constituição, costuma ser feita uma diferenciação, ainda que não de forma uniforme e isenta de controvérsias, entre interpretação conforme a constituição, de um lado, e nulidade parcial sem modificação de texto, de outro[36]. Não é o caso de fazer aqui uma análise aprofundada do problema, mas algumas considerações são imprescindíveis[37].

O STF, na maioria das vezes, refere-se a uma "interpretação conforme a constituição sem redução de texto"[38]. A redundância – ou confusão – é patente, pois parece claro que se é mera interpretação (conforme a constituição), a redacção do texto não poderá ser modificada. A diferença primordial entre interpretação conforme a constituição e declaração de nulidade parcial

[35] O mesmo fenómeno ocorre, no meu entender, no campo da regra da proporcionalidade. Cf., nesse sentido, VIRGÍLIO AFONSO DA SILVA, "O proporcional e o razoável", *RT* 798 (2002): 23-50.

[36] A doutrina e a jurisprudência têm preferido a expressão "sem *redução* de texto".

[37] Para um maior aprofundamento, cf. KLAUS SCHLAICH/STEFAN KORIOTH, *Das Bundesverfassungsgericht: Stellung, Verfahren, Entscheidungen*. 5. Aufl. München: C.H. Beck, 2001 (1. Aufl. 1985), nn. 434-435, pp. 297-298. Cf. também UWE SEETZEN, "Bindungswirkung und Grenzen der verfassungskonformen Auslegung", *NJW* 1976, pp. 1999 e ss. Em português, cf. sobretudo GILMAR FERREIRA MENDES, *Jurisdição constitucional*, pp. 274 e ss.

[38] Cf., para decisão recente, RTJ 181, 54.

sem modificação do texto consiste no facto de que, a primeira, ao pretender dar um significado ao texto legal que seja compatível com a constituição, localiza-se no âmbito da *interpretação* da lei, enquanto que a nulidade parcial sem modificação de texto localiza-se no âmbito da *aplicação*, pois pretende excluir alguns casos específicos da aplicação da lei. Há alguma diferença entre ambos? Há duas, uma relacionada com um problema de competência, outra, com uma questão metodológica.

A primeira – relativa à competência – explica-se pelo facto de que, especialmente em um sistema concentrado como o alemão, os juízes em geral não têm competência para declarar a nulidade de uma lei, pois essa é uma competência exclusiva do tribunal constitucional. Por isso, embora os juízes possam fazer interpretação conforme a constituição, não podem eles declarar a nulidade parcial, com ou sem modificação do texto da lei[39]. Cabe perguntar se essa distinção vale para o sistema misto de controle de constitucionalidade existente no Brasil. Esse é um tema ainda não explorado e não há espaço para desenvolvimentos maiores aqui. Mesmo assim, parece-me que aos juízes e tribunais brasileiros, no exercício do controlo incidental de constitucionalidade, também não cabe decidir pela nulidade, total ou parcial, com ou sem modificação do texto de uma lei. A competência para declaração da nulidade de uma lei, no todo ou em parte é, também no sistema brasileiro, exclusiva do Supremo Tribunal Federal. O que os outros juízes podem fazer é simplesmente deixar de aplicar uma lei a um caso concreto caso entendam que ela seja inconstitucional.

Mas, ainda que essa distinção relativa à competência seja procedente e que, pelo menos nesse aspecto, interpretação conforme a constituição e declaração de nulidade parcial sem modificação de texto sejam categorias diferentes, permanece a pergunta sobre essa distinção no âmbito do Supremo Tribunal Federal, já que ele, sem dúvida, tem competência para utilizar ambas. Aqui se insere a distinção metodológica citada acima.

Em ambas as categorias – interpretação conforme a constituição e declaração parcial de nulidade sem modificação de texto – há inegavelmente uma semelhança: o texto da lei não sofre alterações. Mas isso é muito pouco para justificar a equiparação ou a confusão de ambas, como costuma fazer o STF.

A primeira diferença metodológica reside no facto de que a interpretação conforme a constituição é uma técnica de interpretação, enquanto que a declaração de nulidade parcial sem modificação do texto da lei é o *resultado* de um

[39] Cf. KLAUS SCHLAICH/STEFAN KORIOTH, *Das Bundesverfassungsgericht*, p. 297, n. 435.

controlo de constitucionalidade[40]. Seria possível indagar se esse não é exactamente o resultado daquela[41]. Creio que não. Aqui se insere uma segunda diferença metodológica.

A interpretação conforme a constituição, na forma como definida pela doutrina, não tem como resultado excluir casos ou destinatários da aplicação da norma enquanto que esse é o resultado por excelência da declaração de nulidade parcial sem modificação de texto. Isso significa que a declaração de nulidade não pretende salvar a lei mudando seu significado, mas excluindo sua aplicação para determinados casos ou determinados destinatários. A ADI 1521-MC pode servir como um bom exemplo para essa diferença[42].

A emenda constitucional n.º 12 à constituição do estado do Rio Grande do Sul, em seu artigo 1.º, § 5.º, vedava a nomeação, para cargos em comissão, de cônjuge e parentes consanguíneos, até ao segundo grau, do governador, de desembargadores, de deputados estaduais, entre outros, nos âmbitos definidos nos seus seis incisos. O objectivo claro do dispositivo era impedir o chamado nepotismo na esfera pública. A emenda, em abstracto, não é incompatível com a constituição, mas a aplicação desse dispositivo a casos de pessoas que tivessem sido anteriormente aprovadas em concurso o seria. Diante disso, o Ministro Octavio Gallotti propôs uma declaração de nulidade parcial sem mudança no texto do dispositivo – mas chamou esse procedimento de interpretação conforme a constituição[43]. Como resultado, o dispositivo permaneceria intacto, seu significado – unívoco, pode-se dizer – também permaneceria intacto, mas sua aplicação a determinados casos – servidores concursados, ainda que englobados pelo suporte fáctico da norma – seria excluída.

[40] Sobre esse problema metodológico, cf. HANS PAUL PRÜMM, *Verfassung und Methodik: Beiträge zur verfassungskonformen Auslegung, Lückenergänzung und Gesetzeskorrektur unter besonderer Berücksichtigung des vierten Änderungsgesetzes zum Bundesverfassungsgerichtsgesetz*, Berlin: Duncker & Humblot, 1977, p. 104.

[41] A mesma relação é feita por INOCÊNCIO MÁRTIRES COELHO, "Declaração de inconstitucionalidade sem redução do texto, mediante interpretação conforme: um caso exemplar na jurisprudência do STF", *Cadernos de Direito Tributário e Finanças Públicas* 23 (1998): 169-188, ainda que MÁRTIRES COELHO, a despeito do título do trabalho, não se ocupe de fato da questão.

[42] O uso da ADI 1521 (RTJ 173, 424), mais especificamente das opiniões expressas nos votos dos ministros Octavio Gallotti (pp. 439-440) e Néri da Silveira (pp. 441-442), serve aqui a propósitos tão somente elucidativos, porque a decisão final não acatou as propostas desses ministros no ponto aqui narrado.

[43] RTJ 173, 424 (440). Cf., no mesmo sentido, RTJ 167, 376 (385, 393, 395 e *passim*).

Com isso, fica clara uma terceira diferença metodológica: a interpretação conforme a constituição tem como objectivo evitar, em abstracto, a inconstitucionalidade de uma norma. Já a nulidade parcial sem modificação de texto não se refere à definição do conteúdo da norma em abstracto, mas de sua aplicação em concreto.

Por fim, uma última diferença, relacionada com a fundamentação de ambas. Segundo o que a doutrina costuma afirmar, a interpretação conforme a constituição é uma decorrência – questionável, como se viu e ainda verá – da presunção de constitucionalidade das leis e do respeito pela obra do legislador. Difícil seria supor que essa deferência pudesse fundamentar também uma declaração de nulidade, ainda que parcial, dessa mesma obra.

4.2. *Mero esclarecimento de significado*

O outro grupo de decisões caracteriza-se pelo recurso supérfluo à interpretação conforme a constituição. No caso da ADI 234, por exemplo, o STF decidiu que a menção a "autorização legislativa", constante do *caput* do artigo 69.º da constituição do estado do Rio de Janeiro[44] significava "autorização por meio de lei formal específica" e que tal lei só seria exigível quando a alienação das acções implicasse a perda do controlo accionista da sociedade. Nos outros casos, a alienação não dependeria de lei[45].

O que fez o STF ao decidir dessa forma? O tribunal definiu o significado da expressão "autorização legislativa" e o alcance da exigência de lei para os casos de alienação de acções das sociedades de economia mista. Ele delimitou o significado dessa exigência[46]. O STF, ao definir esse significado, afirma em várias passagens que procedeu a uma interpretação conforme a constituição. O curioso é notar, contudo, que o tribunal, em nenhum momento, usou a constituição como parâmetro. A única referência legal, em sentido amplo, foi à lei 8031/90 que, em grande medida, serviu de parâmetro para a interpretação

[44] Constituição do Estado do Rio de Janeiro, artigo 69: "As acções de sociedades de economia mista pertencentes ao Estado não poderão ser alienadas, a qualquer título, sem autorização legislativa".

[45] RTJ 167, 363 (refere-se à questão de ordem – ADI 234-QO – mas reproduz o teor da decisão principal).

[46] Nesse sentido, além de ter feito uma simples interpretação do conteúdo de uma expressão contida em um dispositivo legal, excluiu também a exigência de lei de certos casos, declarando a exigência, por conseguinte, parcialmente nula.

do artigo 69.° da constituição fluminense. Não se pode dizer, portanto, que o STF fez uma interpretação conforme a constituição, e em nenhum dos sentidos que esse conceito possa ter[47].

5. O respeito pelo legislador, a separação de poderes e o dogma da legislação negativa

Quando o judiciário recorre à interpretação conforme a constituição, tenta ele dar ao dispositivo legal questionado, sob o pretexto de respeitar o legislador e evitar a declaração de nulidade, uma interpretação que seja compatível com a constituição. Ocorre que o respeito pelo legislador aqui é mero lugar comum. O tribunal, na verdade, dá a *sua* interpretação ao dispositivo para compatibilizá-lo com aquilo que *o próprio tribunal*, e ninguém mais, acha que é constitucional. E essa é, no âmbito do controle de constitucionalidade, exactamente a tarefa do tribunal: interpretar um dispositivo questionado e verificar se ele é compatível com a interpretação que o mesmo tribunal faz da constituição. Por que razão, então, o tribunal recorre à figura da interpretação conforme a constituição?

O STF reiteradamente afirma que não é papel do judiciário ser o que o tribunal chama de "legislador positivo", ou seja, não é seu papel suprir omissões ou corrigir falhas na legislação. Sua função, especialmente no controle de constitucionalidade, é a de legislador negativo, o que significa dizer que o tribunal pode, no máximo, negar a constitucionalidade da obra legislativa, mas nunca produzir algo em seu lugar ou corrigi-la[48]. Com raríssimas posições divergentes, essa é a regra no STF[49].

[47] Cf. também o caso do RE 241.292 (RTJ 178, 919). No voto do relator, Ilmar Galvão, vencedor na parte que aqui interessa, ele apenas faz menção à interpretação que ele entende correcta a um dos dispositivos questionados (artigo 5.° da Lei 4964/89, do Estado da Bahia) e nem ao menos faz menção à interpretação conforme a constituição (p. 926). Na decisão final, lê-se, contudo: "no que toca ao artigo 5.° da Lei n.° 4964/89, emprestou [o Tribunal] interpretação conforme a constituição, nos termos do voto do Senhor Ministro-Relator [...]" (pp. 920 e 951). O que era apenas a interpretação de um dispositivo legal tornou-se interpretação conforme a constituição, com base apenas, ao que parece, na leitura que o Ministro Nelson Jobim fez do voto do relator (p. 941), mas não, como consta do acórdão, com base no próprio voto do relator. Saber se se trata ou não de interpretação conforme a constituição é importantíssimo, como se verá no final deste artigo.

[48] Cf., por exemplo, além da própria decisão na Rep. 1417 – RTJ 126, 48 (68 s.) –, também RTJ 143, 57 (59); 146, 461 (465); 153, 765 (768); 161, 739 (745); 175, 1137 (1139); 177, 657 (663); 178, 22 (23, 29 s.).

[49] Cf., por exemplo, RTJ 177, 657 (662), voto do Ministro Marco Aurélio Mello, que encara

Diante desse cenário, a ideia de interpretação conforme a constituição pode desempenhar um papel importantíssimo, que é o de possibilitar que o STF se mantenha fiel, ao menos aparentemente, ao seu dogma da legislação negativa, e, ao mesmo tempo, *corrija* ou *estenda*, quando entender necessário, a obra do legislador[50].

Isso porque, ao contrário do que a doutrina e a jurisprudência insistem em negar, a interpretação conforme a constituição implica, exceptuando-se casos mais banais, uma possibilidade de alteração no sentido da lei, principalmente quando se tenta ir além do que o próprio texto dispõe[51]. É claro que, de certa forma, sempre que um aplicador do direito interpreta um dispositivo legal, estará ele a atribuir um significado à lei[52], um sentido que pode não ser o sen-

"com muita reserva essa premissa segundo a qual o Supremo Tribunal Federal [...] não pode adoptar postura que acabe por implicar a normatividade positiva". Na doutrina, cf., por todos, LENIO LUIZ STRECK, *Jurisdição constitucional e hermenêutica: uma nova crítica do direito*. Porto Alegre: Livraria do Advogado, 2002, pp. 444 e 451 e ss.

50 Cf. a discussão no RE 241.292, em que o Ministro Moreira Alves expressa sua opinião de que a interpretação – conforme a constituição, nos termos do voto do Ministro Nelson Jobim – modificaria o sentido da lei (RTJ 178, 919 [942]). A interpretação proposta foi, contudo, aceite pelo tribunal.

51 Não ignoro, obviamente, as constantes advertências, principalmente por parte da doutrina, de que o judiciário, ao fazer uma interpretação conforme a constituição, não pode ir além do que o texto da lei permite (cf., nesse sentido, PAULO BONAVIDES, *Curso de direito constitucional*, pp. 473 e ss.; GILMAR FERREIRA MENDES, *Jurisdição constitucional*, pp. 224 e ss.). O problema "texto como limite da interpretação" é complexo demais para ser tratado apenas de passagem aqui. É preciso ter em mente, contudo, que, da mesma forma que é o juiz que decide o que é e o que não é conforme a constituição, cabe também ao mesmo juiz decidir quais os limites interpretativos que o texto legal impõe. Cf., sobre o problema, LENIO LUIZ STRECK, *Jurisdição constitucional e hermenêutica*, pp. 451 e ss. Para uma actualizada discussão sobre o problema do "texto como limite da interpretação" cf., por todos, MATTHIAS KLATT, *Theorie der Wortlautgrenze: Semantische Normativität in der juristischen Argumentation*, Baden-Baden, Nomos, 2004.

52 Por isso, não me parece ser procedente a sugestão de LENIO LUIZ STRECK de que a interpretação conforme a constituição deveria ser chamada, "se quisermos nos manter fiéis à origem do instituto", de "atribuição de sentido conforme à constituição" (cf. LENIO LUIZ STRECK, *Jurisdição constitucional e hermenêutica*, p. 450). A meu ver, há três equívocos aqui. O primeiro, mais simples e menos importante, diz respeito à necessidade discutível de se manter fiel a alguma coisa e, além disso, de que a fidelidade deva ser ao instituto como pensado na Alemanha, que não é seu país de origem. Mas o mais importante refere-se à distinção entre "interpretação" e "atribuição de sentido". Para justificar sua tese, STRECK recorre à denominação em alemão da interpretação conforme a constituição, *verfassungskonforme Auslegung*, para afirmar que, em alemão, *Auslegung* tem um significado de *descoberta* de significado, que não seria compatível com a interpretação jurídica, que sempre implica *produção de sentido*. Essa é, a meu ver, uma tese equivocada. Antes de

tido que a maioria parlamentar, ao aprovar a lei, imaginava. Isso, em si, não é problemático – a não ser para aqueles que acham que interpretar a lei é tentar encontrar a vontade do legislador. Problemático é tentar esconder esse facto recorrendo a uma pretensa interpretação conforme a constituição.

6. **Conclusão**

Como conclusão, retomo dois argumentos desenvolvidos ao longo do artigo, no intuito de reforçá-los e evitar entendimentos equivocados e, por fim, tento responder à pergunta sobre o que sobra da interpretação conforme a constituição, se se partir do pressuposto de que as críticas aqui feitas são procedentes.

1. Quando menciono, no tópico 2.2, que a interpretação conforme a constituição é um critério interpretativo excessivamente simplista, não pretendo, com isso, refutá-lo com base na crítica de que ele não resolve definitivamente os problemas que se propõe a resolver. Nenhum *topos*, nenhuma máxima, nenhum critério interpretativo é suficiente, sozinho, para resolver de forma definitiva os complexos problemas da interpretação jurídica. Todos eles tendem a funcionar como mera ideia regulativa, que apenas aponta para uma direcção a ser seguida. A falha da interpretação conforme a constituição reside justamente no facto de não conseguir nem ao menos desempenhar essa função, porquanto aponta para uma direcção completamente equivocada, que se baseia no dever de tentar *salvar* toda e qualquer lei que, ainda que minimamente, possua alguma fagulha de constitucionalidade. Nesse sentido, o *topos* "interpretação conforme a constituição" é, na minha opinião, equivocado.

mais nada, porque a palavra *Auslegung*, em alemão, a despeito de um uso particular que possa ter na obra de um ou outro autor, é empregada, na linguagem jurídica, como mero sinónimo de *Interpretation*. A única diferença entre ambas as palavras é etimológica. *Verfassungskonforme Auslegung* seria, portanto, sinônimo de *verfassungskonforme Interpretation*. E, em português, há apenas uma tradução para ambas, que é *interpretação*. Por fim, além desse mero problema terminológico alemão, a tese de STRECK revela-se contraditória se a compararmos com as ideias do próprio STRECK. A todo momento, o autor insiste em sublinhar que todo processo interpretativo é um processo produtivo, que *interpretação é sempre produção e atribuição de significados* (cf., por exemplo, p. 445). Ora, se isso é correcto – e penso também que é – que razão haveria para se mudar a denominação de *interpretação* conforme a constituição para *atribuição de sentido* conforme a constituição? Se toda interpretação é *sempre* atribuição de sentido, a proposta parece ser supérflua.

2. É necessário, também, afastar uma possível confusão que algumas das críticas formuladas poderiam causar. Quando afirmo que o juiz, ao pretensamente proceder a uma interpretação conforme a constituição, está a moldar a lei segundo parâmetros que podem não coincidir com os parâmetros imaginados pelo legislador, não pretendo, com isso, condenar esse proceder, pelo simples facto de que essa é uma implicação natural de todo controlo de constitucionalidade e de toda aplicação da lei pelos órgãos judiciários. O que pretendi salientar foi justamente o descompasso entre o que a doutrina prega – respeito pelo legislador e pela separação de poderes – e os efeitos que a interpretação conforme a constituição pode ter, que são justamente os de corrigir ou estender aquilo que a lei dispõe.

E o que sobra da interpretação conforme a constituição? Desempenha ela alguma função no modelo brasileiro de controlo de constitucionalidade? Sim, mas nenhum daqueles que a doutrina costuma identificar. A interpretação conforme a constituição desempenha uma função de subtil legitimação da centralização da tarefa interpretativa – não só da constituição, mas de todas as leis – nas mãos do Supremo Tribunal Federal. O parágrafo único do artigo 28 da lei 9868/99 prescreve que as declarações de constitucionalidade, *inclusive a interpretação conforme a constituição*, têm eficácia contra todos e efeito vinculante em relação aos órgãos do poder judiciário e à administração pública federal, estadual e municipal. Quais as consequências desse dispositivo? Elas são muito maiores do que se costuma crer.

Basta que o Supremo Tribunal Federal dê o nome de interpretação conforme a constituição a qualquer esclarecimento de significado de qualquer termo de qualquer dispositivo legal, na forma já vista acima [53], para que qualquer interpretação divergente, *ainda que seja também no sentido de manter a constitucionalidade de uma lei*, se torne impossível. Com isso, o Supremo Tribunal Federal não somente desempenha sua função de guardião da constituição de forma cada vez mais centralizada, como passa a ter a possibilidade quase que ilimitada de excluir qualquer "desobediência" interpretativa por parte de quase todos os órgãos estatais. Para tanto, a interpretação conforme a constituição cai como uma luva.

[53] Cf. os comentários acerca da decisão na ADI 234, no tópico 4.2 deste artigo.

Alcance da determinação pelo tribunal judicial do objecto do litígio a submeter a arbitragem

PROF. DOUTOR JOSÉ LEBRE DE FREITAS

SUMÁRIO: *I. A lei anterior ao Decreto-Lei n.° 38/2003. II. Vontade das partes, poder jurisdicional arbitral e controlo judicial: 1. O controlo judicial constitui manifestação de autoridade; 2. O princípio dispositivo e a unilateralidade do seu exercício; 3. A autonomia do tribunal arbitral; 4. Articulação entre os artigos 12-4 LAV e 21 LAV (versão anterior). III. Princípio dispositivo e determinação do objecto do litígio: 1. A conformação do objecto do processo; 2. A função da prova no processo de determinação do objecto do litígio; 3. Processo de jurisdição voluntária ou contenciosa? IV. Conclusões.*

I. **A lei anterior ao Decreto-Lei n.° 38/2003**

A redacção do n.° 3 do artigo 11.° e a do n.° 4 do artigo 12.° da Lei n.° 31/86, de 29 de Agosto (Lei da Arbitragem Voluntária: LAV), bem como a epígrafe do segundo artigo, foram alteradas pelo Decreto-Lei n.° 38/2003, de 8 de Março, que suprimiu igualmente o n.° 5 do artigo 12.°. Depois de o n.° 1 (inalterado) determinar que "A parte que pretende instaurar o litígio no tribunal arbitral deve notificar desse facto a parte contrária", o n.° 3 do artigo 11.° LAV prescrevia que "A notificação deve indicar a convenção de arbitragem e precisar o objecto do litígio, se ele não resultar já determinado da convenção". Quanto ao artigo 12.°, tinha como epígrafe "Nomeação de árbitros e determinação do objecto do litígio pelo tribunal judicial", determinava no n.° 2 (inalterado) que "a nomeação [de árbitros] pode ser requerida [ao presidente do tribunal da relação] passado um mês sobre a notificação prevista no artigo 11.°, n.° 1 (...), ou no prazo de um mês a contar da nomeação do último dos árbitros a quem compete a escolha (...)" e acrescentava, nos n.°s 4 e 5:

4. Se no prazo referido no n.° 2 as partes não chegarem a acordo sobre a determinação do objecto do litígio, caberá ao tribunal decidir. Desta decisão cabe recurso de agravo, a subir imediatamente.

5. Se a convenção de arbitragem for manifestamente nula, deve o tribunal declarar não haver lugar à designação de árbitros ou à determinação do objecto do litígio.

Num primeiro momento, era legítimo duvidar sobre se o tribunal a que estes n.°s 4 e 5 se referiam era o judicial ou o arbitral, uma vez que a epígrafe do artigo em que eles se continham mais não podia do que denunciar a intenção do legislador. Mas ela foi desfeita, no pior sentido, na revisão do CPC de 1995-1996: os novos artigos 1508.° a 1510.°, que só o Decreto-Lei n.° 38/2003 revogou, passaram a regular o processo especial para a determinação do objecto do litígio a submeter a arbitragem.

Este regime proporcionava à contraparte do requerente da arbitragem um belo pretexto para demorar o início desta: por ela provocado um desacordo sobre o objecto do litígio, o tribunal judicial tinha de sobre ele decidir e só depois de definitivamente julgada a questão o processo de arbitragem podia prosseguir. Por isso, e porque tal era contraditório com a competência do tribunal arbitral para decidir, em primeira mão, sobre a própria competência (artigo 21 LAV), senão com o princípio dispositivo no início da instância arbitral, o Decreto-Lei n.° 38/2003 visou, como se lê no seu preâmbulo, excluir a intervenção judicial prévia na determinação do objecto do litígio sobre o qual não haja acordo das partes, em conformidade com o que já era proposto em anteprojecto que em 1999 tive ocasião de elaborar[1].

O presente estudo quer ser uma contribuição, não só para compreender as razões que levaram o legislador de 2003 a actuar como actuou, mas também para ver quanto era absurdo, no domínio do direito anterior, entender os preceitos então vigentes como impondo a intervenção do tribunal judicial perante uma simples manifestação de desacordo do demandado em tribunal arbitral ou como possibilitando ao tribunal judicial a delimitação oficiosa do objecto do litígio arbitral. Através desta reflexão, que parte dos enunciados legislativos anteriores, visa-se, sobretudo, o enquadramento harmonioso do novo regime no âmbito dos princípios do direito processual e da arbitragem voluntária.

[1] Lebre de Freitas, *A revisão do Código de Processo Civil e o processo executivo*, em *O Direito*, 1999, I-II, ps. 84-85, e *Estudos de direito civil e processo civil*, Coimbra Editora, 2002, ps. 778-779.

II. Vontade das partes, poder jurisdicional arbitral e controlo judicial

1. *O controlo judicial constitui manifestação de autoridade*

Não é hoje duvidosa a natureza *negocial* da convenção de arbitragem, alguma divergência subsistindo apenas quanto à sua qualificação como negócio jurídico de direito substantivo ou de direito processual[2]. Não oferece tão-pouco dúvidas, perante o disposto no artigo 209-2 da Constituição da República, que o tribunal constituído por esse negócio jurídico (seja um tribunal institucionalizado, pré-existente à convenção que o escolha, seja um tribunal *ad hoc*, a formar para o caso concreto) exerce uma *função jurisdicional*, dirimindo conflitos de interesses privados (artigo 202-2 da Constituição da República) com respeito pelos princípios fundamentais do processo civil (artigo 20 da Constituição da República e artigo 16 LAV), e detém o inerente *poder jurisdicional*, ainda que não tenha nem exerça *poderes de autoridade*[3].

Esta dissociação entre a realização da função jurisdicional e o exercício de poderes de autoridade entronca na própria origem do poder jurisdicional dos árbitros: às *partes* é consentido, no campo do direito disponível, cometerem a terceiros a composição dos litígios entre elas existentes; a decisão que eles proferirem goza da força própria da sentença do juiz do Estado, que a composição directamente negocial não tem e que só a *equiparação constitucional* legitima; mas nem as partes detêm poderes de autoridade, que possam transferir para os árbitros, nem a Constituição considera o tribunal arbitral um órgão do Estado.

[2] Remeto para as breves notas contidas a ps. 851 a 855 dos meus *Estudos* cit., em que está republicado o estudo sobre *Algumas implicações da natureza da convenção de arbitragem*, originariamente publicado nos *Estudos em homenagem à Professora Doutora Isabel Magalhães Collaço*, Coimbra, Almedina, 2002, I, ps. 625 a 641. Aí tomo posição, aliás como a doutrina dominante, no sentido de nos encontrarmos perante um *negócio jurídico processual*.

[3] Por isso, as decisões que profere são executadas nos tribunais do Estado (artigo 30 LAV). Por isso também, não pode decretar providências cautelares que excedam o âmbito da *antecipação* provisória da decisão definitiva que lhe cabe tomar, nem exigir a colaboração das partes ou de terceiros, que o artigo 519 CPC impõe, na jurisdição do Estado, como um dever. Veja-se, sobre este ponto, a minha *Introdução ao processo civil*, Coimbra, Coimbra Editora, 1997, I.5 (20). Os tribunais integrados na orgânica do Estado têm, enquanto tal, *jus imperii*, o qual serve, no campo da jurisdição contenciosa (ou da jurisdição propriamente dita), o fim último de *garantia* da norma jurídica.

A norma jurídica caracteriza-se, em face das outras normas de conduta, pela susceptibilidade de imposição coactiva. A sua violação desencadeia o mecanismo da *garantia*, que aos tribunais cabe realizar, mediante o exercício de poderes de autoridade, constituindo a acção executiva, no domínio do direito privado, o lugar privilegiado desse exercício. Em outros sistemas jurídicos, de que é paradigma o caso da Suécia, a execução cabe, já não aos tribunais, mas a um órgão da Administração, o que tem como subjacente a ideia de que a essência da jurisdição está na definição do direito e que, uma vez este definido [4], a sua execução mais não representa do que a apropriação *autoritária* do bem devido ou de bens do património do devedor que permitam a satisfação do direito do credor [5]. Mas o que em sistema nenhum se vê acontecer é a concessão ao tribunal arbitral de poderes executivos, precisamente porque, não sendo órgão do Estado, não lhe cabem poderes de autoridade. Trata-se duma consequência natural do próprio conceito de tribunal arbitral voluntário.

Em compensação, havendo convenção de arbitragem, a *função jurisdicional declarativa* é plenamente assumida pelo tribunal arbitral, não tendo o tribunal do Estado competência para se imiscuir no seu desempenho. À jurisdição estadual cabe tão-só uma função de *controlo*, que tem a ver com a *delimitação* e as *condições de exercício* da jurisdição arbitral (sem prejuízo do direito ao recurso, quando as partes não o tenham excluído [6]). Ela exprime-se sobretudo na acção de "*anulação*" da decisão arbitral, a qual se funda: na falta de jurisdição ou competência do tribunal arbitral que concretamente funcionou, já por o litígio respeitar a direito indisponível (artigos 1-1 LAV e 27-1-a LAV), já por o objecto ou os destinatários da decisão não serem abrangidos por uma convenção de arbitragem (artigos 1-2 LAV e 27-1-b LAV), já por o tribunal arbitral não ter sido regularmente constituído (artigos 6 LAV a 14 LAV e 27-1-b LAV), sendo a decisão nula no primeiro caso (artigo 3 LAV) e só verdadeiramente anulável

[4] Pelo tribunal, mediante sentença, ou num título executivo não judicial (ou só impropriamente judicial), que a lei considere que fornece um grau de certeza sobre a existência do direito suficiente para legitimar a acção executiva. Remeto para a minha obra *A acção executiva*, Coimbra, Coimbra Editora, 2001, 3.7.1.

[5] No sistema sueco, o tribunal só intervém quando, no decurso da execução, surgem questões litigiosas a resolver. A colocação, no sistema austríaco, das normas da execução fora do código de processo (na *Esecuzionsordnung* e não na *Zivilprozessordnung*) é outro tipo de manifestação da ideia de que na execução se manifesta a autoridade *do Estado*, mas não necessariamente a autoridade do tribunal.

[6] Artigo 29 LAV. Ou, na arbitragem internacional, quando as partes o tenham convencionado (artigo 34 LAV).

nos restantes; na violação de princípios processuais fundamentais, com influência decisiva na decisão (artigos 16 LAV e 27-1-c LAV); na falta de assinatura ou fundamentação da sentença (artigos 23 LAV e 27-1-d LAV), sendo a decisão verdadeiramente inexistente no primeiro caso (artigo 668-2 CPC); na violação do princípio dispositivo, por excesso ou omissão de pronúncia (artigo 27-1-e LAV). Cabe, por outro lado, ao presidente do tribunal da relação a *designação* do terceiro árbitro, e até do segundo, ou do árbitro único, quando ela não se tenha realizado nos termos dos artigos 7 LAV e 11 LAV (artigo 12-1 LAV); não se trata aqui de controlar, mas de, supletivamente, *proporcionar o funcionamento* da arbitragem, mediante a escolha imparcial do árbitro ou dos árbitros para tanto necessários (ver, no mesmo sentido, o artigo 14-2 LAV: escolha do árbitro presidente pelo presidente do tribunal da relação). O terceiro tipo de intervenção que a lei ainda vigente prevê (a decisão sobre a determinação do objecto do litígio, quando sobre ele não haja acordo das partes) não pode fugir a este quadro de soluções, ao mesmo tempo respeitador da autonomia da arbitragem e da vontade das partes: ao tribunal judicial não pode caber a *tutela* do tribunal arbitral nem a das partes sujeitas à sua jurisdição; cabe-lhe tão-só, no entendimento, ainda que errado, da lei revogada, eliminar um eventual *obstáculo* ao bom funcionamento da arbitragem, mediante o *controlo prévio* da integração do objecto do litígio nos limites do direito disponível e da convenção de arbitragem[7].

2. *O princípio dispositivo e a unilateralidade do seu exercício*

Ainda que não tendo consagração constitucional, o *princípio dispositivo* constitui um pilar essencial dos sistemas jurídico-processuais dos Estados democráticos[8]. Uma das suas vertentes exprime-se na conformação da instância pelas

[7] Escrevi na nota 20 do meu citado estudo sobre *Algumas implicações da natureza da convenção de arbitragem*: "Não basta [à parte notificada para a constituição do tribunal arbitral] a manifestação injustificada de discordância. Esta há-de basear-se, com alguma plausibilidade, em terem sido excedidos os limites da convenção de arbitragem ou no excesso, por esta, dos limites do direito disponível, só assim fazendo algum sentido a intervenção do tribunal judicial para decidir a questão".

[8] Veja-se, por exemplo, HEINRICH NAGEL, *Die Grundzüge des Beweisrechts im europäischen Zivilprozess*, Baden-Baden, 1967, ps. 40-52, ou WOLFGANG GRUNSKY, *Grundlagen des Verfahrensrecht*, Bielefeld, 1974, ps. 18-23. O princípio dispositivo aparece enunciado em 1.° lugar na introdução ao projecto de directiva elaborado pelo grupo de peritos designados para a harmonização do direito processual da União Europeia, a ps. 64 da publicação *Rapprochement du Droit Judiciaire de l'Union Européenne*, editado por Marcel Storme, Bélgica, Kluwer, 1994.

partes, nos seus aspectos subjectivo e objectivo: ao autor (artigo 467-1-a CPC), bem como, em certas condições, ao réu reconvinte (artigos 274-4 CPC e 329-2 CPC) e ao terceiro interveniente (artigos 320 CPC, 335 CPC e 342-1 CPC), cabe a *livre* determinação das partes (cf. também os artigos 269-1 CPC, 325 CPC, 330-1 CPC, 347 CPC); também ao autor (artigos 467-1 CPC, als. d) e e), e 273 CPC), bem como ao réu reconvinte (artigo 274-1 CPC) e ao terceiro opoente ou interveniente principal que deduza um pedido próprio (artigos 343 e 323-1 CPC), cabe *livremente* deduzir o pedido e invocar a respectiva causa de pedir (também alteráveis ou ampliáveis por acordo entre autor e réu: artigo 272 CPC). *Trata-se dum monopólio das partes, que ao tribunal não é consentido invadir*: o juiz pode, ao abrigo do seu poder de dirigir o processo no sentido de nele se atingir uma decisão de mérito, *convidar* as partes à modificação subjectiva da instância para regularização desta (artigo 265-2 CPC), mas só ao autor ou ao réu reconvinte cabe *decidir* o chamamento de terceiros para preenchimento do litisconsórcio necessário (artigo 269-1 CPC); ao juiz cabe *convidar* as partes a suprimir as insuficiências ou imprecisões na exposição ou concretização dos factos (essenciais) que constituem a causa de pedir (ou uma excepção), quer no despacho pré-saneador (artigo 508-3 CPC), quer na audiência preliminar (artigo 508-A-1-c CPC), quer, em certas condições, no decurso da instrução da causa (artigo 264-3 CPC), mas em todos os casos só a parte interessada pode *decidir*, apresentando um articulado que complete ou corrija o articulado inicial ou manifestando, em requerimento ditado para a acta, a vontade de se aproveitar do facto ou factos complementares ou concretizadores; quanto ao pedido, o juiz mais não pode do que *verificar* a sua falta, ininteligibilidade ou contradição com outro pedido ou com a causa de pedir (artigo 193-2 CPC), anulando todo o processo (artigo 193-1 CPC) e absolvendo o réu da instância (artigos 288-1-b CPC e 494-b CPC), ou *verificar* se ocorre a conexão legalmente exigida entre o pedido superveniente e o pedido inicial (artigos 273-2 CPC e 274-2 CPC; também, embora tal esteja ínsito no juízo sobre a admissibilidade da intervenção, artigos 323-1 CPC e 343 CPC), até na liquidação estando sujeito à *iniciativa da parte* (artigos 378 CPC, 805-1 CPC e 806-1 CPC) e não podendo condenar em mais ou em coisa diferente do que é pedido (artigo 668-1-e CPC).

Estas regras mantêm-se no tribunal arbitral, também aqui cabendo ao autor na petição inicial (artigo 467-1-e CPC) e ao réu na reconvenção (artigo 274-1 CPC) deduzir o pedido ou pedidos e fundá-los na respectiva causa de pedir (artigo 467-1-d CPC). Mas, como a jurisdição do tribunal arbitral tem natureza excepcional e o seu exercício pressupõe um *juízo sobre a competência* que as partes, em conformidade com a lei, lhe atribuem, alguma indicação sobre o que dele se pretende, isto é, sobre o litígio que lhe vai ser submetido, tem de ser fornecida *antes* ainda da petição inicial e antes até da constituição do próprio tribunal *ad hoc* (cuja composição pode ser influenciada pela natureza das questões a dirimir [9]). Daí que, no compromisso arbitral (artigo 1-2 LAV) ou na notificação para a constituição da arbitragem (artigo 11-3 LAV), a parte deva enunciar *genericamente* o pedido (ainda que fora do condicionalismo do artigo 471 CPC) e *individualizar* a causa de pedir [10]. Não se trata, ao contrário do que o termo usado no artigo 11-3 LAV parece implicar, de "precisar" o objecto do litígio, mas sim de *demarcar, sem precisar, o campo dentro do qual a petição inicial e a eventual reconvenção irão, essas sim, conformar o objecto do processo arbitral*: nem o pedido tem de ser estritamente formulado, bastando *individualizar os conflitos de interesses* sobre os quais ele irá ser deduzido na petição [11], nem a causa de pedir tem de ser fundamentada, bastando *identificar, grosso modo, a ocorrência, ou as ocorrências, em que o autor baseia o pedido* [12]. De outro modo, estar-se-ia, injustificadamente, a antecipar o momento normal em que é exigido ao autor, tal como na acção em tribunal judicial, que *conforme* o objecto do processo [13].

Outro ponto importante a ter em conta é que, sem prejuízo do disposto no artigo 272 CPC, a conformação do objecto do processo é produto da actuação

[9] À escolha do árbitro a designar pela parte contrária (artigo 11-4 LAV), bem como à do terceiro árbitro (artigo 14 LAV), interessa o conhecimento do objecto do litígio, isto é, o conhecimento *genérico* do tipo de questões de que o tribunal tratará (ver a nota 18 do meu citado estudo sobre *Algumas implicações da natureza da convenção de arbitragem*). Tal exigirá, designadamente, que, se, em resultado da ampliação reconvencional do objecto do processo, a parte que tomou a iniciativa deste quiser justificadamente designar outro árbitro em vez do designado na notificação inicial, lhe seja reconhecida tal faculdade, ainda que só por força do princípio da igualdade.

[10] Remeto, também aqui, para o n.° 4 do estudo citado sobre *Algumas implicações da natureza da convenção de arbitragem*.

[11] Ver a nota 14 do citado estudo sobre *Algumas implicações da natureza da convenção de arbitragem*.

[12] Ver a nota 16 do citado estudo sobre *Algumas implicações da natureza da convenção de arbitragem*. Veja-se MIGUEL TEIXEIRA DE SOUSA, *Sobre a teoria do processo declarativo*, Coimbra, 1980, ps. 107 e ss, sobre a distinção entre a *individualização* e a *fundamentação* da causa de pedir.

[13] Essa antecipação, se fosse obrigatória, teria um efeito perverso: o de impossibilitar a subsequente ampliação ou alteração do pedido, nos termos dos artigos 272 CPC, 273 CPC e 506 CPC. Fossem quais fossem as excepções e a reconvenção, o pedido, já definitivamente conformado na notificação para a arbitragem, não poderia sofrer modificação. Mas o réu, esse, poderia reconvir, ampliando o objecto do processo (mais que não fosse, nos termos da sua contra-notificação), sem que o autor sequer pudesse, na petição inicial, modificar esse objecto, tendo em conta a posição tomada pelo réu na contra-notificação. Sendo aplicáveis as normas de direito processual português, a sua deturpação não seria compreensível. O certo é que a lei apenas exige que os pedidos da acção (réplica incluída) e da reconvenção se contenham dentro dos limites *genéricos* definidos na notificação e na contra-notificação.

unilateral do autor, do réu reconvinte e, excepcionalmente, do terceiro opoente ou interveniente principal. Por muito que discorde dos pedidos contra si deduzidos ou da causa de pedir em que se fundem, a contraparte nada mais pode fazer do que *defender-se*, impugnando os factos ou a dedução de direito que deles é tirada. O desacordo do réu perante o pedido que o autor contra ele dirija, por absurdo ou infundamentado que ele seja, há-de ser expresso em tomadas de posição contrárias ao efeito pretendido (impugnação e excepções peremptórias), ou na sustentação da falta dum pressuposto processual (excepção dilatória), mas nunca releva enquanto tal: não procedendo nenhuma excepção dilatória, o tribunal terá de proferir a decisão de mérito, ainda que fundada na insuficiência da causa de pedir invocada ou na inconcludência objectiva da petição inicial. *O desacordo do réu nunca pode limitar o objecto da instância conformada pelo autor.*

Estas regras permanecem válidas na instância arbitral, que apenas diverge quanto ao *acordo* que tem de haver entre as partes quanto à atribuição de competência ao tribunal arbitral. O desacordo quanto ao objecto do litígio, normalmente apenas em termos genéricos enunciado na notificação para a arbitragem, só pode, pois, ser um *desacordo quanto à subsunção dos pontos de conflito enunciados no objecto de previsão da convenção de arbitragem*, seja quando esta é uma cláusula compromissória, seja quando, sendo ela um compromisso arbitral, a notificação para a arbitragem contenha uma delimitação mais restrita do pedido ou da causa de pedir do que a que a própria lei exige [14]. Além destes limites, a influência da contraparte na definição do objecto do litígio constituiria uma intolerável limitação do *direito de acção* de quem recorre ao tribunal arbitral: enunciado um objecto subsumível na convenção de arbitragem, a sua exclusão da arbitragem resultaria na impossibilidade de o fazer valer, quer no tribunal arbitral em vias de constituição, quer no tribunal judicial, ressalvada, quanto a este, a possibilidade de a parte que manifestou o seu desacordo não vir a fazer valer, na eventual acção judicial, a excepção da preterição do tribunal arbitral [15].

Assim, nem cabe à contraparte discordar dos pontos submetidos a arbitragem pela parte que quer exercer o direito de acção no tribunal arbitral, nem pode o tribunal (judicial ou arbitral) limitar o objecto da acção arbitral, ressalvada, em ambos os casos, a hipótese de não contenção deste objecto nos limites da convenção de arbitragem.

[14] Ver, sobre esta possibilidade, as ps. 858-859 do meu citado estudo sobre *Algumas implicações da natureza da convenção de arbitragem*.

[15] Esta excepção não é de conhecimento oficioso (artigo 495 CPC), pelo que, se o réu não a deduzir, o tribunal judicial fica com competência para decidir a causa. Ficaria assim a parte que notificou a outra para a arbitragem sujeita ao pleno arbítrio desta, sem prejuízo da única outra solução possível: o recurso à constituição de *outro* tribunal arbitral.

3. *A autonomia do tribunal arbitral*

Esta segunda conclusão (não interferência do tribunal na definição do objecto do litígio pelas partes, nos termos do princípio dispositivo) carece ainda de alguma precisão, no que respeita ao tribunal judicial [16]. É que, quanto a este, não está só em causa o respeito pelo princípio dispositivo; está em causa também o respeito pela *autonomia do tribunal arbitral*.

Longe indo já os tempos em que o processo civil era concebido como um jogo entre as partes arbitrado por um juiz passivo [17], quer o *princípio do inquisitório*, quer o *princípio da cooperação* conjugam-se hoje com o princípio dispositivo [18]. Havendo, designadamente, no processo civil hodierno um dever de colaboração do juiz com as partes, a ele cabe convidar estas ao *aperfeiçoamento* dos articulados deficientes (artigos 508-3 CPC e 508-A-1-c CPC), incluindo a petição inicial e designadamente quando nesta a causa de pedir tenha sido *individualizada* (senão, haveria ineptidão da petição inicial: artigo 193-2-a CPC), mas não *concretizada*, por a matéria de facto ter sido genérica, e não concretamente, exposta. Ora este poder funcional de convite ao aperfeiçoamento radica no *juiz do processo*, que é, no caso da arbitragem, o juiz do tribunal arbitral. A este cabe, pois, ajuizar se se está perante um caso de ineptidão ou de inconcludência e, neste último, se tem utilidade o convite à concretização da matéria de facto. Constituiria limitação deste poder de apreciação, que se contém na esfera da competência declarativa do tribunal arbitral, a concessão ao tribunal judicial de poderes de intervenção, como o de fixar ou concretizar a causa de pedir, ou o de limitar o pedido, que acabariam fatalmente por condicionar os poderes do tribunal arbitral. Não se trataria, efectivamente, já de qualquer controlo externo sobre as bases de funcionamento da arbitragem, mas duma *actuação tutelar* incompatível com o poder jurisdicional constitucionalmente atribuído ao tribunal arbitral [19]. *A constituição da jurisdição arbitral não*

[16] Quanto ao tribunal arbitral, ele actua nos mesmos termos em que actua, na acção judicial, o tribunal judicial e, portanto, o que se deixou dito sobre o monopólio das partes quanto à conformação do objecto do processo é suficiente.

[17] Ver, sobre esta época em que dominava um princípio dispositivo exacerbado e mal entendido e se sobrepunha o conceito de verdade formal ao de verdade material, as referências que lhe faço na minha *Introdução* cit., II.6.1.

[18] Minha *Introdução* cit., II.6.6.1 e II.8.

[19] O objecto do processo constitui uma questão fulcral do processo civil, cabendo indubitavelmente no âmbito do poder jurisdicional do tribunal competente para o julgamento da causa sobre ela decidir, em qualquer dos seus aspectos.

exclui, pois, apenas a apreciação pelo tribunal judicial do mérito da causa, excepções peremptórias incluídas; exclui também qualquer interferência do tribunal judicial no conhecimento das questões processuais prévias à decisão de mérito, sem prejuízo do que deixo dito acerca do *controlo judicial externo* sobre a delimitação e as condições de exercício do tribunal arbitral.

4. *Articulação entre os artigos 12-4 LAV e 21 LAV (versão anterior)*

A competência do tribunal arbitral para conhecer da própria competência (artigo 21 LAV) explica a revogação da norma do anterior artigo 12-4 LAV pelo Decreto-Lei n.° 38/2003, que tornou o sistema mais coerente. Mas tal não evita a questão da interpretação e delimitação recíproca das duas normas no domínio do direito anterior. Sendo indubitável que estas duas normas se harmonizavam mal entre si, dir-se-ia que a *circunscrição da intervenção do tribunal judicial à operação de subsunção do objecto do litígio na previsão da convenção de arbitragem*, visando determinar se o tribunal arbitral é competente para conhecer desse objecto na medida em que haja desacordo entre as partes, era contraditória com a *competenz competenz* do tribunal arbitral, segundo a norma do artigo 21 LAV. Não acabariam por se confundir, afinal, as previsões das normas do artigo 12-4 LAV e do artigo 21 LAV, na versão anterior ao Decreto-Lei n.° 38/2003?

Um esforço interpretativo, necessário à compreensão do regime anterior, mostrava que o conflito entre as duas normas era meramente aparente.

Na norma do artigo 21 LAV cabiam todos os casos em que se pusessem questões de existência, validade ou eficácia da convenção de arbitragem, ou ainda de interpretação ou aplicação da convenção, de cuja solução pudesse resultar a incompetência do tribunal arbitral para conhecer os pedidos que perante ele fossem deduzidos. Na norma do artigo 12-4 LAV cabiam, ao invés, os casos em que, não estando em causa a aplicabilidade *global* da convenção de arbitragem, fosse posta em causa a sua aplicabilidade quanto a *parte* do pedido enunciado ou da causa de pedir invocada. Mal ou bem, o legislador originário terá entendido que, no primeiro caso, a eventual intervenção do tribunal judicial, nos termos do artigo 27-1 LAV, alínea *a*) ou alínea *b*), podia ser relegada para o final, visto que, procedendo a excepção de incompetência, a decisão seria *totalmente anulada*; mas que, no segundo caso, em que a incompetência parcial levaria tão-só à *redução parcial* do objecto do litígio, era preferível a pré-definição deste à parcial redução da sentença de mérito depois de proferida, sem prejuízo de, na falta desse controlo prévio, o recurso ao meio da anulação da decisão arbitral se manter. Havendo, pois, desacordo quanto à extensão do objecto do litígio, ao tribunal judicial cabia verificar a conformidade do objecto enunciado com a convenção de arbitragem, que interpretava, e decidir em conformidade.

Hoje, a distinção deixou de se fazer: só ao tribunal arbitral cabe pronunciar-se em primeiro lugar, seja sobre a sua competência para o conhecimento de todas as questões que lhe são postas, seja sobre a sua competência para o conhecimento de alguma ou algumas delas; ao tribunal judicial resta tão-só o controlo *a posteriori*, verificados os requisitos do artigo 27 LAV, n.ºs 1-b e 2.

III. Princípio dispositivo e determinação do objecto do litígio

1. *A conformação do objecto do processo*

Também à luz do princípio dispositivo se compreenderia mal a norma do anterior artigo 12-4 LAV, se ela devesse ser interpretada mais latamente do que ficou exposto.

Dado que cabe ao autor, bem como ao réu reconvinte, conformar o objecto do processo, tanto na instância judicial como na instância arbitral (*supra*, II.2 e actual artigo 11-3 LAV), a decisão do conflito sobre o objecto do processo nunca poderá levar a que o tribunal (judicial ou arbitral) enverede pelo caminho de materialmente circunscrever a causa de pedir ou o pedido formulado, fora da mera verificação da sua conformidade com o âmbito da convenção de arbitragem [20].

[20] Isso mesmo, porém, foi feito em 1ª instância no processo em que proferida a decisão revogatória do TRL de 11.11.03 (ABRANTES GERALDES), CJ, 2003,V, p. 73. O tribunal da vara cível de Lisboa entendeu que as causas de pedir indicadas na notificação para a arbitragem pecavam por generalidade inadmissível e entrou a circunscrevê-las, concretizando umas e suprimindo outras, ao mesmo tempo que transformou o anúncio, na mesma notificação, de um pedido de condenação em determinada quantia mínima em pedido de condenação nessa quantia como máximo. No mesmo processo, o réu defendera, na contestação, que não podia o autor formular pretensão litigiosa contrária aos acordos já estabelecidos entre as partes: aquilo que fora já acordado por *transacção* não poderia voltar a ser discutido no tribunal arbitral. Embora o tribunal tenha recusado imiscuir-se na apreciação do mérito da causa, esta argumentação parece ter tido algum eco na sentença, que apelou à eliminação das questões às quais "não subjaza efectiva controvérsia entre as partes". À primeira vista, dir-se-ia que o raciocínio estava certo: constituindo o tribunal arbitral uma emanação da vontade autónoma dos particulares, que encarregam terceiros de resolver litígios cuja resolução pode ter também lugar mediante resolução directa através de transacção (artigo 1248 CC), a arbitragem não deveria abranger o objecto de negócios de transacção já celebrados; trata-se de *questões já solucionadas* e não carecidas, portanto, de solução arbitral. Não

Um tal procedimento contraria frontalmente as regras que devem presidir à determinação do objecto do processo e, designadamente, à concretização e ao completamento da causa de pedir. É que, quando a causa de pedir não se apresenta suficientemente concretizada pelo autor (na petição inicial e, eventualmente, na réplica), o que o tribunal da causa (não aquele ao qual apenas cabe o controlo externo do tribunal arbitral) deve fazer é convidá-lo a essa concretização, nos termos do artigo 508-3 CPC (desde que se verifique a individualização sem a qual a petição inicial é inepta, nos termos do artigo 193-2-a CPC, por falta da causa de pedir). O juiz não pode substituir-se à parte nesta tarefa, sob pena de violação do *princípio dispositivo*, que tem de ser observado tanto no processo arbitral como no processo judicial (de jurisdição contenciosa). É certo que, no processo de *jurisdição voluntária*, o princípio do inquisitório se substitui ao princípio dispositivo [21]; mas, independentemente da questão de saber se o processo de determinação do objecto do litígio a submeter à arbitragem está bem classificado como processo de jurisdição voluntária [22], *o que está em causa não é*

é, porém, assim. A articulação entre a transacção extrajudicial e o litígio arbitral faz-se nos mesmos termos em que ela se articula com o litígio judicial: homologada a transacção (artigo 300-3 CPC), a sentença homologatória faz *caso julgado*, impedindo a reabertura da discussão sobre o objecto por ele abrangido (artigo 494-1 CPC); mas, enquanto não homologada, a transacção está, como qualquer outro negócio jurídico, sujeita a apreciação judicial, constituindo a sua celebração fundamento de *excepção peremptória* quando se queira fazer valer pretensão contrária à estipulação das partes. É, portanto, matéria da competência do tribunal arbitral determinar em que medida, por acordo das partes, determinados direitos e deveres terão tido uma definição negocial, cabendo-lhe apreciar a validade de tais estipulações e, em caso de validade, definir o direito resultante, de acordo com a interpretação que delas faça. Não era, pois, admissível que o réu afirmasse o seu desacordo quanto à integração no objecto do litígio pelas questões enunciadas pelo autor sobre as quais tivesse havido acordo das partes, só no plano de *mérito* da sentença arbitral relevando o alcance dos acordos celebrados, a partir dela cobertos pelo caso julgado. Veja-se que, nesta medida, a aproximação entre a natureza negocial da transacção, como modo de composição *directa* (ou autónoma) de litígios, e a fonte negocial da arbitragem, que proporciona a sua composição *indirecta* (ou heterónoma), não pode descurar a diferença resultante de *só a segunda gozar da cobertura do caso julgado*, que, como já frisei (*supra*, 2.1), é decorrência da função jurisdicional constitucionalmente atribuída ao tribunal arbitral (rigorosamente, o litígio só surge com a propositura da acção, pois depende, não só da existência dum conflito de interesses, mas também da dedução da pretensão; a transacção anterior à acção visa *prevenir* o litígio; a decisão do tribunal, judicial ou arbitral, *resolve-o*; remeto para o meu estudo sobre *Algumas implicações da natureza da convenção de arbitragem*, nos meus *Estudos* cit., (4), (14) e (15)).

[21] Assim afirmo na minha *Introdução* cit., p. 51.

[22] A classificação do Código de Processo Civil nem sempre é correcta. Ver CASTRO MENDES, *Direito processual civil*, Lisboa, AAFDL, 1980, I, ps. 89-92, e a minha *Introdução* cit., 4 (20). Voltarei a esta questão.

a fixação dos factos relevantes para a decisão a tomar nesse processo, mas a fixação dos factos a considerar, como constituintes da causa de pedir, no processo de jurisdição contenciosa a ter lugar no tribunal arbitral. A ofensa cometida pelo juiz que *alega* em vez do autor, condicionando a alegação deste na petição da acção arbitral, tem como objecto o princípio dispositivo a observar nesta acção e não o princípio dispositivo a (não?) observar na acção de determinação do objecto do litígio. Ao tribunal judicial, ao pronunciar-se sobre o objecto do litígio a submeter ao tribunal arbitral, não pode ser, neste plano, consentido mais do que ao próprio tribunal da causa: é admissível, perante o direito constituído, que, havendo desacordo entre as partes quanto à interpretação da individualização desse objecto feita na notificação para a arbitragem, o tribunal judicial *proporcione à parte que a esta recorreu a possibilidade de concretizar o sentido da vontade por ela expressa*, não de modo a *completar* a causa de pedir, mediante a fundamentação suficiente do pedido (o que é tarefa a realizar na acção arbitral), mas de modo a *concretizá-la*, na medida necessária à sua individualização. Deve, portanto, o tribunal, quando, para o efeito daquele processo especial, entenda insuficiente a concretização feita, solicitar à parte que a faça, *a fim de seguidamente poder verificar se o objecto assim concretizado cabe na previsão da convenção de arbitragem*; mas não pode o tribunal proceder, *ele próprio*, a essa concretização, mediante, nomeadamente, a inquirição de testemunhas ou o recurso a outros meios de prova que lhe permitam fixar o sentido da vontade, menos clara, das partes ao constituírem o tribunal arbitral, pois, fazendo-o, está a invadir a esfera reservada do princípio dispositivo.

2. *A função da prova no processo de determinação do objecto do litígio*

Poderá esta última consideração parecer estranha quando se considere, por um lado, que o artigo 1510-1 CPC prevê a colheita de *provas* pelo juiz neste tipo de processo e que, por outro lado, o recurso à *prova testemunhal* para a prova do contexto da declaração negocial é admissível, nos termos do artigo 393-3 CC. Mas essa estranheza assentará em algum equívoco. O acto de comunicação em que consiste a notificação para a arbitragem constitui uma *declaração de vontade não negocial*[23], *de natureza processual*[24], ao qual só com as adaptações impos-

[23] Exprime, tal como a declaração de vontade negocial, uma vontade dirigida a um resultado futuro, mas insere-se no processo de realização do direito de acção (que as partes quiseram que fosse exercido em tribunal arbitral), que *não modifica*, mas cujo exercício *condiciona*. Não é, por

tas por essa sua natureza é aplicável o regime dos negócios jurídicos de direito substantivo (artigo 295 CC)[25]. Designadamente, a norma dos artigos 236-1 CC e 238-1 CC (o sentido da declaração negocial escrita é o que do respectivo texto pode deduzir um declaratário normal, colocado na posição do real declaratário) tem aplicação aos actos processuais escritos. Mas, havendo nestes *ambiguidade* ou *deficiência* que possa comprometer a sua compreensão, o modo de os esclarecer ou completar não é a produção de prova que permita atingir o sentido real da declaração (nos termos dos artigos 236-2 CC e 238-2 CC), mas o seu *esclarecimento pelo autor do acto*. É o que se vê no artigo 508-3 CPC, relativamente aos articulados, no artigo 511-2 CPC, relativamente à selecção da matéria de facto, no artigo 587-2 CPC, relativamente ao relatório pericial, no artigo 653-4 CPC, relativamente à decisão de facto, e no artigo 669-1-a CPC, relativamente à sentença. A natureza publicística do processo e a sua estrutura triangular, não redutível à bilateralidade declarante/declaratário, ao mesmo tempo que acentua o pendor *objectivista* da interpretação do acto processual[26], permite alguma margem de *correcção* (e esclarecimento) por quem o pratica[27], de tal modo que, mesmo quando a compreensão do acto pela contraparte desempenha papel relevante no seu aproveitamento, a *manifestação de vontade* de quem

isso, uma declaração negocial, como a convenção de arbitragem (*supra*, II.1), mas não deixa de ser uma declaração de vontade (ver a minha obra *A confissão no direito probatório*, Coimbra, Coimbra Editora, 1991, 25 (33), em aplicação dos conceitos de VINCENZO PANUCCIO, *Le dichiarazioni non negoziali di volontà*, Milano, 1966, ps. 35 e 317-345).

[24] Tal como a convenção de arbitragem e a petição da acção arbitral.

[25] A aplicação da teoria geral do negócio jurídico, incluindo as normas sobre a interpretação, aos actos processuais constitui uma *vexata quaestio*, de que se fez recentemente eco, entre nós, PAULA COSTA E SILVA, *Acto e processo*, Coimbra, Coimbra Editora, em especial ps. 341 e ss. Ver também as referências doutrinais constantes da minha obra *A confissão* cit., 14 (73). Em minha opinião, só *acto a acto* se pode determinar a medida dessa aplicação.

[26] Já na teoria do negócio jurídico a interpretação é prevalentemente objectivista (MOTA PINTO, *Teoria geral do direito civil*, Coimbra, Coimbra Editora, 1976, ps. 419-427; MENEZES CORDEIRO, *Tratado de direito civil português*, Coimbra, Almedina, I, 2000, ps. 551-556). Mas a natureza privada da declaração negocial e a sua direcção à contraparte (ver, designadamente, o artigo 224-1 CC) permitem a introdução, na actividade interpretativa, de elementos de cariz subjectivista.

[27] Contrariamente ao acto negocial, o acto processual não tem como efeito normal uma *vinculação*, mas a produção de situações jurídicas processuais dirigidas ao fim último do processo civil. Daí, designadamente, o papel assumido pela figura do *ónus*, em vez da do *dever*, e a atenuação da tendencial rigidez do ónus por princípios como o da *cooperação* e o da *verdade material* (LEBRE DE FREITAS, *Nota introdutória à 1ª edição do Código de Processo Civil*, Quid Juris, 7ª edição, ps. 15-16). Ver, sobre o *dever* geral do juiz de pedir *esclarecimentos* à parte autora do acto postulativo, PAULA COSTA E SILVA, *cit.*, ps. 401-406.

o praticou continua a ser para tal exigida (ver, por exemplo, o artigo 193-3 CPC). *As provas admitidas pelo artigo 1510-1 CPC podem assim servir à interpretação da convenção (negocial) de arbitragem, a fim de verificar se cabem na previsão desta o pedido e a causa de pedir enunciados, mas não à interpretação da vontade da parte ao determinar o objecto do litígio, na notificação para a arbitragem ou na petição inicial, a qual há-de ser interpretada textualmente e só pela própria parte pode ser esclarecida.*

3. *Processo de jurisdição voluntária ou contenciosa?*

A última constatação leva a equacionar rigorosamente a natureza do processo especial de determinação do objecto do litígio a submeter a arbitragem, que vigorou entre 1.1.97 e 15.9.03 e que, não obstante o seu enquadramento no Código de Processo Civil, não configurava um puro processo de jurisdição voluntária. Caracteriza-se esta jurisdição por não ter na sua base um *conflito de interesses*, visando antes a prossecução de interesses não organizados em conflito, trate-se do interesse duma pessoa determinada ou do interesse solidário de duas ou mais pessoas, e nele exercendo o juiz uma *função administrativa* e não uma função jurisdicional[28]. Ora o processo em causa assentava precisamente no *desacordo* das partes relativamente ao objecto do litígio arbitral, mais precisamente no *conflito* entre o interesse duma parte em considerar o objecto por si enunciado como abrangido pela convenção de arbitragem e o interesse contrário da outra. Não configura este mera *controvérsia* relativa à verificação dum interesse não conflitual, como acontece na regulação do poder paternal (controvérsia entre os pais, mas exclusiva relevância do interesse do menor) ou nos processos de suprimento (em que o juiz apenas tem de atender ao interesse em razão do qual o consentimento é exigido). Trata-se, sim, de *resolver um litígio*, interpretando a convenção arbitral, no pressuposto da sua validade (sobre a qual o tribunal oficiosamente se pronunciará), e nela subsumindo a vontade expressa pela parte que recorre à arbitragem. Ao decidir, o tribunal devia, pois, observar plenamente o princípio da legalidade (cf. artigo 1410 CPC); das suas decisões, não alteráveis (cf. artigo 1411-1 CPC), cabia recurso (artigo 1510-3 CPC; cf. artigo 1411-2 CPC); era discutível a medida em que o tribunal podia investigar livremente os factos, livre das peias do princípio dispositivo (cf. artigo 1409-2

[28] Ver a minha *Introdução* cit., 4.5.

CPC)[29]. A actuação judicial tinha natureza jurisdicional e não administrativa: tratava-se, não de "suprimento do desacordo", mas de *resolução* do desacordo, isto é, de *composição* (jurisdicional) do litígio. Ao tribunal não podia ser pedido que *concretizasse* os factos constitutivos da causa de pedir ou que *liquidasse* o pedido enunciado na notificação para a arbitragem. Muito menos lhe podia ser pedido que fizesse, ou podia ele oficiosamente fixar, o objecto do litígio, com ou sem recurso à produção de prova, diversamente do que fosse manifestado na troca de notificações que precede a arbitragem, sob pena de nulidade (artigo 668-1-d CPC).

IV. **Conclusões**

1. Não obstante a natureza negocial da convenção de arbitragem, o tribunal arbitral goza de poder jurisdicional, que lhe é atribuído pela Constituição da República, tendo competência jurisdicional declarativa plena, que exerce nos mesmos termos dos tribunais judiciais, com respeito pelos princípios processuais fundamentais.

2. Não sendo, porém, órgão do Estado, o tribunal arbitral não detém poderes de autoridade, que, sendo indispensáveis à realização última da garantia da norma jurídica, explicam a atribuição aos tribunais judiciais, não só da função de executar as decisões dos tribunais arbitrais, mas também da de controlar externamente o respeito pelos limites e condições de exercício da jurisdição arbitral, a qual se exprime *a posteriori* no juízo de anulação da decisão arbitral e exprimia-se *a priori* (na vigência do direito anterior ao Decreto-Lei n.° 38/2003, de 8 de Março) na determinação do objecto do litígio a submeter a tribunal arbitral.

3. No tribunal arbitral, tal como no tribunal judicial, o objecto do processo é livremente conformado pelas partes, que unilateralmente deduzem os pedidos e os baseiam nas causas de pedir, sem outra interferência judicial nesta conformação além do eventual convite às partes para integrar e concretizar causas de pedir deficientes (artigos 508-3, 508-A-1-c e 264-3, todos do CPC).

[29] *Justificar* o pedido (artigo 1508 CPC) não é o mesmo que fundamentá-lo (artigo 467-1-d CPC). Visando-se obter a pronúncia do tribunal sobre matéria processual (a medida da competência do tribunal arbitral), a libertação do princípio dispositivo vai ao encontro da opinião de quem defende que o quase monopólio das partes quanto à introdução dos factos na causa (artigo 264-2 CPC) cede no campo dos pressupostos processuais (ver as referências feitas na minha obra *A confissão* cit., 10.2.2).

4. A exigência legal da determinação do objecto do litígio na notificação para a arbitragem decorre da excepcionalidade da jurisdição arbitral, visando a verificação de que a matéria que a parte se propõe levar ao tribunal arbitral cabe no âmbito demarcado pela convenção de arbitragem em zona de disponibilidade das partes.

5. Basta, para tanto, demarcar, sem precisão, o campo em que posteriormente (nos articulados da acção arbitral) se fará a conformação do objecto do processo, mediante a mera identificação das questões de que o tribunal tratará, isto é, mediante a indicação dos conflitos de interesses a compor (enunciação genérica do pedido a formular) e a individualização da causa de pedir (identificação, sem descrição, da ocorrência em que o pedido se baseia).

6. Não tendo o réu (nem o tribunal) a possibilidade de interferir na conformação do objecto do processo pelo autor, limitando-a, sob pena de violação do direito de acção, o seu desacordo quanto ao objecto do litígio (sobre o qual cabe ao tribunal judicial pronunciar-se) não podia, já na vigência dos preceitos da LAV revogados pelo Decreto-Lei n.° 38/2003, de 8 de Março, ser senão um desacordo sobre a competência do tribunal arbitral que concretamente se pretendia constituir, isto é, sobre a subsunção dos pontos de conflito enunciados pelo autor no âmbito da previsão da convenção de arbitragem – sem prejuízo da defesa que, no plano do mérito da acção, o réu viesse a deduzir contra a procedência do pedido baseado na causa de pedir invocada.

7. Por sua vez, a atribuição de jurisdição ao tribunal arbitral implica que nele radique o poder de fazer um eventual convite ao aperfeiçoamento dos articulados, designadamente mediante a concretização ou o completamento da causa de pedir, pelo que mais não era lícito ao tribunal judicial, ao determinar o objecto do litígio a submeter a arbitragem (no exercício do seu poder de controlo externo sobre as bases de funcionamento desta), do que convidar a parte a esclarecer o sentido da notificação para a arbitragem, na medida em que encerrasse alguma ambiguidade sobre a qual a parte contrária tivesse manifestado o seu desacordo e com a finalidade de só manter no objecto do litígio as questões para as quais o tribunal arbitral fosse competente.

8. A prova prevista no artigo 1510-1 CPC visava exclusivamente a interpretação da convenção de arbitragem, nos termos dos artigos 236 CC e 238 CC, para a subsequente operação de subsunção do objecto do litígio, definido pela parte, na previsão dessa convenção, mas não a interpretação da vontade da parte na notificação para a arbitragem, a qual, constituindo uma declaração de vontade não negocial, de natureza processual, proferida no âmbito do princípio dispositivo, só era susceptível de interpretação contextual (nos termos dos artigos 236-1 CC e 238-1 CC, mas não dos artigos 236-2 CC e 238-2 CC),

sem prejuízo do esclarecimento ou correcção pelo próprio autor do acto, de acordo com o princípio que se extrai de normas como as dos artigos 193-3, 508-3, 511-2, 587-2, 653-4 e 669-1-a todos do CPC.

9. O processo de determinação do objecto do litígio a submeter a arbitragem era um processo de jurisdição contenciosa, como tal mal classificado no Código de Processo Civil, por visar a resolução dum desacordo (composição dum litígio) sobre a aplicação da convenção de arbitragem ao objecto definido na notificação para a arbitragem, nele se aplicando plenamente o princípio dispositivo e, consequentemente, o regime de nulidades do artigo 668 CPC.

10. Embora incongruente com a atribuição ao tribunal arbitral da competência para, em primeira mão, decidir sobre a sua própria competência (artigo 21 LAV), esse processo visava a definição prévia da competência do tribunal arbitral, sem prejuízo do controlo *a posteriori* do artigo 27-1 LAV, quando as dúvidas levantadas sobre essa competência respeitassem apenas a parte do pedido enunciado ou da causa de pedir invocada, podendo conduzir à redução parcial do objecto do litígio, por este em parte não poder ser decidido pelo tribunal arbitral, e assim eliminando, desde logo, um obstáculo à pronúncia da decisão de mérito arbitral sobre a totalidade do objecto pretendido.

11. Incorria em nulidade por excesso de pronúncia a decisão que fixasse o objecto do litígio arbitral em termos diversos dos manifestados na troca de notificações que precede a arbitragem, assim violando igualmente o princípio do dispositivo.

12. Bem andou o legislador de 2003 ao suprimir a competência do tribunal judicial para previamente resolver o desacordo das partes sobre o litígio arbitral, o que só faz sentido ser feito *a posteriori*, nos mesmos termos em que o tribunal judicial se pode, em geral, pronunciar sobre a competência do tribunal arbitral.

O Direito de Conflitos e as liberdades comunitárias de estabelecimento e de prestação de serviços *

PROF. DOUTOR LUÍS DE LIMA PINHEIRO

SUMÁRIO: *Introdução. I. Aspectos gerais. II. Direito de estabelecimento e Direito de Conflitos das "sociedades" comunitárias. III. Liberdade de prestação de serviços e normas laborais susceptíveis de aplicação necessária. IV. Direito de Conflitos e Directiva sobre o Comércio Electrónico.*

Introdução

O tema das relações entre o Direito Internacional Privado e o Direito Comunitário é multifacetado [1].

* O presente trabalho foi elaborado com vista aos Estudos em Memória do Professor Doutor António Marques dos Santos e com base na comunicação que proferi no Seminário sobre a Comunitarização do Direito Internacional Privado, realizado na Faculdade de Direito de Lisboa, em Maio de 2004.

[1] Em geral, sobre este tema, ver G. BADIALI – "Le droit international privé des Communautés européennes", in *RCADI* 191 (1985), 9-182; MOURA RAMOS – Recensão a ORTIZ-ARCE DE LA FUENTE – "Derecho Internacional privado Español y Derecho Comunitario Europeu", in *RDE* 16-19 (1990/1993), 881-898; Id. – "Un diritto internazionale privato della Comunità Europea: origine, sviluppo, alcuni principi fondamentali", in *Studi in onore di Francesco Capotorti*, 1999, 273-305; Id. – "O Tribunal de Justiça das Comunidades Europeias e a Teoria Geral do Direito Internacional Privado. Desenvolvimentos Recentes", in *Estudos em Homenagem à Professora Doutora Isabel de Magalhães Collaço*, vol. I, 431-467, Coimbra, 2002; A. STRUYCKEN – "Les conséquences de l'intégration européenne sur le développement du droit international privé", in *RCADI* 232 (1992), 257-383; RIGAUX – "Droit international privé et droit communautaire",

O Direito Internacional Privado tem fontes comunitárias, e o crescente papel destas fontes é justamente o traço mais marcante da comunitarização deste ramo do Direito [2]. O Direito Comunitário releva como limite à aplicação do Direito estrangeiro, quer por via da reserva da ordem pública internacional quer enquanto limite autónomo [3]. O Direito Comunitário auto-executório

in Mélanges Yvon Loussouarn, 341-354, 1992; ECKART BRÖDERMANN e HOLGER IVERSEN – *Europäisches Gemeinschaftsrecht und Internationales Privatrecht*, Tubinga, 1994; MARC FALLON – "Les conflits de lois et de juridictions dans un espace économique intégré. L'expérience de Communauté européenne", in *RCADI* 253 (1995), 9-282; BERND VON HOFFMANN – "The Relevance of European Community Law", in *European Private International Law*, org. por Bernd von Hoffmann, 19-37, Nijmegen, 1998; HANS SONNENBERGER – "Europarecht und Internationales Privatrecht", in *ZvglRWiss* 95 (1996), 3-47; JÜRGEN BASEDOW – "Europäisches Internationales Privatrecht", in *NJW* 30 (1996), 1921-1929; Id. – "European Conflict of Laws under the Treaty of Amsterdam", in *International Conflict of Laws for the Third Millenium. Essays in Honor of Friedrich K. Juenger*, 175-192, Ardsley, Nova Iorque, 2001; KARL KREUZER – "Die Europäisierung des internationalen Privatrechts – Vorgaben des Gemeinschaftsrechts", in *Gemeinsames Privatrecht in der Europäischen Gemeinschaft*, 2.ª ed., Baden-Baden, 1999, 457-542, 473 e segs.; CHRISTIAN KOHLER – "Interrogations sur les sources du droit international privé européen après le traitè d'Amesterdam", in *R. crit.* 88 (1999), 1-30; ULRICH DROBNIG – "European Private International Law after the Treaty of Amsterdam: Perspectives for the Next Decade", in *Kings College Law J.* 11 (2000), 191-201; HÉLÈNE GAUDEMET-TALLON – "Quel droit international privé pour l'Union européenne?", in *International Conflict of Laws for the Third Millenium. Essays in Honor of Friedrich K. Juenger*, 317-338, Ardsley, Nova Iorque, 2001; Id. – "De l'utilité d'une unification du droit international privé de la famille dans l'union européenne?", in *Estudos em Homenagem à Professora Doutora Isabel de Magalhães Collaço*, vol. I, 159-185, Coimbra, 2002; ERIK JAYME – "Europa: Auf dem Weg zu einem interlokalen Kollisionsrecht", in *Vergemeinschftung des Europäischen Kollisionsrecht*, org. por Heinz-Peter Mansel, 31-40, 2001; JAYME/KOHLER – "Europäisches Kollisionsrecht 2001: Anerkennungsprinzip statt IPR", in *IPRax* 21 (2001), 501-514; Id. – "Europäisches Kollisionsrecht 2002: Zur Wiederkehr des Internationalen Privatrechts", in *IPRax* 22 (2002), 461-471; ALEGRÍA BORRÁS – "Derecho Internacional Privado y Tratado de Amsterdam", in *Rev. Esp. Der. Int.* 51 (1999), 383-426; LIMA PINHEIRO – *Direito Internacional Privado*, Volume I – *Introdução e Direito de Conflitos/Parte geral*, Almedina, Coimbra, 2001, 269 e segs. e "Federalismo e Direito Internacional Privado – algumas reflexões sobre a comunitarização do Direito Internacional Privado", in *Cadernos de Direito Privado* 2 (Junho 2003), 3-19; KLAUS SCHURIG – "Unilateralistische Tendenzen im europäischen Gesellschaftsrecht, oder: Umgehung als Regelunsprinzip", in *Liber Amicorum Gerhard Kegel*, 199-221, Munique, 2002; HARMUT LINKE – "Die Europäisierung des Internationalen Privat-und Verfahrensrechts. Traum oder Trauma?", in *Einheit und Vielfalt des Rechts. FS Reinhold Geimer*, 529-554, Munique, 2002.

[2] Ver LIMA PINHEIRO (n. 1 [2001]), 162 e segs., *Direito Internacional Privado*. Volume III – *Competência Internacional e Reconhecimento de Decisões Estrangeiras*, Almedina, Coimbra, 2002, 48 e seg. e 262 e seg. e (n. 1 [2003]).

[3] Ver LIMA PINHEIRO (n. 1 [2001]), 476.

tem vocação para regular directamente as situações transnacionais que caiam dentro da sua esfera de aplicação no espaço[4]. O Direito Comunitário incide ainda em matéria de situação jurídica dos estrangeiros[5] e de resolução dos concursos de nacionalidades[6].

Há um outro aspecto das relações entre Direito Internacional Privado e Direito Comunitário que suscita questões especialmente complexas e controvertidas. Trata-se da relevância dos Tratado da Comunidade Europeia e, em particular, das normas e princípios que consagram as liberdades de circulação de pessoas, mercadorias, estabelecimento e serviços, para a resolução dos problemas de determinação do Direito aplicável a situações "privadas" internacionais (ou, como prefiro dizer, a situações transnacionais).

A tensão entre tendências centralistas, favoráveis à mais ampla unificação do Direito privado, através de actos comunitários, e à redução ao mínimo da autonomia dos sistemas jurídicos dos Estados-Membros, e tendências autonomistas, que defendem o pluralismo jurídico e a descentralização de competências em matéria de Direito privado também se projecta neste contexto. É assim que se assiste ao confronto entre um entendimento maximalista das normas e princípios que consagram as liberdades comunitárias, que comprime o Direito de Conflitos Internacional Privado e menospreza as suas finalidades, uma atitude mais tradicionalista, que nega qualquer incidência das liberdades comunitárias sobre o Direito de Conflitos, e uma posição que busca um compromisso entre esses regimes comunitários e as soluções do Direito de Conflitos que seja razoável e ajustado ao presente estádio da integração europeia.

Como defensor da integração europeia mas crítico do modelo centralizador para que tem apontado, designadamente, o processo de comunitarização do Direito Internacional Privado[7], inclino-me decididamente para esta terceira posição. A esta luz, suscita preocupação a recente viragem do Tribunal de Justiça das Comunidades (TCE) no sentido de um entendimento maximalista das normas e princípios que consagram as liberdades comunitárias relativamente a questões de Direito Internacional Privado. Eis o ensejo para retomar e aprofundar algumas reflexões anteriores sobre a incidência do direito comunitário de estabelecimento sobre o Direito de Conflitos das sociedades e da liberdade

[4] Ver LIMA PINHEIRO (n. 1 [2001]), 79 e segs.

[5] Ver LIMA PINHEIRO – *Direito Internacional Privado* – Volume II – *Direito de Conflitos/Parte Especial*, 2.ª ed., Almedina, Coimbra, 2002, 138 e seg.

[6] Ver LIMA PINHEIRO (n. 1 [2001]), 339 e seg.

[7] Ver LIMA PINHEIRO (n. 1 [2003]).

comunitária de prestação de serviços sobre o Direito Internacional Privado do trabalho [8].

I. **Aspectos gerais**

Constitui questão muito controversa a da incidência do regime das liberdades de circulação de mercadorias, de estabelecimento e de prestação de serviços sobre as normas de conflitos de Direito Internacional Privado.

Uns defendem que do Tratado da Comunidade Europeia decorrem certas soluções conflituais [9], ou pelo menos limites genéricos à aplicação de normas de Direito privado que condicionam a actuação do Direito de Conflitos dos Estados-Membros [10]. Outros entendem que este Tratado não contém "normas de conflitos ocultas" e que o problema da compatibilidade de normas de conflitos internas com o Direito Comunitário originário só se coloca excepcionalmente com relação a certas normas discriminatórias [11].

Este segundo entendimento parece-me mais conforme com o Direito positivo e mais ajustado ao actual estádio da integração europeia. Creio que não se podem inferir soluções conflituais das normas comunitárias que consagram as liberdades fundamentais e que as normas de Direito privado não constituem, em regra, restrições a essas liberdades [12]. Não excluo que no interesse do comércio intercomunitário se devam colocar limites à actuação do Direito de Conflitos que, embora mínimos, vão além da proibição de discriminação. Mas parece-me que o Tratado da Comunidade Europeia não fundamenta estes limites e que eles de algum modo supõem um aprofundamento da integração política.

[8] Ver LIMA PINHEIRO (n. 1 [2001]), 269 e seg. (n. 5), 102 e seg., e (n. 1 [2003]).

[9] Ver JÜRGEN BASEDOW – "Der kollisionsrechtliche Gehalt der Produktsfreheiten im europäischen Binnenmarkt: favor offerendis", in *RabelsZ.* 59 (1995), 1-54, e RADICATI DI BROZOLO – "Libre circulation dans la CE et règles de conflit", in *L'européanisation du droit international privé*, org. por Paul Lagarde e Bernd Von Hoffmann, 87-103, Colónia, 1996.

[10] Ver FALLON (n. 1), 127 e segs., 140 e segs. e 178; WULF-HENNING ROTH – "Die Grundfreiheiten und das Internationale Privatrecht – das Beispiel Produkthaftung", in *Gedächtnisschrift für Alexander Lüderitz*, 635-657, Munique, 2000, e "Der Einfluss der Grundfreiheiten auf das internationale Privat- und Verfahrensrecht", in *Systemwechsel im europäischen Kollisionsrecht*, 47-63, Munique, 2002; Kropholler – *Internationales Privatrecht*, 4.ª ed., Tubinga, 2001, 73 e seg.

[11] Ver BADIALI (n. 1), 107, e SONNENBERGER (n. 1), 13 e segs.

[12] Ver também MICHAEL WILDERSPIN e XAVIER LEWIS – "Les relations entre le droit communautaire et les règles de conflits de lois des États membres", in *R. crit.* 91 (2002), 1-37, e 289-313, 13 e segs.

A tensão entre as normas comunitárias que consagram as liberdades fundamentais e o Direito de Conflitos dos Estados-Membros manifesta-se em diversos domínios. Mas esta tensão é *normalmente* resolúvel por uma de duas vias.

Nuns casos, mediante a autonomização das questões de Direito privado suscitadas pela aplicação dessas normas comunitárias e a sua sujeição ao Direito Internacional Privado dos Estados-Membros.

Noutros, mediante a tolerância dos efeitos secundários e indirectos da aplicação de certas normas de Direito privado sobre o comércio intercomunitário porquanto essa aplicação é justificada pelos fins prosseguidos por estas normas bem como pelas finalidades do Direito de Conflitos.

Parece-me indiscutível que a proibição de discriminação em razão da nacionalidade, no âmbito de aplicação do Tratado da Comunidade Europeia, consagrada no seu artigo 12.°, é incompatível com normas de Direito Internacional Privado que estabeleçam um tratamento menos favorável de nacionais de outros Estados-Membros [13]. Este tratamento menos favorável pode resultar da utilização, como critério diferenciador, seja da nacionalidade, seja de outro critério que conduza ao mesmo resultado discriminatório (discriminação indirecta ou oculta).

Duas observações, porém, se impõem.

Em primeiro lugar, o artigo 12.° só proíbe a discriminação no "âmbito de aplicação do Tratado". Para este efeito, o âmbito de aplicação do Tratado é entendido em sentido amplo, abrangendo as normas nacionais que tenham uma incidência directa ou indirecta sobre as liberdades comunitárias [14]. Em todo o caso, parece claro que as normas de conflitos em matéria pessoal estão fora do âmbito de aplicação desta proibição.

Por outro lado, a utilização do elemento de conexão nacionalidade, designadamente em matéria de estatuto pessoal, não encerra qualquer discriminação[15].

[13] Ver FALLON (n. 1), 126 e segs., e KROPHOLLER (n. 10), 72 e seg.

[14] Ver WILDERSPIN/LEWIS (n. 12), 6 e segs.

[15] No seu ac. 10-6-1999, no caso *Johannes* [*CTCE* (1999) I-03475], o TCE decidiu que a proibição de discriminação em razão da nacionalidade, consagrada no artigo 12.° (ex-artigo 6.°) do Tratado da Comunidade Europeia, se limita ao âmbito de aplicação deste Tratado e que nem as normas nacionais de Direito Internacional Privado que determinam o direito substantivo nacional aplicável aos efeitos do divórcio entre cônjuges nem os preceitos nacionais de Direito Civil que regulam em termos de Direito substantivo esses efeitos se incluem no âmbito de aplicação do Tratado; de onde resulta que o artigo 12.° do Tratado não obsta a que o Direito de um Estado-Membro atenda à nacionalidade dos cônjuges como factor de conexão que permite determinar o Direito substantivo nacional aplicável aos efeitos de um divórcio.

A equiparação entre nacionais e estrangeiros está assegurada, no plano do Direito de Conflitos, quando o mesmo elemento de conexão for utilizado em todos os casos. De todo o modo, como acabei de assinalar, a matéria do estatuto pessoal encontra-se em princípio fora do âmbito de aplicação do Tratado.

Indo mais longe, porém, algumas decisões recentes do TCE procuraram deduzir das liberdades comunitárias limites à actuação de normas não-discriminatórias do Direito de Conflitos dos Estados-Membros. Neste estudo proponho-me examinar algumas decisões relativas ao direito de estabelecimento e à liberdade de prestação de serviços que vieram colocar limites ou condicionamentos à actuação do Direito de Conflitos em matéria de "*sociedades*" e de *relações laborais* [16].

II. Direito de estabelecimento e Direito de Conflitos das "sociedades" comunitárias

Nos termos do artigo 43.°/1 do Tratado da Comunidade Europeia "são proibidas as restrições à liberdade de estabelecimento dos nacionais de um Estado-Membro no território de outro Estado-Membro. Esta proibição abrangerá igualmente as restrições à constituição de agências, sucursais ou filiais pelos nacionais de um Estado-Membro estabelecidos no território de outro Estado-Membro."

Para este efeito, o artigo 48.°/1 do mesmo Tratado equipara às pessoas singulares nacionais dos Estados-Membros as "sociedades" (em sentido amplo) "constituídas em conformidade com a legislação de um Estado-Membro e que tenham a sua sede social, administração central ou estabelecimento principal na Comunidade".

Estes preceitos constituem concretizações, no domínio do direito de estabelecimento, do princípio da não-discriminação em razão da nacionalidade (artigo 12.°/1) [17].

[16] Não me pronunciarei sobre a possibilidade de normas de Direito processual não-discriminatórias constituirem restrições às liberdades comunitárias, uma vez que, em minha opinião, a divisão entre Direito público e Direito privado não se aplica às normas processuais, e que estas normas processuais são territoriais quanto aos órgãos de aplicação (i.e., os órgãos de aplicação de um Estado aplicam sempre o Direito processual do foro), ao contrário do que se verifica com o Direito substantivo privado.

[17] Cf. Gérard Druesne – *Droit de l'Union européenne et politiques communautaires*, 6.ª ed., Paris, 2001, 123 e 154 e segs., e Paul Craig e Gráinne de Búrca – *EU Law. Text, Cases and Materials*, 3.ª ed., Oxford, 2003, 772.

O direito de estabelecimento abrange o *estabelecimento principal* (mediante o acesso a uma actividade profissional independente, a criação de uma "empresa" nova ou a transferência do estabelecimento principal de uma empresa preexistente) e o *estabelecimento secundário* (mediante a criação de uma filial, de uma sucursal ou de uma agência por pessoa que tem o seu estabelecimento principal noutro Estado-Membro).

Embora sem aparente base no Tratado, a jurisprudência do TCE alargou progressivamente o conceito de "restrições" às liberdades de estabelecimento e de prestação de serviços, por forma a incluir normas não-discriminatórias, por vezes em circunstâncias muito discutíveis que pouco têm a ver com a abolição de entraves ao funcionamento do mercado único [18].

Tem sido discutido se o direito de estabelecimento atribuído pelo Direito Comunitário implica que cada Estado-Membro deve aplicar às "sociedades" comunitárias (na acepção ampla do artigo 48.° do Tratado da Comunidade Europeia) o Direito segundo o qual se constituíram [19].

A doutrina dominante responde negativamente. Dos artigos 43.° e segs. do Tratado da Comunidade Europeia não decorre qualquer consequência quanto ao estatuto pessoal das sociedades, porquanto, segundo o artigo 293.°, a regulação desta matéria é reservada a uma convenção internacional [20]. Também o TCE, no caso *Daily Mail* (1988) [21], decidiu que até à conclusão de uma convenção de reconhecimento entre os Estados-Membros ou outra regulação comunitária desta matéria o Direito Comunitário não coloca condicionamentos aos Direitos de Conflitos nacionais na determinação do estatuto pessoal das sociedades.

A posição contrária tem defensores de peso [22]. Esta posição faz valer que para reconhecer a existência de uma sociedade comunitária um Estado-Mem-

[18] Ver CRAIG/DE BÚRCA (n. 17), 765 e segs. e 783 e segs.

[19] Ver referências em LIMA PINHEIRO – "O Direito aplicável às sociedades. Contributo para o Direito Internacional Privado das sociedades", in *ROA* 58 (1998), 673-777, 769 e segs.

[20] Cf. HERBERT WIEDEMANN – *Gesellschaftsrecht*, vol. I – *Grundlagen*, Munique, 1980, 793 e seg.; EBENROTH/AUER – "Die Vereinbarkeit der Sitztheorie mit europäischem Recht", in *GmbH-Rdsch.* (1994), 16-27; Badiali (n. 1), 107; *Staudinger*/GROSSFELD [n.° 115]; GROSSFELD/KÖNIG – "Das Internationale Gesellschaftsrecht in der Europäischen Gemeinschaft", in *RIW* 38 (1992), 433-440; CALVO CARAVACA – "Personas Jurídicas", in JULIO GONZALEZ CAMPOS et al. (org.), *Derecho Internacional Privado. Parte Especial*, 84-97, 85; SONNENBERGER (n. 1), 10 e 20; BALLARINO – *Diritto Internazionale Privato*, 3.ª ed., Milão, 1999, 358.

[21] Cf. ac. 27-9-88 [*CTCE* (1988-8), 5483].

[22] Cf. PETER BEHRENS – "Niederlassungsfreiheit und Internationales Gesellschaftsrecht", in *RabelsZ.* 52 (1988), 498-529, 501, e "Die grenzüberschreitende Sitzverlegung von Gesellschaf-

bro tem necessariamente de aplicar a lei do Estado-Membro segundo a qual a sociedade se constituiu. O reconhecimento de uma sociedade comunitária que se constituiu segundo a lei de um Estado-Membro não pode ser negado com base na sua invalidade perante a lei da sede da administração, pelo menos no que toca ao direito de estabelecimento. E se é assim para este efeito também o deve ser para outros, porque perturbaria a harmonia interna tratar a sociedade como válida para este efeito e como inválida para outros efeitos.

Portanto, os Estados-Membros têm de submeter o estatuto das "sociedades" comunitárias à lei do Estado-Membro segundo a qual se constituíram. Quer isto dizer que a teoria da constituição é aplicável às sociedades "comunitárias" mesmo nos Estados que submetem as sociedades à lei do Estado em que se situa a sede da administração (teoria da sede), como se verifica, até certo ponto, em Portugal (artigo 33.°/1 do Código Civil, mas com certa relevância da sede estatutária em matéria de sociedades comerciais, nos termos do artigo 3.°/1 do Código das Sociedades Comerciais).

Embora num primeiro momento me tenha inclinado neste sentido, reflexões ulteriores levaram-me a rever a minha posição.

A personalidade jurídica é uma questão prévia de Direito privado suscitada pelas normas relativas à liberdade de estabelecimento que deve ser apreciada exclusivamente segundo a lei designada pelo Direito de Conflitos do Estado em que se pretenda exercer esta liberdade. Contrariamente ao que poderia sugerir uma primeira leitura, o artigo 48.° do Tratado não determina o reconhecimento da personalidade jurídica das sociedades constituídas em conformidade com o Direito de um Estado-Membro [23]. Esta questão é remetida pelo Tratado para a cooperação intergovernamental e, designadamente, para uma convenção internacional (artigo 293.°). O artigo 48.° limita-se a definir a conexão entre a "sociedade" e a Comunidade pressuposta pela atribuição do direito de estabelecimento (à semelhança do que se verifica com o artigo 43.° do Tratado,

ten in der EWG", in *IPRax* (1989), 354-361; DROBNIG – "Gemeinschaftsrecht und internationales Gesellschaftsrecht. 'Daily Mail' und die Folgen", in *Europäisches Gemeinschaftsrecht und Internationales Privatrecht*, 185-206, Colónia, 1990, 193 e segs.; RIGAUX – "Droit international privé et droit communautaire", in *Mélanges Yvon Loussouarn*, 1992, 341-354, 346 e segs. DROBNIG entende que, dado o nexo entre reconhecimento e estatuto da sociedade, a norma de reconhecimento contém a norma de conflitos [194]. Ver ainda decisão TCE no caso *Ubbink Isolatie BV* vs. *Dak- en Wandtechniek BV* (1988) [*CTCE* (1988), 4665].

[23] Como pretendem FALLON (n. 1), 99, e DRUESNE (n. 17), 187 e seg., que parece interpretar a norma de equiparação contida no artigo 48.°/1 do Tratado da Comunidade Europeia como um "sistema de reconhecimento implícito" da existência da personalidade jurídica da sociedade.

relativamente às pessoas singulares, que atende para o efeito à nacionalidade). Do artigo 48.° não resulta a consagração da teoria da constituição em matéria de personalidade jurídica da sociedade, assim como do artigo 43.° não decorre qualquer regra sobre a determinação do estatuto pessoal dos indivíduos.

Com a decisão proferida no caso *Centros* (1999) [24], porém, o TCE iniciou uma viragem em sentido diferente. Neste caso, o TCE foi confrontado com a situação de uma sociedade formada por dinamarqueses para desenvolver actividade na Dinamarca que se constituiu no Reino Unido por forma a subtrair-se à exigência de capital mínimo formulada pelo Direito dinamarquês para a constituição daquele tipo de sociedade. Depois de se constituir no Reino Unido a sociedade requereu o registo de uma sucursal na Dinamarca. As autoridades dinamarquesas recusaram o registo, alegando que, tratando-se de uma sociedade interna, deveriam ser observadas as normas sobre a constituição de uma sociedade na Dinamarca.

O TCE decidiu que, por força das disposições sobre direito de estabelecimento, um Estado-Membro não pode recusar o registo de uma dita "sucursal" de uma sociedade constituída em conformidade com a legislação de outro Estado-Membro, no qual tem a sede estatutária, mesmo quando segundo o Direito Internacional Privado do primeiro Estado-Membro fossem aplicáveis as suas normas sobre a constituição de uma sociedade, uma vez que se tratava de uma sociedade interna que, em fraude à lei, fora constituída no estrangeiro (uma *sociedade pseudo-estrangeira*).

A aplicação das normas dinamarquesas sobre constituição de uma sociedade foi encarada pelo TCE como uma "restrição" à liberdade de estabelecimento que só poderia ser justificada por "razões de ordem pública".

Segundo a melhor interpretação desta decisão, que a compatibiliza com a proferida no caso *Daily Mail*, ela fundamenta-se numa interpretação autónoma do conceito de "sucursal" utilizado pelo artigo 43.°/1.° do Tratado da Comunidade Europeia, e não comporta uma tomada de posição sobre o estatuto pessoal das "sociedades" comunitárias [25]. De acordo com esta interpretação, o estabelecimento num Estado-Membro de uma sociedade que se constituiu em conformidade com a legislação de outro Estado-Membro e que tem sede social na Comunidade pode ser considerado uma "sucursal" mesmo que a sociedade não desenvolva qualquer actividade no Estado em que se constituiu.

[24] TCE 9-3-99 [*CTCE* (1999-3), I – 1459].

[25] Cf. Werner Ebke – "Centros – Some Realities and Some Mysteries", in *Am. J. Comp. L.* 48 (2000), 623-660, 632 e segs.

A interpretação das normas sobre direito de estabelecimento seguida pelo tribunal é discutível, uma vez que a situação parece estar abrangida pela excepção de abuso do direito de estabelecimento[26].

Regista-se também um alargamento do conceito de "restrição" a normas jurídico-privadas que não são discriminatórias nem dizem respeito ao acesso e exercício de actividades económicas. A incidência que estas normas podem ter sobre a liberdade de estabelecimento é meramente indirecta: elas não restringem o acesso à actividade económica num Estado-Membro, apenas tornam o exercício dessa actividade mais oneroso.

Admito que, apesar disso, a aplicação a sociedades regidas pela lei de um Estado-Membro de certas normas jurídico-privadas de outro Estado-Membro em que exerça actividade ou tenha a sede da administração possa dificultar o comércio intercomunitário.

Mas não será esta uma dificuldade inerente ao actual estádio de desenvolvimento do Direito Comunitário que, como já se assinalou, reserva a matéria da lei aplicável às sociedades para a cooperação intergovernamental? Perante o Tratado da Comunidade Europeia e à luz da decisão *Daily Mail* é duvidoso que se possa partir do princípio que as sociedades comunitárias estão submetidas ao Direito do Estado-Membro em que se constituíram, por forma a limitar a aplicação de normas de outros Estados-Membros em matéria de estatuto pessoal.

Seja como for, no caso *Centros*, as normas jurídico-privadas em causa não tinham qualquer incidência sobre o comércio intercomunitário, visto que apenas estava em causa a sua aplicação a uma sociedade interna, constituída por dinamarqueses para desenvolver a sua actividade na Dinamarca, pelo que, à luz dos objectivos do Tratado da Comunidade Europeia, não havia qualquer razão para excluir ou limitar a sua aplicação.

Por outro lado, o registo da pseudo-sucursal suscitava questões prévias de Direito privado que deveriam ser resolvidas segundo o Direito Internacional Privado do Estado-Membro em causa. A decisão também é, a este respeito, errada. Ao impor incondicionalmente o registo da pseudo-sucursal o TCE fez prevalecer um entendimento maximalista das normas relativas ao direito de estabelecimento sobre o Direito Internacional Privado do Estado-Membro em causa[27].

[26] Cf. CRAIG/DE BÚRCA (n. 17), 798.

[27] Cp., porém, MOURA RAMOS (n. 1 [2002]), 455 e segs. com mais referências.

A mesma orientação geral foi seguida posteriormente no caso *Überseering* (2002)[28]. Nesta decisão o TCE afirmou que o exercício da liberdade de estabelecimento pressupõe necessariamente o reconhecimento da personalidade jurídica da sociedade constituída em conformidade com o Direito de outro Estado-Membro, onde tem a sua sede estatutária, em qualquer Estado-Membro em que pretenda estabelecer-se[29]. Por conseguinte, no caso de a sociedade transferir a sede da sua administração para um Estado diferente daquele em que se constituiu e estabeleceu a sede estatutária, a recusa de reconhecimento da sua personalidade jurídica constitui, no entender do tribunal, uma restrição à liberdade de estabelecimento que é, em princípio, inadmissível[30].

Esta decisão, se também não preclude a regra da sede da administração na definição do estatuto pessoal das "sociedades" comunitárias, estabelece um claro limite à actuação desta regra, visto que obriga ao reconhecimento da personalidade jurídica adquirida pelas "sociedades" constituídas fora do Estado da sede da sua administração, segundo o Direito do Estado da constituição (i.e., com base na teoria da constituição)[31].

Este entendimento é de reprovar.

Nestes casos, as questões prévias de Direito privado suscitadas pela aplicação das normas relativas à liberdade de estabelecimento relevam da ordem jurídica dos Estados-Membros e, por conseguinte, deveriam ser solucionadas com base no Direito Internacional Privado dos Estados-Membros e não segundo critérios autónomos pretensamente deduzidos dessas normas comunitárias[32].

As duas decisões que acabo de referir suscitaram nos tribunais nacionais muitas questões sobre as implicações desta jurisprudência para o Direito de Conflitos das sociedades que foram submetidas ao pronunciamento do TCE.

Numa decisão recente (2003), no caso *Kamer*[33], o TCE levou ainda mais longe o seu entendimento maximalista das normas sobre direito de estabelecimento. À semelhança do caso *Centros* tratava-se de uma sociedade interna (holandesa) que fora constituída no Reino Unido para evitar a aplicação das normas holandesas mais restritivas sobre a constituição de uma sociedade.

[28] 5-11-2002, disponível em http://europa.eu.int.

[29] N.º 59.

[30] N.º 82.

[31] Relativamente às teorias sobre a determinação do estatuto pessoal das sociedades ver LIMA PINHEIRO (n. 19), 678 e segs., e (n. 5), 79 e segs.

[32] Isto parece ser concedido, em tese geral, por FALLON (n. 1), 100 e seg. e 103 e segs., relativamente aos conceitos jurídicos de Direito privado utilizados pelo Direito Comunitário.

[33] 30-9-2003, disponível em http://europa.eu.int.

A questão litigiosa dizia respeito à exigência, feita pela Câmara de Comércio e de Indústria de Amesterdão, de fazer inserir, como averbamento à sua inscrição no registo comercial holandês, a menção "sociedade formalmente estrangeira" e de utilizar esta indicação na vida comercial. Este averbamento teria como consequência a aplicação à sociedade de diversas obrigações relativas à matrícula da sociedade no registo comercial, à indicação dessa qualidade nos documentos que dela emanem, ao capital mínimo e à elaboração, realização e publicação dos documentos anuais.

O TCE decidiu, em primeiro lugar, que o artigo 2.° da Décima Primeira Directiva em Matéria de Direito das Sociedades se opõe a uma legislação nacional que impõe obrigações de publicidade não previstas na referida directiva à sucursal de uma sociedade constituída em conformidade com a legislação de outro Estado-Membro. Não me pronunciarei sobre este ponto, observando apenas que o entendimento adoptado tem certo apoio na letra do referido preceito e na intencionalidade legislativa que se infere dos Considerandos.

O TCE entendeu ainda que os artigos 43.° e 48.° do Tratado da Comunidade Europeia se opõem a uma legislação nacional que sujeita o exercício da liberdade de estabelecimento a título secundário nesse Estado, por uma sociedade constituída em conformidade com a legislação de outro Estado-Membro, a determinadas condições previstas no Direito interno para a constituição de sociedades, relativas ao capital mínimo e à responsabilidade dos administradores. As razões pelas quais a sociedade foi constituída no primeiro Estado-Membro, bem como a circunstância de ela exercer as suas actividades exclusiva ou quase exclusivamente no Estado-Membro de estabelecimento, não a privam do direito de invocar a liberdade de estabelecimento garantida pelo Tratado da Comunidade Europeia, a menos que se demonstre, caso a caso, a existência de um abuso.

Esta parte da decisão já suscita dúvidas e críticas.

Do ponto de vista do Direito Comunitário, a decisão reincide numa interpretação discutível das normas sobre direito de estabelecimento seguida pelo tribunal, uma vez que, como já se assinalou anteriormente, a situação parece estar abrangida pela excepção de abuso do direito de estabelecimento.

O TCE reafirma igualmente o alargamento do conceito de "restrição" a normas não discriminatórias de Direito privado que, a estar em causa a liberdade de estabelecimento, apenas teriam uma incidência indirecta sobre essa liberdade (na medida em que oneram a criação de uma pseudo-sucursal) e que não têm qualquer incidência sobre o comércio intercomunitário, porquanto se trata da pseudo-sucursal de uma sociedade interna.

Acrescente-se ainda que, nesta decisão, o TCE, à semelhança do que já se verificara nas decisões relativas à liberdade de prestação de serviços que serão adiante examinadas (III), aprecia a justificação do "entrave" alegadamente criado pelas normas jurídico-privadas segundo um *critério de ponderação* que foi desenvolvido para normas de Direito público da economia relativas ao acesso e exercício de actividades económicas: "devem aplicar-se de modo não discriminatório, justificar-se por razões imperativas de interesse geral, ser adequadas para garantir a realização do objectivo que prosseguem e não ultrapassar o que é necessário para atingir esse objectivo".

Ora, mesmo que as normas de Direito privado em causa pudessem ser qualificadas como "restrições" à liberdade de estabelecimento – o que me parece duvidoso –, o critério de ponderação desenvolvido para normas de Direito público da economia não pode ser transposto mecanicamente para o domínio do Direito privado. Remeto, a este respeito, para as considerações feitas mais adiante, relativamente à liberdade de prestação de serviços.

Como última nota sobre esta decisão, é de assinalar que a sua fundamentação está impregnada pela teoria da constituição. Omite-se a incompatibilidade da solução retida com os sistemas de Direito Internacional Privado que consagram a teoria da sede ou soluções intermédias. Isto pode explicar-se pela circunstância de ambos os Estados-Membros envolvidos consagrarem a teoria da constituição. Todavia, ao excluir a aplicação de normas do Estado com que a sociedade apresentava todas as restantes conexões, a decisão vem a traduzir-se num novo limite à regulação das sociedades por outra lei que não a do Estado da constituição. Isto significa, designadamente, que um Estado-Membro que adopte a teoria da sede não pode aplicar a sociedades que se constituam segundo o Direito de outro Estado-Membro normas da lei da sede da administração relativas ao capital mínimo e à responsabilidade dos administradores por não cumprimento dessa exigência.

Este somar de limites à actuação de regras sobre a determinação do estatuto pessoal das sociedades comunitárias que se desviem da teoria da constituição, se não significa ainda a consagração geral desta teoria, vem colocar em dúvida a coerência dos sistemas que se baseiam na teoria da sede.

Sublinhe-se ainda que esta jurisprudência é inspirada pela versão mais radical da teoria da constituição, ignorando a atenuação que resulta da doutrina das *sociedades pseudo-estrangeiras*[34].

De iure condendo, entendo que a solução simultaneamente mais conveniente à luz dos valores e princípios do Direito Internacional Privado e mais favorável ao comércio intercomunitário seria a consagração, pelos Estados-Membros,

[34] Ver LIMA PINHEIRO (n. 19), 708 e segs.

de uma *teoria atenuada da constituição*. À luz desta concepção, as sociedades devem ser regidas pela ordem jurídica segundo a qual se constituíram, mas com exclusão das sociedades pseudo-estrangeiras e com aplicação de certas normas do Direito do Estado onde a pessoa colectiva desenvolve a sua actividade com vista a tutelar a confiança de terceiros[35].

III. Liberdade de prestação de serviços e normas laborais susceptíveis de aplicação necessária

O artigo 49.°/1 do Tratado da Comunidade Europeia proíbe as restrições à livre prestação de serviços num Estado-Membro por pessoas estabelecidas noutro Estado-Membro e que tenham nacionalidade de um Estado-Membro. Por força do artigo 55.° as "sociedades" comunitárias são equiparadas aos nacionais de um Estado-Membro, nos termos aplicáveis ao direito de estabelecimento (artigo 48.°).

Enquanto o direito de estabelecimento tem por objecto o acesso e exercício de uma actividade económica com carácter permanente, a liberdade de prestação de serviços reporta-se ao exercício temporário de uma actividade económica num país em que o prestador não está estabelecido[36].

Também neste caso se trata de uma concretização do princípio da não-discriminação em razão da nacionalidade no âmbito de aplicação do Tratado (artigo 12.°/1)[37].

O artigo 50.°/3 do Tratado estabelece a regra de igualdade de tratamento: "o prestador de serviços pode, para a execução da prestação, exercer, a título temporário, a sua actividade no Estado onde a prestação é realizada, nas mesmas condições que esse Estado impõe aos seus próprios nacionais".

Esta regra opõe-se à discriminação do prestador de serviços seja em razão da nacionalidade seja pela circunstância de estar estabelecido num Estado-Membro que não é aquele em que a prestação deve ser realizada[38].

É interdita não só a discriminação directa, mas também a discriminação indirecta, fundada em critérios aparentemente neutros que conduzem de facto

[35] Ver LIMA PINHEIRO (n. 5), 79 e segs.
[36] Ver CRAIG/DE BÚRCA (n. 17), 800 e segs.
[37] Cf. DRUESNE (n. 17), 123 e 157 e segs.
[38] Cf. DRUESNE (n. 17), 158 e seg.

ao resultado de colocar em desvantagem o prestador de serviços estabelecido noutro Estado-Membro[39].

À semelhança do que ficou assinalado com respeito ao direito de estabelecimento, a jurisprudência do TCE alargou progressivamente o conceito de "restrição à livre prestação de serviços", por forma a colocar limites à aplicabilidade das leis que limitam ou condicionam a prestação de serviços no Estado em que é realizada, mesmo quando não têm carácter directa ou indirectamente discriminatório[40]. O conceito de "restrição à livre prestação de serviços" é alargado a qualquer medida que "seja susceptível de impedir, entravar ou tornar menos atractivas as actividades do prestador estabelecido noutro Estado-Membro, onde preste legalmente serviços análogos"[41].

Em todo o caso, parece que não são abrangidas as medidas que tiverem um efeito mínimo ou mesmo insuficiente sobre o funcionamento do mercado único[42]. Também neste domínio é duvidosa a base jurídico-positiva da jurisprudência do TCE.

Esta jurisprudência, que foi desenvolvida relativamente à aplicação de normas de Direito Económico sobre o acesso e exercício de actividades económicas, estabeleceu um *critério de ponderação.*

Segundo este critério de ponderação, as normas "restritivas" do Estado destinatário da prestação de serviços só podem ser aplicadas se forem justificadas por considerações de interesse geral que não sejam incompatíveis com os objectivos da Comunidade, que procedam igualmente em relação aos prestadores estabelecidos noutros Estados-Membros, não tiverem carácter discriminatório e respeitarem o princípio da proporcionalidade (i.e., que a restrição introduzida pela lei seja justificada pelo fim prosseguido).

Além disso, entende-se que estas leis não poderão ser aplicadas se as razões de interesse geral que as justificam já forem salvaguardadas pela legislação aplicável no Estado em que o prestador de serviços está estabelecido[43].

Esta jurisprudência postula, portanto, um *princípio do país de origem*, segundo o qual a prestação intercomunitária de serviços está submetida, em princípio, à

[39] Cf. Druesne (n. 17), 159.

[40] Ver Craig/de Búrca (n. 17), 819 e segs.

[41] Cf. TCE 23-11-1999, no caso *Arblade* [*CTCE* (1999), I-08453], n.° 33.

[42] Ver Wilderspin/Lewis (n. 12), 19 e seg.

[43] Ver Druesne (n. 17), 161 e segs., e Craig/de Búrca (n. 17), 716 e segs., e jurisprudência aí referida.

lei do Estado de origem; as normas do país de destino da prestação que limitem a prestação de serviços por prestadores estabelecidos noutros Estados-Membros são consideradas "restrições" à liberdade de prestação de serviços e, como tal, só são aplicáveis se forem justificadas pelo referido critério de ponderação.

A meu ver, é duvidosa a base jurídico-positiva deste entendimento, que já revela a tendência para transpor soluções desenvolvidas num contexto (o da liberdade de circulação de mercadorias) para um contexto bastante diferente (o da liberdade de prestação de serviços)[44]. Acresce que o princípio do país de origem tem de ser justificado à luz da valoração dos interesses em jogo e não como suposta decorrência lógica das liberdades comunitárias. Todavia, não vou discutir aqui a aplicação do princípio do país de origem a leis de Direito Público da Economia, designadamente aquelas que limitam ou condicionam o acesso e exercício de actividades económicas.

Manifesto é, a meu ver, que quer o princípio do país de origem quer o critério de ponderação a que ficam sujeitas as leis do país de destino da prestação pressupõem que se trata do regime de acesso e exercício das actividades económicas e não são transponíveis mecanicamente para o domínio do Direito privado aplicável às relações estabelecidas no exercício dessas actividades.

O acesso e exercício de uma actividade está submetido aos regimes de Direito público do Estado em que o prestador de serviços está estabelecido, uma vez que se trata de normas de Direito público da economia que são, em regra, de "aplicação territorial" (i.e., que se aplicam ao acesso e exercício da actividade no Estado que as edita). Por isso se compreende que, num mercado único, só limitadamente possam ser aplicadas normas sobre acesso e exercício de actividades do Estado destinatário da prestação aos serviços prestados por pessoas estabelecidas noutros Estados-Membros.

Já a aplicação de regimes de Direito privado depende das normas de Direito Internacional Privado que não seguem o princípio do país de origem, visto que este princípio é inadequado à realização dos valores tutelados por este ramo do Direito. Em matéria de contratos obrigacionais as partes podem escolher a lei aplicável (artigo 3.° da Convenção de Roma sobre a Lei Aplicável às Obrigações Contratuais) e, na falta de escolha, remete-se para a lei do país que apresenta a conexão mais estreita com o contrato (artigo 4.° da mesma Con-

[44] Ver ainda WILDERSPIN/LEWIS (n. 12), 20 e segs.

venção); em muitos casos há coincidência entre a lei da conexão mais estreita e a lei do país de origem do prestador de serviços mas, quando isto não se verifique, deve aplicar-se a lei da conexão mais estreita e não a lei do país de origem. No que toca à responsabilidade extracontratual, a tendência é para atribuir o principal papel à lei do Estado em que se produz o efeito lesivo, embora o Direito de Conflitos português atenda principalmente à lei do Estado onde decorreu a actividade causadora do prejuízo (artigo 45.° do Código Civil); estas soluções estão nos antípodas do princípio da país de origem.

Por esta razão não se pode partir do princípio que a prestação de serviços está submetida ao regime estabelecido pelo Estado-Membro de origem.

Os termos em que está formulado o critério de ponderação também revelam a sua génese publicística. A exigência de que as leis limitativas ou condicionantes sejam "justificadas por considerações de interesse geral" compreende-se relativamente a leis de Direito público, mas ajusta-se mal a leis de Direito privado que, na grande maioria dos casos, tutelam interesses particulares[45].

De onde resulta que as soluções desenvolvidas pela jurisprudência comunitária sobre a aplicação de regimes de Direito público sobre o acesso e exercício de actividades não são, em princípio, transponíveis para a aplicação de normas de Direito privado do Estado destinatário da prestação[46].

Por certo que podem ocorrer casos de aplicação cumulativa de normas imperativas de Direito privado do Estado de origem e do Estado destinatário da prestação de serviços. Isto cria alguma desvantagem para os prestadores de serviços transfronteiriços. Mas esta desvantagem não resulta, por si, da aplicação de normas do Estado destinatário da prestação de serviços. É antes uma desvantagem inerente ao carácter transnacional desta relação, que apresenta um contacto significativo com dois Estados que dispõem de sistemas jurídicos autónomos e que são internacionalmente competentes para a regular.

Qualquer relação que tenha laços significativos com mais de um Estado está potencialmente sujeita à aplicação cumulativa de normas de diferentes Estados. A aplicação de normas jurídico-privadas do Estado-Membro destinatário da

[45] Embora o TCE admita que possam constituir "objectivos de interesse geral" certos fins de protecção de interesses particulares, como assinala FALLON (n. 1), 131 e seg.

[46] Ver também, em resultado, WILDERSPIN/LEWIS (n. 12), 33. Cp., no sentido de submeter as normas de Direito Internacional Privado ao mesmo critério de avaliação que é utilizado para o exame de outras "restrições", FALLON (n. 1), 119 e segs.

prestação pode ser tão ou mais justificada, à luz das finalidades próprias do Direito de Conflitos, que a aplicação das normas correspondentes do Estado de origem [47]. Estas finalidades não devem ser sacrificadas sempre que tenham alguma incidência, por mais ténue e indirecta que seja, na posição do prestador de serviços.

A orientação seguida, numa primeira fase, pelo TCE, conforma-se com este entendimento. Nos casos *Seco* (1982) e *Rush* (1990) [48], este tribunal, confrontado com restrições à livre prestação de serviços colocadas por normas de Direito público da economia em caso de destacamento temporário de trabalhadores, afirmou em *obiter dictum* que o Direito Comunitário não se opõe a que os Estados-Membros apliquem a sua legislação laboral ou as convenções colectivas de trabalho a todas as pessoas que prestem trabalho subordinado, mesmo que com carácter temporário, no seu território, qualquer que seja o país de estabelecimento da entidade patronal. No caso *Seco* refere-se expressamente que o Estado de acolhimento pode aplicar a sua legislação sobre salário mínimo.

Recentemente, porém, o TCE deu *sinais* de uma mudança de orientação no sentido de qualificar como restrições à livre prestação de serviços as normas laborais do Estado de acolhimento que sejam aplicáveis em caso de destacamento temporário de trabalhadores.

Começarei por referir as decisões proferidas nos casos *Arblade* (1999) [49] e *Mazzoleni* (2001) [50], relativos à aplicação de normas belgas, essencialmente de Direito do Trabalho, a trabalhadores destacados para o seu território.

Nestas decisões o TCE entendeu que as normas nacionais inseridas na categoria de "leis de polícia e de segurança" (normas susceptíveis de aplicação necessária) aplicáveis aos serviços prestados no território do Estado que as edita por pessoas estabelecidas noutros Estados-Membros constituem limites à liberdade de prestação de serviços que só podem ser justificados nos termos do critério atrás referido.

Nesta base, no caso *Mazzoleni*, o TCE decidiu que "os artigos 59.° e 60.° do Tratado não se opõem a que um Estado-Membro obrigue uma empresa estabelecida noutro Estado-Membro que efectue uma prestação de serviços no território do primeiro Estado-Membro a pagar aos seus trabalhadores a remu-

[47] Ver também WILDERSPIN/LEWIS (n. 12), 37.

[48] 3-2-1982 e 27-3-1990, respectivamente, disponíveis em http://europa.eu.int.

[49] 23-11-1999 [*CTCE* (1999), I-08453].

[50] 15-3-2001 [*CTCE* (2001), I-02189].

neração mínima estabelecida pelas normas nacionais desse Estado. A aplicação de tais regras pode, contudo, revelar-se desproporcionada quando se trate de assalariados de uma empresa estabelecida numa região fronteiriça que sejam conduzidos a efectuar, a tempo parcial e durante breves períodos, uma parte do respectivo trabalho no território de um ou até mesmo vários Estados-Membros que não o de estabelecimento da empresa. Incumbe, em consequência, às autoridades competentes do Estado-Membro de acolhimento determinar se e em que medida a aplicação de uma regulamentação nacional que imponha um salário mínimo a tal empresa é necessária e proporcionada para garantir a protecção dos trabalhadores em causa" [51].

A mesma orientação foi seguida pelo tribunal no caso *Portugaia* (2002), em que se afirma que "Incumbe, por isso, às autoridades nacionais ou, se for caso disso, aos órgãos jurisdicionais do Estado-Membro de acolhimento, antes de aplicarem a regulamentação relativa ao salário mínimo aos prestadores de serviços estabelecidos noutro Estado-Membro, verificar se esta prossegue efectivamente e pelos meios apropriados um objectivo de interesse geral" [52].

Estas decisões não são proferidas à luz da Directiva Relativa ao Destacamento de Trabalhadores [53], por à data da ocorrência dos factos ainda não ter expirado o prazo para a sua transposição e, segundo parece, ainda não terem sido transpostas para a ordem jurídica interna dos Estados em que o trabalho foi executado. Em minha opinião o entendimento seguido pelo TCE entra em contradição com o disposto nesta Directiva, que estabelece que os Estados comunitários devem assegurar, aos trabalhadores destacados para o seu território por uma empresa estabelecida noutro Estado comunitário, a *protecção mínima* concedida pelo seu Direito em certas matérias (artigos 1.°/1 e 3.°) [54].

Na mesma linha, há ainda a referir a decisão proferida pelo TCE no caso *Finalarte* (2001) [55]. Neste caso estava em causa a aplicação, por força da lei alemã relativa ao destacamento de trabalhadores, de disposições das convenções colectivas da indústria da construção civil relativas ao direito a férias remuneradas a

[51] N.° 41.

[52] N.° 24, 24-1-2002 [*CTCE* (2002), I-00787]. Sobre esta decisão ver Moura Vicente – "Destacamento internacional de trabalhadores", in *Direito Internacional Privado. Ensaios*, vol. I, 85-106, Coimbra, 2002, 96 e seg.

[53] Dir. 96/71/CE do Parlamento Europeu e do Conselho, de 16-12 [*JOCE* L 18/1, de 21-1-97].

[54] Ver, sobre esta Directiva, Lima Pinheiro (n. 5), 203 e seg. Cp. Moura Vicente (n. 52), 97.

[55] 25-10-2001 [*CTCE* (2001), I-07831].

relações de trabalho existentes entre empresas cuja sede social se situa fora da Alemanha e trabalhadores destacados para obras na Alemanha.

O tribunal qualificou estas disposições como restrições à livre prestação de serviços e apreciou a sua justificação à luz do critério geral anteriormente referido. Neste quadro, o tribunal entendeu que a protecção dos trabalhadores é um fim de interesse geral relevante, e que, por conseguinte, os artigos 59.° e 60.° do Tratado não se opõem a que um Estado-Membro imponha a uma empresa estabelecida noutro Estado-Membro, que efectua uma prestação de serviços no território do primeiro Estado-Membro, uma regulamentação nacional que garante aos trabalhadores destacados para o efeito pela empresa o direito a férias remuneradas, desde que, por um lado, os trabalhadores não beneficiem de uma protecção essencialmente equiparável nos termos da legislação do Estado--Membro de estabelecimento da sua entidade patronal, de modo a que a aplicação da regulamentação nacional do primeiro Estado-Membro lhes proporcione uma vantagem real que contribua significativamente para a sua protecção social e, por outro, que a aplicação dessa regulamentação do primeiro Estado--Membro seja proporcionada ao objectivo de interesse geral prosseguido[56].

Observe-se que neste caso se trata igualmente de normas laborais "autolimitadas" que reclamam aplicação às relações de trabalho prestado na Alemanha mesmo que o contrato de trabalho seja regido por uma lei estrangeira.

As decisões que acabo de examinar também manifestam uma certa tendência para fazer prevalecer as normas sobre a liberdade de prestação de serviços sobre o Direito Internacional Privado dos Estados-Membros. Nestes casos não se trata do Direito de Conflitos geral, mas de normas "autolimitadas" do Estado em que os serviços são prestados[57].

Esta jurisprudência não põe directamente em causa as regras gerais de Direito Internacional Privado (incluindo as regras sobre a relevância das normas de aplicação necessária), colocando o problema das restrições às liberdades comunitárias no estádio da aplicação das normas materiais. De todo o modo,

[56] O tribunal decidiu ainda que os artigos 59.° e 60.° do Tratado se opõem à aplicação do regime de um Estado-Membro em matéria de férias pagas a todas as empresas estabelecidas noutros Estados-Membros que prestem serviços no sector da construção civil no território do primeiro Estado-Membro, se nem todas as empresas estabelecidas no primeiro Estado-Membro que apenas exercem uma parte da sua actividade neste sector estão sujeitas ao referido regime no que respeita aos seus trabalhadores ocupados no mesmo sector.

[57] Ver MOURA RAMOS (n. 1 [2002]), 463 e segs. Sobre os conceitos de "norma autolimitada" e "norma de aplicação necessária" ver LIMA PINHEIRO (n. 1 [2001]), 193 e segs.

sendo a aplicação destas normas materiais a relações transnacionais o efeito da actuação de regras de Direito Internacional Privado, esta jurisprudência pode ser interpretada no sentido do estabelecimento de limites genéricos à actuação de normas de conflitos que desencadeiem a aplicação do Direito privado do Estado destinatário da prestação de serviços. Tal orientação fundamenta-se a meu ver num entendimento equivocado das relações entre o Direito Comunitário e o Direito Internacional Privado.

O equívoco assenta numa confusão entre regimes sobre o acesso e exercício de actividades económicas, que são essencialmente de Direito público e têm incidência directa sobre a liberdade de prestação de serviços, e regimes de Direito privado aplicáveis às relações estabelecidas no exercício dessas actividades.

Os contratos de trabalho não estão necessariamente submetidos à lei do Estado de estabelecimento do empregador. O Direito aplicável resulta do artigo 6.° da Convenção de Roma sobre a Lei Aplicável às Obrigações Contratuais que atende à lei escolhida pelas partes e à lei do país em que o trabalho é habitualmente prestado, que pode não ser o país de estabelecimento do empregador[58]. E esta Convenção permite a sobreposição à lei competente de normas de aplicação necessária do Estado do foro (artigo 7.°/2)[59].

As normas não-discriminatórias de Direito privado aplicáveis às relações estabelecidas com trabalhadores ou à própria prestação de serviços não constituem, em princípio, restrições no sentido do artigo 49.° do mesmo Tratado. Estas normas, ou não têm qualquer incidência sobre o funcionamento do mercado único, ou têm uma incidência demasiado indirecta (maior onerosidade de uma determinada operação económica) que geralmente não tem um efeito significativo sobre o comércio intercomunitário[60]. O seu reduzido efeito sobre o comércio intercomunitário é compensado pelas finalidades prosseguidas pelo legislador nacional[61], bem como pela realização da justiça do Direito de Conflitos, que *justifica* a sua aplicação.

A jurisprudência referida admite, apesar de tudo, uma outra interpretação. As normas do Estado de acolhimento dos trabalhadores cuja aplicação estava em causa encontram-se numa zona cinzenta entre o Direito privado e o

[58] Ver LIMA PINHEIRO (n. 5), 202 e segs.

[59] O artigo 7.°/1, que permite a sobreposição de normas de aplicação necessária de terceiros Estados, não vigora na ordem jurídica portuguesa, porquanto Portugal fez a reserva prevista no artigo 22.°/1/*a* da Convenção.

[60] Ver considerações convergentes de WILDERSPIN/LEWIS (n. 12), 30 e segs.

[61] Ver também WILDERSPIN/LEWIS (n. 12) 32 e segs..

Direito público e são, normalmente, de aplicação territorial (i.e., aplicáveis a todas as relações de trabalho prestado no território do Estado que as edita). É legítimo pensar que o TCE, partindo do princípio que o prestador de serviços estava submetido a normas correspondentes no Estado de origem, entendeu que a aplicação cumulativa das normas do Estado de acolhimento deveria ser encarada como uma restrição à liberdade de prestação serviços. É um entendimento, que embora me pareça discutível à luz do Tratado da Comunidade Europeia e incompatível, no caso das decisões *Arblade*, *Mazzoleni* e *Portugaia*, com a Directiva Relativa ao Destacamento de Trabalhadores, não é extensível à generalidade das normas de Direito privado.

Em suma, deve entender-se que as restrições à liberdade de prestação de serviços proibidas pelo Tratado da Comunidade Europeia são, em princípio, as que dizem respeito às normas sobre acesso e exercício de actividades económicas editadas pelo Estado-Membro destinatário da prestação.

Creio que no actual estádio da integração europeia, a aplicação dos regimes de Direito privado do Estado destinatário da prestação de serviços só deve ser considerada como uma restrição à liberdade de prestação de serviços quando estes regimes forem discriminatórios.

Constituem excepção as normas de Direito privado que estejam funcionalmente subordinadas ao regime de acesso e exercício de actividades económicas, designadamente as que estabeleçam uma sanção jurídico-privada para a violação de normas de Direito público da economia[62]. Admito que a aplicação destas normas esteja sujeita ao mesmo crivo que as normas de Direito público da economia.

Não excluo que, com o aprofundamento da integração económica e política da Europa, este problema possa ser examinado a uma luz algo diferente. *De iure condendo*, parece-me concebível que, caso a integração europeia conduza a um Estado federal, se justifiquem outros limites à aplicabilidade das próprias normas de Direito privado do Estado destinatário da prestação de serviços que possam onerar certas operações económicas. Creio, porém, que para o efeito haverá que desenvolver um critério de ponderação diferente e menos restritivo que o desenvolvido pelo TCE para a legislação de Direito Económico.

Este critério deveria sopesar as finalidades prosseguidas pelas normas de Direito Internacional Privado que atribuam competência a leis do Estado des-

[62] Ver a referência feita por FALLON (n. 1), 74.

tinatário da prestação de serviços, bem como as finalidades prosseguidas por estas leis, por um lado, e, no outro prato da balança, as dificuldades que essas leis criam para o prestador de serviços e o efeito prejudicial daí eventualmente resultante para o comércio intercomunitário.

IV. **Direito de Conflitos e Directiva sobre o Comércio Electrónico**

No que toca à liberdade de prestação de serviços no domínio do comércio electrónico importa ainda averiguar da incidência conflitual da Directiva sobre o Comércio Electrónico[63].

O n.° 4 do artigo 1.° desta Directiva determina que a "presente directiva não estabelece normas adicionais de Direito Internacional Privado".

No entanto, o artigo 3.°/1 estabelece que: "Cada Estado-Membro assegurará que os serviços da sociedade da informação prestados por um prestador estabelecido no seu território cumpram as disposições nacionais aplicáveis nesse Estado-Membro que se integrem no domínio coordenado".

Também o considerando 22.° afirma que os serviços "devem estar sujeitos, em princípio, à legislação do Estado-Membro em que o prestador se encontra estabelecido". Daí afirmar-se que a Directiva consagra o "princípio do país de origem".

Não haveria contradição entre os artigos 3.° e 1.°/4 se o domínio coordenado se limitasse ao Direito Económico, designadamente ao regime de acesso e exercício da actividade. Com efeito, a aplicação das normas de Direito Económico não depende das normas de Direito Internacional Privado. O "princípio do país de origem" valeria apenas para a aplicação das normas de Direito público da economia com incidência sobre a liberdade de prestação de serviços.

A Directiva, porém, não segue este critério por forma coerente.

Primeiro, ao definir o "domínio coordenado", a Directiva utiliza uma formulação excessivamente ampla, uma vez que inclui "as exigências que o prestador de serviços tem de observar" "incluindo as aplicáveis (...) aos contratos, ou as respeitantes à responsabilidade do prestador de serviços".

Segundo, o alcance dos n.os 1 e 2 do artigo 3.° é restringido pelo seu n.° 3, que afasta a sua aplicação a um conjunto de domínios referidos em anexo, incluindo os direitos de propriedade intelectual, a "liberdade de as partes esco-

[63] Dir. 2000/31/CE, do Parlamento e do Conselho, de 8-6-2000 [*JOCE* L 178 de 17-7-2000, p. 1].

lherem a legislação aplicável ao seu contrato", as "obrigações contratuais relativas a contratos celebrados pelos consumidores" e a "validade formal dos contratos que criem ou transfiram direitos sobre bens imóveis, sempre que esses contratos estejam sujeitos a requisitos de forma obrigatórios por força da lei do Estado-Membro onde se situa o imóvel".

Esta enumeração é incoerente por várias razões.

Desde logo, a liberdade de escolha do Direito aplicável ao contrato não é um "domínio", mas uma regra de conflitos. Se a Directiva não contém normas de Direito Internacional Privado não afasta as regras de conflitos em matéria de contratos obrigacionais e, por conseguinte, a referência a esta norma de conflitos é despicienda. Se, pelo contrário, a Directiva pretendesse estabelecer uma norma de conflitos (o "princípio do país de origem") em matéria de obrigações contratuais, salvo as relativas aos contratos celebrados pelos consumidores, esta referência não se entenderia.

A referência às obrigações contratuais relativas a contratos celebrados pelos consumidores, sugerindo uma diferença de tratamento relativamente às restantes obrigações contratuais, entra em contradição com o disposto no artigo 1.°/4, uma vez que a lei aplicável à generalidade dos contratos é determinada por normas de Direito Internacional Privado.

Não menos incoerente é a referência à "validade formal dos contratos que criem ou transfiram direitos sobre reais sobre bens imóveis". A lei aplicável à validade formal dos contratos é determinada por normas de Direito Internacional Privado, quer tenham ou não por objecto bens imóveis[64]. Seria aliás impensável que a validade formal de um contrato celebrado por um prestador de serviços estivesse submetida à lei do Estado em que ele se encontra estabelecido, independentemente da lei aplicável à substância do contrato e da lei do lugar da celebração. Por conseguinte, o artigo 3.°/1 não é aplicável à validade formal de quaisquer contratos, o que torna a referência inútil.

Enfim, não é excluída a responsabilidade civil do prestador de serviços, o que entra em contradição com o artigo 1.°/4, uma vez que a lei aplicável à responsabilidade civil é designada por normas de Direito Internacional Privado[65].

Na verdade, a Directiva é contraditória, revelando-se mais uma vez a falta de clareza na delimitação entre os regime das liberdades comunitárias e o Direito de Conflitos Internacional Privado e, mais em geral, um certo alheamento de noções e princípios básicos de Direito Internacional Privado.

[64] Ver artigo 9.° da Convenção de Roma sobre a Lei Aplicável às Obrigações Contratuais.
[65] Ver artigo 45.° do Código Civil.

A explicação para estas contradições reside, segundo a informação que tenho, na circunstância de o artigo 1.°/4 ter sido introduzido no último momento das negociações que antecederam a adopção da Directiva pelo Conselho, como condição fundamental para a sua aprovação, sem que tenha havido tempo para corrigir o anexo. Com a introdução do artigo 1.°/4 o legislador comunitário quis afastar qualquer derrogação do Direito de Conflitos geral (e, designadamente, das normas da Convenção de Roma sobre a Lei Aplicável às Obrigações Contratuais e de futuros regulamentos comunitários) pelo princípio do país de origem.

A esta luz, parece claro que estas contradições devem ser resolvidas com primazia do artigo 1.°/4, que este preceito é basilar para a interpretação e para a transposição da Directiva e que as exclusões equívocas que constam do anexo não devem ser transpostas.

A regra geral consagrada no n.° 1 do artigo 4.° vai ao encontro do entendimento atrás defendido sobre a relação entre a liberdade comunitária de prestação de serviços e o Direito de Conflitos Internacional Privado (III), segundo o qual a liberdade de prestação de serviços não condiciona, em princípio, o Direito de Conflitos Internacional Privado.

Como ficou assinalado, a livre de circulação de serviços não implica a competência do Direito do Estado de origem para reger o contrato ou a responsabilidade extracontratual[66]. O princípio do país de origem vale quando muito para as normas de Direito público da economia com incidência sobre a liberdade de prestação de serviços[67].

[66] Ver LIMA PINHEIRO – "Direito aplicável à responsabilidade extracontratual na *Internet*", in *RFDUL* 42 (2001), 825-834, 833 e seg., MICHAEL WILDERSPIN e XAVIER LEWIS – "Les relations entre le droit communautaire et les règles de conflits de lois des États membres", in *R crit.* 91 (2002) 1-37 e 289-313, 302 e segs., e MARQUES DOS SANTOS – "Direito aplicável aos contratos celebrados através da Internet e tribunal competente", in *Estudos de Direito Internacional Privado e de Direito Público*, 159-225, Coimbra, 2004, 211 e segs. Ver, ainda, doutrina referida por M. FALLON e J. MEEUSEN – "Le commerce électronique, la directive 2000/31/CE et le droit international privé", in *R. crit.* 91 (2002), 435-490, 480, n. 99.

[67] Cf. CALVO CARAVACA/CARRASCOSA GONZÁLEZ – *Conflictos de leyes y conflictos de jurisdicción en Internet*, Madrid, 2001, 34 e seg., LIMA PINHEIRO [*loc. cit.*] e KROPHOLLER (n. 10), 450 e seg. Cf., no sentido da aplicação do princípio do país de origem às matérias de Direito privado abrangidas pelo "domínio coordenado", EMMANUEL CRABIT – "La directive sur le commerce électronique. Le projet 'Mediterranée'", in *R. Droit de l'Union Européenne* (4/2000), 749-833 (administrador principal na Direcção-Geral do Mercado Interior da Comissão Europeia, que vem defender uma interpretação da Directiva que corresponde ao projecto elaborado por esta Direcção-Geral

Isto é, porém, qualificado por três ordens de considerações.

Em primeiro lugar, não se exclui que o artigo 3.° da Directiva seja interpretado no sentido de afastar a aplicação das normas de Direito material da lei competente na medida em que estas regras constituam "restrições" injustificadas à liberdade de prestação de serviços [68]. A favor desta interpretação pode ser invocado o 23.° Considerando da Directiva sobre Comércio Electrónico segundo o qual, nas versões francesa, inglesa e alemã, "O disposto na legislação aplicável por força das normas de conflitos do Direito Internacional Privado não deve restringir a liberdade de prestar serviços da sociedade da informação nos termos constantes da presente Directiva" [69]. Mas isto só pode suceder muito excepcionalmente, visto que a aplicação de normas de Direito privado não conduz, em princípio, a uma restrição da liberdade de prestação de serviços (*supra* III).

Segundo, pode ser questionado se o artigo 3.°/1 não fundamenta uma conexão especial relativamente às regras jurídico-privadas contidas na Directiva, por forma a que cada Estado-Membro deva determinar a aplicação das suas normas de transposição da directiva às prestações de serviços por prestadores estabelecidos no seu território [70]. A meu ver não é possível dar uma resposta genérica a esta questão.

que foi recusado pelo legislador comunitário através da inclusão do artigo 1.°/4 na versão final); doutrina referida por FALLON/MEEUSEN (n. 66), 481, n. 100; MOURA VICENTE – "Comércio electrónico e responsabilidade empresarial", in *Direito Internacional Privado. Ensaios*, vol. I, 193-239, Coimbra, 2002, 218 e segs. FALLON/MEEUSEN defendem uma solução intermédia [484 e segs.]: no Estado de origem o princípio do país de origem determina, na falta de escolha pelas partes, a lei aplicável aos aspectos do contrato que entram no domínio coordenado; no Estado de acolhimento aplicam-se as regras de conflitos gerais, limitando-se a Directiva a vedar a aplicação das regras de Direito material que constituam uma restrição à circulação de serviços. Também PETER MANKOWSKI – "Herkunftslandprinzip und deutsches Umsetzungsgesetz zur e-commerce-Richtlinie", in *IPRax* 22 (2002), 257-266, que exclui o Direito de Conflitos dos contratos obrigacionais do âmbito de aplicação do princípio do país de origem. De resto a Directiva não parece impedir em absoluto a aplicação de normas de Direito económico do país em que o serviço é prestado (cf. artigos 1.°/3 e 3.°/4).

68 Como sugerem WILDERSPIN/LEWIS [*loc. cit.*] e MARQUES DOS SANTOS [*loc. cit.*], invocando, a este respeito, o "princípio do reconhecimento mútuo".

69 Na versão portuguesa lê-se que o "disposto na legislação aplicável por força das normas de conflitos do Direito Internacional Privado *não restringe* a liberdade de prestar serviços" (s.n.), mas trata-se claramente de uma lapso de tradução.

70 Ver também FALLON/MEEUSEN (n. 66), 489 e seg.

Relativamente ao regime aplicável aos contratos celebrados através da *Internet*, a Directiva só contém algumas regras fragmentárias sobre a admissibilidade de contratos celebrados por meios electrónicos, deveres de informação e ordens de encomenda. A conexão "lei do país de estabelecimento do prestador de serviços" não é adequada a estas regras.

Também não se encontra na Directiva um regime aplicável à responsabilidade extracontratual mas tão-somente algumas regras fragmentárias sobre a responsabilidade dos prestadores intermediários de serviços. É concebível que as normas que transponham a Directiva na ordem jurídica de um Estado-Membro, sobre a responsabilidade dos prestadores intermediários de serviços estabelecidos no seu território, se sobreponham à lei competente[71].

Enfim, a Directiva contém algumas disposições específicas sobre as normas de protecção dos consumidores[72].

O n.° 3 do artigo 1.° determina que a Directiva não prejudica o nível de protecção dos interesses dos consumidores, "tal como consta dos actos comunitários e da legislação nacional de aplicação destes, na medida em que não restrinjam a liberdade de prestação de serviços da sociedade da informação". Como já se assinalou, o n.° 3 do artigo 3.° determina a não aplicação dos n.os 1 e 2 "às obrigações contratuais relativas aos contratos celebrados pelos consumidores". Esta exclusão, embora de duvidosa utilidade perante o disposto no artigo 1.°/4, torna claro que a Directiva não prejudica a aplicação de normas jurídico-privadas de protecção dos consumidores, independentemente de se tratar ou não de normas de aplicação de actos comunitários.

O legislador comunitário volta a referir-se a "medidas de defesa dos consumidores" no n.° 4 do artigo 3.°, admitindo que um Estado-Membro adopte medidas que em derrogação do n.° 2 restrinjam a livre circulação de serviços, desde que tendo solicitado ao Estado-Membro do país em que o prestador de serviços está estabelecido a sua adopção, este não tenha tomado medidas adequadas, e após notificação a este Estado-Membro e à Comissão. As medidas em causa têm de ser proporcionais ao objectivo de defesa dos consumidores (artigo 3.°/4/*a*/*iii*). Como o n.° 2 não se aplica às normas jurídico-privadas de protecção dos consumidores, o n.° 4 só pode ter em vista Direito público de protecção do consumidor. Esta disposição mostra que o princípio do país de ori-

[71] Neste sentido, LIMA PINHEIRO (n. 66), 834.

[72] Ver também DIAS PEREIRA – "A protecção do consumidor no quadro da Directiva sobre o Comércio Electrónico", *Estudos de Direito do Consumo*, n.° 2, 2000, 102 e segs.

gem se aplica ao Direito público de protecção do consumidor que tenha incidência na livre prestação de serviços, mas com importantes limitações.

O Decreto-Lei n.° 7/2004, de 7-1, que visa transpor a Directiva, não esclarece estes problemas de Direito Internacional Privado e, no que toca ao regime dos contratos e à responsabilidade extracontratual, só contém algumas regras fragmentárias[73].

O artigo 4.°/1 submete "integralmente" "à lei portuguesa relativa à actividade que exercem" os prestadores de serviços da sociedade da informação estabelecidos em Portugal "mesmo no que concerne a serviços da sociedade da informação prestados noutro país comunitário". O artigo 5.°/1 determina que aos prestadores de serviços da sociedade da informação não estabelecidos em Portugal mas estabelecidos noutro Estado-Membro é aplicável "exclusivamente no que respeita a actividades em linha, a lei do lugar do estabelecimento" ao "exercício, nomeadamente no que respeita à qualidade e conteúdo dos serviços, à publicidade e aos contratos".

Subsiste dúvida sobre se esta regra do país de origem vale apenas para as normas sobre acesso e exercício da actividade e, eventualmente, para normas de Direito privado contidas no diploma, ou pretende introduzir um desvio às regras gerais sobre o Direito aplicável aos contratos e à responsabilidade extracontratual.

Por diversas razões, creio que se deve seguir o entendimento primeiramente referido.

Visto que o diploma visa transpor a Directiva, questões duvidosas devem ser resolvidas por uma interpretação conforme a Directiva. Por conseguinte, o entendimento defendido perante a Directiva vale também para este diploma, bem como a crítica formulada com respeito à inadequação da conexão "lei do país do estabelecimento do prestador de serviços" com respeito à aplicação das normas sobre contratação electrónica. Esta é, a meu ver, a consideração fundamental. Mas há outras razões pelas quais parece claro que as regras sobre aplicação no espaço contidas no diploma se limitam ao Direito Económico e, eventualmente, a normas jurídico-privadas nele contidas.

O artigo 5.°/3 determina que "os serviços de origem extra-comunitária estão sujeitos à aplicação geral da lei portuguesa, ficando também sujeitos a este diploma em tudo o que não for justificado pela especificidade das relações intra-comunitárias". As excepções do artigo 6.° não se aplicam a este preceito.

[73] Para um panorama das leis de transposição de outros Estados-Membros ver Fallon/Meeusen (n. 66), 481 e seg.

Segundo uma interpretação literal este preceito submeteria à lei portuguesa todos os serviços de origem extra-comunitária do mundo, independentemente do lugar da prestação ou da localização do beneficiário. Mas parece evidente que o preceito não pode ser entendido neste sentido.

Por um lado, o preceito só pode ser aplicado a prestações de serviços que têm uma conexão com Portugal, possivelmente aos serviços prestados em Portugal ou prestados em linha a pessoas que acedem à rede em Portugal.

Por outro lado, uma interpretação que visse aqui uma regra de conflitos sobre o Direito aplicável ao contrato conduziria ao seguinte resultado absurdo: os contratos intra-comunitários estariam submetidos ao Direito escolhido pelas partes ou, na omissão das partes, ao Direito do país de origem; os contratos extra-comunitários estariam imperativamente sujeitos ao Direito do país de destino. Além disso, a sujeição dos contratos extra-comunitários ao Direito privado do país de destino representaria uma contradição normativa com o Direito de Conflitos geral, que submete os contratos à lei escolhida pelas partes e, na falta de escolha, manda aplicar a lei do país com que o contrato apresenta conexão mais estreita, presumindo que há uma conexão mais estreita com o país em que o prestador de serviços está estabelecido (artigos 3.° e 4.° da Convenção de Roma sobre a Lei Aplicável às Obrigações Contratuais). Esta regra é aplicável, por exemplo, ao fornecedor de serviço telefónico por satélite, que está em posição inteiramente análoga à do fornecedor de acesso à *Internet*.

A única interpretação que se afigura razoável é a de que o âmbito de aplicação da "lei portuguesa" referida no artigo 5.°/3 (bem como no artigo 4.°/1) é o regime de acesso e exercício de actividades económicas; por força da sua segunda parte, parece defensável que o artigo 5.°/3 determina ainda a aplicação das normas jurídico-privadas contidas no diploma, que não sejam justificadas pela especificidade das relações intra-comunitárias, como normas de aplicação necessária.

O artigo 6.°/e exclui do âmbito de aplicação desses preceitos a "matéria disciplinada por legislação escolhida pelas partes no uso da autonomia privada". Que sentido útil se pode atribuir a esta exclusão? Os artigos 4.°/1 e 5.°/1 não introduzem desvios às regras de conflitos gerais em matéria de contratos obrigacionais e, por isso, "a matéria disciplinada por legislação escolhida pelas partes" está por natureza excluída do seu âmbito de aplicação. Por outro lado, seria contrário à finalidade da Directiva e do diploma de transposição que através de uma escolha da lei de um país terceiro fosse possível afastar a aplicação das normas imperativas de protecção do beneficiário da prestação de serviços que resultam da transposição da Directiva. Por isso, a esta exclusão só pode ser atribuído um sentido útil: a reafirmação de que a Directiva, bem como o diploma que a transpõe, não estabelece qualquer desvio às regras de conflitos gerais sobre a determinação do Direito aplicável aos contratos.

Por último, é de observar que uma interpretação do Decreto-Lei n.° 7/2004 no sentido de consagrar o princípio do país de origem em matéria de lei aplicável aos contratos obrigacionais seria incompatível com a Convenção de Roma sobre a Lei Aplicável às Obrigações Contratuais. O disposto na Convenção prevaleceria sobre as normas internas enquanto fonte hierarquicamente superior. O artigo 20.° da Convenção de Roma, que concede primazia às disposições estabelecidas nas legislações nacionais harmonizadas em execução de actos comunitários, não seria aplicável visto que se trataria de normas internas que vão além do estabelecido pela Directiva [74].

[74] Ver também WILDERSPIN/LEWIS (n. 12), 310 e seg.

Bosman esteve presente na Convenção?
A Europa em busca do desporto

PROF. DOUTOR JOSÉ MANUEL MEIRIM

SUMÁRIO: *O apito inicial. Um desporto, duas Europas? Uma Europa, dois desportos? A preparação da parte final da prova. A chegada a Roma. Portugal não tem estofo europeu? Um desporto europeu adiado? Continuamos a correr.*

Conseguimos!

O apito inicial

A expressão que encima este texto [1], na sua aparente simplicidade, é bem demonstrativa do estado de espírito com que foi recebida, pelo menos pela Comissão Europeia, a expressa consagração do desporto na Constituição Europeia.

Na verdade, o espaço concedido ao desporto, não agradando a muitos e por diversificadas razões, é resultado de um percurso de afirmação gradual de uma "visão europeia do desporto".

Com efeito, em Dezembro de 1985 [2], a Europa iniciou todo um percurso de descoberta, aprendizagem e valorização da actividade desportiva.

[1] Da autoria da ex-comissária europeia VIVIANE REDING, proferida em Junho de 2004 e dirigida aos "desportistas europeus".
[2] Esta datação, que nos localiza no *Acórdão Bosman*, do Tribunal de Justiça das Comunidades Europeias, parece-nos plenamente justificada por tudo o que adiante se dá conta.

O Direito 138.° (2006), I, 109-154

O pontapé de saída acima datado não augurava que, menos de uma década decorrida, a União Europeia se tornasse num *competidor* de relevo no tabuleiro do desporto que se pratica na Europa dos 25.

Um desporto, duas Europas?

1. Se na actualidade falar-se em desporto e Europa já não causa estranheza de maior, certo é que essa menção peca por defeito no sentido de encontrar a União Europeia, que nos ocorre imediatamente, como um dos termos dessa relação.

Dessa forma, com essa leitura, muitas vezes ditada pela relevância da temática da União Europeia e do debate em torno da progressiva integração europeia, comete-se uma imensa injustiça ao papel de uma outra "Europa", a do Conselho da Europa.

Qualquer aproximação ao desporto europeu não pode, em nosso juízo, deixar de considerar o *carácter fundador* do Conselho da Europa [3].

Na verdade, como nos parece resultar da própria evolução da relação União Europeia com o desporto, muito do que agora se nos apresenta radica, de uma forma ou de outra, na *vivência desportiva* do Conselho da Europa.

Assim sendo, marcaremos previamente, ainda que sumariamente, os tempos do Conselho da Europa.

E, neste âmbito, podemos isolar três segmentos de intervenção:

– da promoção da prática desportiva, em busca da consagração de um *direito ao desporto*;
– do combate aos vícios internos do desporto;
– da compatibilização do desporto com outros valores sociais.

2. Num primeiro momento, é inquestionável que a intervenção do Conselho da Europa se dirigiu à promoção da prática desportiva ou, dito por outras palavras, à consolidação da afirmação de um direito ao desporto [4].

[3] Neste sentido se expressam COLIN MIÈGE e JEAN-CHRISTOPHE LAPOUBLE, *Sport e Organizations Internationales*, Paris, Economica, 2004, p.64.

[4] Relembre-se que o reconhecimento formal do direito ao desporto chegou mesmo a pairar nos trabalhos preparatórios da Convenção Europeia dos Direitos do Homem.
Esse reconhecimento, aliás, já se encontra estabelecido na Carta Olímpica, na versão decorrente da 110.ª sessão do Comité Olímpico Internacional, em vigor desde 12 de Dezembro de 1999. Em sede de princípios fundamentais afirma-se no ponto n.° 8: *A prática do desporto é um direito*

Daí o surgimento do seu primeiro texto de referência, a Carta Europeia do Desporto para Todos, emergida da Conferência dos ministros responsáveis pelo desporto (Bruxelas, 1975) e adoptada pela Resolução n.° (76) 41 do Comité de Ministros do Conselho da Europa, em 24 de Setembro de 1976.

Dê-se conta, de forma breve, do essencial da *Carta*:

– sendo verdade que o direito de não praticar desporto é tão importante como o direito inverso, o reconhecimento do valor do desporto implica que o indivíduo que deseja praticar uma actividade desportiva, de acordo com os seus gostos e capacidades, não deve a ela renunciar por causa de dificuldades excessivas ligadas ao custo da actividade ou ao acesso às instalações; por outro lado, muitos países já incorporaram nos seus textos constitucionais uma afirmação do direito dos cidadãos de praticar o desporto[5] (cada um tem o direito de praticar desporto – artigo 1.°);
– é de toda a conveniência e encontra-se totalmente legitimada, face às valências do desporto, a existência de uma *política desportiva pública* (o desporto como factor de desenvolvimento humano deve ser encorajado e apoiado pelos poderes públicos – artigo 2.°);
– o desporto, como parte integrante de um desenvolvimento sociocultural, deve ser analisado e compreendido para além do seu impacte próprio (artigo 3.°);
– o «desporto para todos» implica o respeito de um princípio de colaboração entre o público e o privado, entre os Estados e as organizações desportivas (artigo 4.°);
– O desporto encerra em si o risco de ser um elemento nocivo ou de ser explorado com fins comerciais ou políticos; para *conservar a sua identidade*, permitindo ao homem a sua realização, é necessário que os poderes públicos e as organizações desportivas adoptem medidas enérgicas para proteger o desporto e os desportistas de políticas e influências nocivas (artigo 5.°).

do homem. Todo o indivíduo deve ter a possibilidade de praticar desporto segundo as suas necessidades. Sobre as dificuldades existentes para a consagração de tal direito, veja-se MAURICE TORRELLI, «Vers une reconnaissance internationale d'un droit au sport», em *Sport, Droit et relations internationales*, direcção de PIERRE COLLOMB, Paris, Economica, 1988, pp. 261-283.

[5] A «constitucionalização do direito ao desporto» ao nível europeu, em grande parte resultado de um *rejuvenescimento democrático* ocorrido em diversos países do Velho Continente, vem a atingir, de então para cá, um espaço bem significativo: Grécia (1975), Portugal (1976), Espanha (1978), Croácia (1990), Hungria (1990), Bulgária (1991), Macedónia (1991), Roménia (1991), Lituânia (1992), Rússia (1993) e Polónia (1997).

3. Como que no seguimento do enunciar destas preocupações, na década de oitenta, o Conselho da Europa emana dois importantes textos internacionais.

Referimo-nos à Convenção Europeia sobre a Violência e o Excesso dos Espectadores por Ocasião das Manifestações Desportivas e nomeadamente de Jogos de Futebol, datada de 19 de Agosto de 1985 e à Convenção *Antidoping*, de 16 de Novembro de 1989.

O Conselho da Europa assume, pois, nessa época, e independentemente de outras actividades que empreende, a garantia da ética desportiva como um dos valores fundamentais a inspirar o seu labor[6].

Da promoção desportiva passamos então à preservação dos valores do desporto, às medidas destinadas a garantir a sua *identidade*.

4. Consolidando o percurso efectuado até então, o Conselho da Europa vem a adoptar a importante Carta Europeia do Desporto[7].

Desse texto repescamos as seguintes máximas:

- os governos, tendo em vista a promoção do desporto enquanto factor importante do desenvolvimento humano, deverão tomar as medidas necessárias para a efectivação das disposições da Carta, com o fim de dar a cada indivíduo a possibilidade de praticar desporto (artigo 1.°);
- nesse sentido, deve ser assegurado aos jovens a possibilidade de beneficiar de programas de educação física para desenvolver as suas aptidões desportivas e a cada indivíduo a possibilidade de praticar desporto e de participar em actividades físicas recreativas num ambiente seguro e são (artigo 1.°);
- por outro lado, em cooperação com os organismos desportivos, devem os governos ainda assegurar a cada um, de acordo com a sua vontade e desde que possua as competências necessárias, a possibilidade de melhorar o seu nível de performance e de realizar o seu potencial de desenvolvimento pessoal e/ou de alcançar níveis de excelência publicamente reconhecidos e ainda de proteger e desenvolver as bases morais e éticas do desporto, assim como a dignidade humana e a segurança daqueles que participem em actividades desportivas, protegendo o desporto e os desportistas de toda a exploração com fins políticos, comerciais e financeiros, e de práticas

[6] Ainda neste domínio registe-se, já em 1992, a aprovação de um Código de Ética do Desporto, adoptado pelo Comité de Ministros, em 24 de Setembro desse ano, anexo à Recomendação (92) 14, revisto em 2001.

[7] Aprovada pelo Comité de Ministros em 24 de Setembro de 1992 [Recomendação n.° R (92) 13]. O texto foi revisto em 2001.

abusivas e aviltantes, compreendendo nelas o abuso de drogas e o assédio e abuso sexual, em particular, de crianças, jovens e mulheres (artigo 1.°).

A *Carta Europeia* habilita-nos com uma definição de desporto (artigo 2.°) e estabelece todo um conjunto de princípios no que respeita aos principais segmentos da actividade desportiva, designadamente, sobre o papel do movimento associativo (artigo 3.°), o desporto infanto-juvenil (artigo 5.°), o desporto de alta competição e profissional (artigo 8.°), os recursos humanos (artigo 9.°) e a necessidade de compatibilizar o desporto com o princípio do desenvolvimento sustentável (artigo 10.°).

5. Por último, dê-se conta de um *terceiro visionar* da prática desportiva.

A 9.ª Conferência dos Ministros responsáveis pelo desporto, realizada em Bratislava, 30/31 de Maio de 2000, é impressivamente subordinada ao tema um *desporto limpo e saudável para o terceiro milénio.*

Esta designação abrangente encerra um vasto conjunto de preocupações bem actuais, não só do desporto mas também do nosso viver social.

Enunciemo-las:

– a luta contra o *doping* (Resolução n.° 1/2000) [8];
– a definição de princípios para a adopção de políticas que visem utilizar o desporto para promover a coesão social (Resolução n.° 2/2000);
– a prevenção do assédio sexual e abuso das mulheres, jovens e crianças no desporto (Resolução n.° 3/2000);
– a prevenção do racismo, xenofobia e da intolerância no desporto (Resolução n.° 4/2000);
– um projecto de Código sobre a sustentabilidade no desporto: a parceria entre o desporto e o ambiente (Resolução n.° 5/2000) [9].

6. Temos, pois, para o Conselho da Europa, um desporto sadio, um desporto plural, um desporto como valor social.

Democracia através do desporto, integração social, preservação da identidade dos valores desportivos, coesão social e parceria com o ambiente, são, pois, palavras-chave do Conselho da Europa.

8 Ver ainda, sobre esta matéria, a Recomendação (2000) 16, adoptada pelo Comité de Ministros em 13 de Setembro de 2000.

9 Ver ainda, sobre esta matéria, a Recomendação (2000) 17, do Comité de Ministros, de 13 de Setembro de 2000.

Em suma, um desporto como factor formativo da personalidade e valorização do homem e como factor de um desenvolvimento harmonioso da sociedade, parece ser, o duplo objectivo do Conselho da Europa.

Uma Europa, dois desportos?

7. Centremos agora a nossa atenção apenas na União Europeia e na sua relação com o desporto (ou os desportos?).

Dessa relação nasce a concreta solução que veio a ser obtida em sede de Constituição Europeia.

Para o efeito socorremo-nos de uma sugestiva imagem desportiva: vamos encetar uma Volta (*Tour*, *Vuelta* ou *Giro*) à Europa, que tendo início em Roma (1957) aí veio também a terminar a 29 de Outubro de 2004.

8. *Roma, 1957.* No ponto de partida, o Tratado da Comunidade Europeia de 1957 não comportava nenhuma norma que, expressa e especificamente, albergasse a actividade desportiva. Eram bem outras as preocupações de então [10].

Daí que a Comunidade Europeia não contasse com uma base jurídica – e de afirmação de competências – para encetar uma qualquer política desportiva, para intervir no desporto, sua organização, função e vivência.

Contudo, uma vez o pelotão no asfalto, não se pode negar que as instituições comunitárias, mesmo sem alicerces normativos e de competência solidamente estabelecidos, tenham levado a cabo iniciativas – e mesmo interferências [11] – no universo desportivo.

[10] Como razões deste desinteresse, ALEXANDRE HUSTING, adianta o facto de o desporto tratar-se de um domínio onde as instâncias dirigentes sempre afirmaram a sua independência e autonomia em face de qualquer autoridade pública.
Por outro lado, o desporto considerado inicialmente como uma actividade não económica não entrava em linha de conta num processo que tinha como objectivo principal o alcançar de uma comunidade económica. Cf. *L'Union Européenne et le sport. L'impact de la construction européenne sur l'activité sportive*, Les Editions Juris Service, Lyon, 1998, p. 15.

[11] Em bom rigor não se poderá falar em interferências. Como bem afirma ALEXANDRE HUSTING, foi a evolução do desporto, a sua crescente comercialização, que levou a que o Direito Comunitário se tornasse aplicável. Não houve uma ingerência comunitária no desporto; antes pelo contrário, o desporto tornou-se, naturalmente, pelo seu percurso, objecto das normas comunitárias, as quais se limitaram a aplicar-se a situações que a sua previsão determinava. Como na nota anterior, p. 232.

O destaque, bem confirmado pelo desenrolar da prova, vai para um especial competidor – ou melhor, face ao que se vive na actualidade, para uma dupla de competidores –, o Tribunal de Justiça (e o Tribunal de Primeira Instância) [12]. Como veremos, de tempos a tempos, a corrida como que regressa, não à casa de partida, mas ao Luxemburgo [13].

9. *Luxemburgo, 1974 e 1976.* A primeira etapa termina a 12 de Dezembro de 1974, com o *Acórdão Walrave e Kock* [14]. Mais tarde, a 14 de Julho de 1976, de novo no Luxemburgo, no *Acórdão Donà* [15], o Tribunal estabeleceu, em moldes mais consolidados, algumas importantes *orientações* de percurso:

– o desporto releva para o direito comunitário na exacta medida em que o mesmo possa constituir uma actividade económica;
– não se deve entender contrária às normas comunitárias regulamentação ou prática (federativa) que excluam praticantes desportivos estrangeiros da participação de certas provas ou competições, tendo por base motivos não económicos, mas antes razões de ordem estritamente desportiva [16].

10. *Milão, 1985.* Uma outra etapa leva-nos até Milão.

Em 1985, aquando de um Conselho Europeu, veio a ser aprovado o denominado *Relatório Adonnino*, no qual a Comissão era solicitada a empreender todo um plano de acção visando uma aproximação dos cidadãos – europeus – à «ideia europeia».

Recomenda-se a demanda de "um sentimento de cidadania europeia" chamando à atenção para o papel que o desporto pode nela desempenhar.

[12] Não se negando, como é óbvio, relevância ao labor das outras instituições europeias certo é que tem cabido aos seus órgãos jurisdicionais próprios – o Tribunal de Justiça e o Tribunal de Primeira Instância – a tarefa de construir, na concretização das normas comunitárias, o *direito comunitário do desporto.*
É a partir das decisões desses órgãos sobre "casos desportivos" e do seu impacto na realidade desportiva europeia – e mesmo universal –, que a União Europeia, os seus Estados-membros e as organizações desportivas privadas, internacionais e nacionais, tomam consciência que o muro, que separava (?) o desporto da Europa, se desmoronou, sendo necessário alcançar outro patamar de relacionamento, de forma a salvaguardar todos os interesses em presença.

[13] E não será esta, dada a manifesta relevância da função jurisdicional europeia neste domínio, a verdadeira casa de partida?

[14] Uma breve crónica desta etapa é-nos oferecida por Alexandre Mestre. Cf., *Desporto e União Europeia. Uma parceria conflituante?*, Coimbra, Coimbra Editora, 2002, pp. 55-56.

[15] Cf. a referência da nota anterior, pp. 57-60.

[16] Tal seria o caso de encontros entre selecções nacionais de diferentes países.

Parece emergir, no termo da etapa, uma nova visão do desporto ou, pelo menos, uma nova funcionalidade, tendo em vista os objectivos políticos europeus.

11. *Luxemburgo, 15 de Dezembro de 1995.* O Tribunal de Justiça profere o célebre *Acórdão Bosman* [17].

Todos estão lembrados da decisão do "Caso Bosman" [18] que deitou por terra uma regulamentação estável das organizações desportivas, nacionais e internacionais, desde logo no âmbito da modalidade desportiva futebol [19].

Essa decisão, de Dezembro de 1995, ditou a apresentação de um número significativo de queixas junto da Comissão Europeia, cerca de 50, em grande parte relacionadas com situações conexionadas com a actividade desportiva – por exemplo, os direitos de transmissões televisivas –, procurando-se dirimir conflitos à luz das regras de concorrência do Tratado.

[17] Em Portugal, esta decisão recolheu uma especial atenção. Cf. MANUEL DO NASCIMENTO BATISTA, *O "Caso Bosman" – Intervenção do Tribunal de Justiça da União Europeia*, Lisboa, Rei dos Livros, 1998, ANDRÉ DINIS DE CARVALHO, *Da liberdade de circulação dos desportistas profissionais na União Europeia*, Coimbra, Coimbra Editora, 2004, pp. 135 e segs., ANTÓNIO NUNES DE CARVALHO, "Caso Bosman – Anotação ao Acórdão do Tribunal de Justiça das Comunidades de 15 de Dezembro de 1995", Revista de Direito e de Estudos Sociais, Ano XXXVIII, 1996, pp. 203-256, JORGE CARVALHO, Case note 7/99. Comentário de Jurisprudência: Processo C-415/93 (Caso Bosman), Faculdade de Direito da Universidade Nova de Lisboa e "Comentário ao Acórdão Bosman", Themis, Ano I, n.° 1,2000, pp. 219-231, CARLOS PINTO CORREIA, "Liberdade de circulação dos trabalhadores – o problema dos jogadores profissionais de futebol", Scientia Ivridica, Tomo XLIV, n.°s 256/258, Julho/Dezembro, 1995, pp. 236-244, JOÃO LEAL AMADO, *Vinculação versus Liberdade. O processo de Constituição e Extinção da Relação Laboral do Praticante Desportivo*, Coimbra, Coimbra Editora, 2002, pp. 417 e segs. e SUSANA CASTELA GRAÇA, "A problemática das transferências internacionais de jogadores de futebol até à decisão do caso Bosman", *Estudos de Direito Desportivo*, Coimbra, Almedina, 2002, pp. 151-201.

[18] J. L. CARRETERO LESTÓN habilita-nos com um excelente "mapa" – de Walrave-Koch, passando evidentemente por Bosman, a Kolpak –, em "A jurisprudência do Tribunal de Justiça das Comunidades Europeias em matéria desportiva", na Desporto & Direito. Revista Jurídica do Desporto, Ano I, n.° 1, Setembro/Dezembro, 2003, pp. 57-76.

[19] Como bem salienta ALEXANDRE HUSTING, como na nota 10, p. 230, esta decisão do Tribunal de Justiça apresenta um aspecto digno do maior realce.

Com efeito, ela toca três ordenamentos jurídicos: a ordem jurídica comunitária, a nacional e a desportiva privada. Por outro lado, essa decisão é bem o exemplo de que há "competições" que não se podem ganhar num plano nacional. Na verdade, os Estados-membros, e as suas organizações políticas e judiciárias, tiveram sempre grandes dificuldades em "vencer" as grandes federações desportivas internacionais, como é o caso da UEFA ou da FIFA. Só um direito supranacional, como o direito comunitário, foi capaz de obter este resultado, e sem margens para dúvidas.

Outras queixas, ou melhor, outros casos, trouxeram ao Tribunal de Justiça questões directamente relacionadas com a prática desportiva.

Contudo, é ainda como manifestação de uma actividade económica que o desporto continua a ser objecto de intervenção do Tribunal de Justiça das Comunidades Europeias.

12. *Amesterdão 1997*. A Declaração anexa ao Tratado de Amesterdão é um ponto de referência obrigatório.

O texto dispõe do seguinte modo:

> A Conferência salienta o *significado social do desporto*, em especial o seu papel na formação da identidade e na aproximação das pessoas. A Conferência convida, por isso, os órgãos e instituições da União Europeia a ouvir as associações desportivas, sempre que se coloquem importantes questões relacionadas com o mundo do desporto. Neste contexto, deverá ter-se especialmente em conta as características particulares do desporto amador[20].

De acordo com Alexandre Mestre, a "Declaração de Amesterdão", *foi a primeira manifestação, ao nível da EU, de uma vontade explícita de tomar em consideração as funções sociais do desporto, pondo fim a uma aproximação redutora do desporto europeu centrada nos aspectos económicos*[21].

13. *Viena 1998*. Em 1998, o Conselho Europeu de Viena sublinha a necessidade de salvaguardar as estruturas desportivas actuais e de manter a função social do desporto no quadro comunitário.

14. *Dia de descanso*. A década de 90 como que fez despertar, em definitivo, a União Europeia para as valências sociais e culturais da actividade desportiva.

A União Europeia passa a ocupar-se do desporto não só quando ele se apresenta nas vestes de uma actividade económica submetida às regras do Tratado da Comunidade Europeia (assumindo a União uma *função de regulação eco-*

[20] Declaração relativa ao desporto (n.° 29) do Tratado de Amesterdão que altera o Tratado da União Europeia, os Tratados que Instituem as Comunidades Europeias a alguns Actos Relativos a esses Tratados (aprovado, para ratificação, pela Resolução da Assembleia da República n.° 7/99, de 19 de Fevereiro e ratificado pelo Decreto do Presidente da República n.° 65/99, da mesma data).

[21] Cf. *O desporto na Constituição Europeia. O fim do "Dilema de Hamlet"*, Coimbra, Almedina, 2004, p. 33.

nómica do desporto) mas, ainda, em nítido crescendo, vendo nele um fenómeno relevante em outros domínios, mesmo como factor de coesão da própria União.

Os anos de 1999 e 2000, como veremos de seguida, marcam decisivamente a relação entre a União Europeia e o Desporto, de tal forma que a partir deste momento esse binómio se encontra consolidado: a União Europeia *apanhou o pelotão do Desporto*.

15. *Helsínquia 1999*. O ano de 1999 é marcado pela realização de uma Conferência Europeia sobre o Desporto (Olímpia, 20 a 23 de Maio) e ainda pela produção de um importante documento da Comissão Europeia, apresentado em Dezembro, conhecido como o *Relatório de Helsínquia sobre o Desporto*.

Tendo sempre presente uma parceria entre as instituições europeias, os Estados e as organizações desportivas, a fim de encorajar a promoção do desporto na sociedade, no respeito dos valores do desporto, da autonomia das organizações desportivas e do Tratado, nomeadamente, do princípio da subsidiariedade, a Comissão sublinha a necessidade de uma nova abordagem das questões desportivas, que pressupõe, como substrato comum, os seguintes princípios:

– a União Europeia reconhece o papel eminente que o desporto desempenha na sociedade europeia e presta a maior importância à manutenção da sua função de integração social, de educação, e de contribuição para a saúde pública, e ainda à função de interesse geral exercida pelas federações;
– a integridade e a autonomia do desporto devem ser preservadas. A aquisição de clubes desportivos por entidades comerciais (grupos de comunicação, etc.) se for permitida, deve ser claramente enquadrada numa preocupação de manutenção das estruturas e da ética desportivas;
– o sistema de promoção-despromoção constitui uma marca de identificação do desporto europeu. Este sistema proporciona mais oportunidades aos clubes pequenos ou médios e valoriza o mérito desportivo;
– a dopagem e o desporto são antinómicos. A luta contra a dopagem não deve admitir a mínima tolerância;
– o "comércio" dos jovens desportistas deve ser combatido. Qualquer jovem desportista formado por um clube para a alta competição deve receber uma formação profissional complementar à sua formação desportiva.

16.1. *De novo no Luxemburgo, 11 de Abril de 2000*, para o Acórdão Deliège.

Christelle Deliège é uma judoca belga que se sentiu lesada pela aplicação de uma regulamentação respeitante aos processos de selecção da federação nacional para a participação em torneios, torneios esses onde a classificação obtida pode ter uma relevante influência para uma futura participação em campeonatos da Europa e do Mundo, e mesmo nas Olimpíadas.

Os factos que se encontram na origem deste processo dizem respeito à participação num torneio internacional de categoria A, de Paris, de 10 e 11 de Fevereiro de 1996.

A LBJ – Liga Belga de Judo – seleccionou duas outras atletas que, segundo C. Deliège tinham obtido resultados desportivos menos brilhantes que os seus.

C. Deliège, nos tribunais belgas, intentou os processos que teve por convenientes no sentido de pôr em causa as "regras desportivas de selecção" e requereu ainda que fosse reenviada ao Tribunal de Justiça uma questão prejudicial relativa ao carácter ilícito das regras adoptadas pela UEJ – União Europeia de Judo – quanto ao número limitado de atletas por federação nacional e quanto às autorizações federativas para a participação em torneios individuais de categoria A, sustentando a violação das normas do Tratado relativas à livre prestação de serviços e à concorrência.

16.2. O Tribunal de Justiça, invocando a insuficiência de indicações para aferir a questão à luz das regras da concorrência, veio centrar exclusivamente a sua atenção na eventual violação do artigo 59.° do Tratado, isto é, sobre as regras relativas à livre prestação de serviços.

Para chegar à sua decisão, o Tribunal firma alguns considerados prévios que é de todo o interesse enfatizar:

- a prática de desportos só é abrangida pelo direito comunitário na medida em que constitua uma actividade económica;
- as disposições do Tratado em matéria de livre circulação de pessoas não se opõem a regulamentações ou práticas que excluam os jogadores estrangeiros da participação em determinados encontros, por razões que não sejam económicas mas inerentes à natureza e ao contexto específicos desses encontros e que interessam unicamente ao desporto como tal, como acontece com os encontros entre equipas nacionais de diferentes países;
- ora, as regras de selecção em causa não dizem respeito a encontros que oponham equipas ou selecções nacionais de diferentes países, antes reservam a participação, por federação nacional, em certos encontros internacionais de alto nível aos atletas filiados na federação em causa, independentemente da sua nacionalidade;
- a simples circunstância de uma associação ou federação desportiva qualificar unilateralmente como amadores os atletas que delas são membros

não é, por si só, susceptível de excluir que estes exerçam actividades económicas.

Torna-se, pois, possível, ao Tribunal, verificar se uma actividade como a exercida por C. Deliège é susceptível de constituir uma actividade económica na acepção do artigo 2.° do Tratado e, muito especialmente, uma prestação de serviços conforme o artigo 59.° do Tratado.

16.3. O Tribunal de Justiça, embora elencando um conjunto de elementos auxiliares de interpretação das normas em causa, devolve ao juiz belga a tarefa de aferir se as actividades desportivas de C. Deliège, nomeadamente a sua participação em torneios internacionais, constitui uma actividade económica, uma prestação de serviços.

Contudo, o Tribunal de Justiça ensaia uma resposta à questão, na suposição de que essas actividades possam ser consideradas como prestação de serviços, examinando consequentemente as regras de selecção postas em causa por C. Deliège, no sentido de afirmar se essas regras constituem uma restrição à livre prestação de serviços, na acepção do artigo 59.° do Tratado.

Desde logo, frisa que ao contrário do processo Bosman as regras de selecção agora em causa não determinam as condições de acesso ao mercado de trabalho de desportistas profissionais, nem incluem cláusulas de nacionalidade que limitem o número de nacionais de outros Estados-membros que podem participar numa competição.

Além disso, diz o Tribunal, tais regras de selecção não dizem respeito a um torneio cujo objecto seja confrontar equipas nacionais, mas um torneio em que, uma vez seleccionados, os atletas concorrem por sua própria conta.

Assim sendo, embora regras de selecção como as que estão em apreço tenham por efeito limitar o número de participantes num torneio, tal limitação é inerente ao decurso de uma competição desportiva internacional de alto nível, que implica inevitavelmente a adopção de certas regras ou de certos critérios de selecção. *Tais regras não podem, portanto, ser consideradas em si mesmo como constitutivas de uma restrição à livre prestação de serviços proibida pelo artigo 59.° do Tratado*.

A adopção, para fins de um torneio desportivo internacional, de um sistema de escolha de participante em relação a outro deve basear-se em grande número de considerações estranhas à situação pessoal de um qualquer atleta, tais como a natureza, a organização e o funcionamento do desporto em causa.

Por conseguinte, compete naturalmente às entidades em causa, tais como os organizadores de torneios, as federações desportivas ou ainda as associações de atletas profissionais, adoptar as regras adequadas a efectuar a selecção em virtude destas.

É ainda conveniente admitir que a *atribuição dessa missão às federações nacionais*, no seio das quais se encontram normalmente reunidos os conhecimentos e a experiência necessárias, constitui o reflexo da organização escolhida na maior parte das disciplinas desportivas, que repousa, em princípio, na existência de uma federação em cada país.

Concluindo, declara o Tribunal:

> Uma regra que exige a um atleta profissional ou semi-profissional ou candidato a uma actividade profissional ou semi-profissional que possua uma autorização da sua federação para poder alinhar numa competição internacional de alto nível que não opõe equipas nacionais, *desde que resulte de uma necessidade inerente à organização dessa competição*, não constitui em si própria uma restrição à livre prestação de serviços pelo artigo 59.° do Tratado (que passou, após alteração, a artigo 49.° CE).

16.4. Duas breves observações finais a esta decisão.

A primeira respeita a uma certa reafirmação da "razão desportiva" ou "razões de organização do desporto", como legitimas justificantes do *apagamento* das regras do Tratado.

As *regras de selecção* em causa neste processo, *regras desportivas*, enquanto mantiverem essa natureza, sendo ditadas por um *fundamento desportivo*, acabam por não brigar com as normas comunitárias.

A segunda pretende sublinhar o reconhecimento que o Tribunal de Justiça concede ao papel das federações desportivas.

É, mesmo, um duplo reconhecimento: de competência para a elaboração de tais regras e, de forma mais abrangente, do próprio modelo organizativo privado do desporto.

17. *Um contra-relógio na cidade de Luxemburgo,* leva-nos ao Acórdão Lehtonen, em 13 de Abril de 2000 [22].

[22] *Deliège* e *Lehtonen*, parecem constituir exemplos de uma nova leitura comunitária do desporto, abrindo portas à tão querida especificidade desportiva. Cf. ALEXANDRE HUSTING, "L'Union européenne, un cadre réglementaire pour l'activité sportive", p. 45, em *Sport et Union européenne*, editado por JEAN-MICHEL DE WAELE e ALEXANDRE HUSTING, 2001, Editions de L'Université de Bruxelles.

Lehtonen, de nacionalidade finlandesa, é um jogador profissional de basquetebol, que veio a ser contratado por um clube belga, tendo participado num dado jogo ainda sem a licença da respectiva federação desportiva internacional (FIBA).Por esse motivo, o clube foi sancionado com a perda do jogo.

Ao Tribunal de Justiça veio a ser colocada s seguinte questão prejudicial: as disposições regulamentares de uma federação desportiva que proíbem um clube de fazer alinhar pela primeira vez em competição um jogador que tenha sido contratado depois de uma determinada data, são ou não contrárias ao Tratado de Roma, em particular aos artigos 6.°, 48.°, 85.° e 86.° (actuais artigos 12.°, 39.°, 81.° e 82.°) quando estamos perante um jogador profissional nacional de um Estado-Membro da União Europeia?

A Federação Belga de Basquetebol considerava que as normas relativas aos prazos para a transferência de jogadores se justificam por motivos não económicos, referentes unicamente à modalidade. Das normas regulamentares em causa resulta que as transferências dos atletas provenientes de uma federação que não pertença à zona europeia estão sujeitos à data limite de 31 de Março e não à de 28 de Fevereiro, esta última data unicamente aplicável aos jogadores provenientes de uma federação da zona europeia.

O Tribunal veio a entender que tal normativo vai além do que seria necessário para atingir o objectivo pretendido. Uma transferência de um jogador da "zona europeia", numa data incluída entre o 28 de Fevereiro e 31 de Março, não apresenta riscos acrescidos para a regularidade da competição do que a transferência, nesse período, de um jogador da outra zona.

Assim sendo, decidiu o Tribunal de Justiça que o artigo 48.° (actual 39.°) opõe-se à aplicação das normas definidas num Estado-Membro por associações desportivas que proíbem a um clube de basquetebol alinhar, em jogos do campeonato nacional, com jogadores provenientes de outros Estados-membros que tenham sido transferidos depois de uma determinada data, quando essa data é anterior à que se aplica às transferências de jogadores provenientes de países terceiros, salvo se tal diferença de tratamento se justificar por razões objectivas unicamente relacionadas com a própria modalidade, ou que obedeçam a diferenças existentes entre a situação dos jogadores provenientes de uma federação pertencente à zona europeia e a dos jogadores provenientes de uma federação que não pertença à referida zona[23].

[23] Cf. J. L. Carretero Lestón, como na nota 18, pp. 68-70.

18. *Santa Maria da Feira, 2000* O desporto, aquando da Presidência portuguesa, foi objecto de uma especial atenção, assumindo a denominada «especificidade desportiva», eventualmente a considerar em texto normativo de dignidade formal acrescida, honras de ser considerada um dos temas centrais.

No seu Programa, para além de se referirem outras temáticas – Desporto e Emprego, Doping, Desporto e Televisão, O Desporto no Feminino, Iniciação e Formação Desportiva e a Prevenção da Violência – um ponto era autonomizado como a *Especificidade do Desporto no Tratado*, aí se dando conta da firme intenção portuguesa em trabalhar nesse sentido.

Chega-se mesmo a afirmar, a dado passo, que «importa promover a continuação do debate e do *lobbying* relativo à inclusão de um artigo específico sobre o desporto».

A final da presidência, com o Conselho Europeu de Santa Maria da Feira (19 e 20 de Junho de 2000), no domínio do eixo de intervenção comunitária relativo à Europa a o Cidadão, surge-nos em sede conclusiva (ponto n.° 50) a seguinte afirmação quanto ao Desporto:

> O Conselho Europeu solicita à Comissão e ao Conselho que, na gestão das políticas comuns, tomem em consideração as características específicas do desporto na Europa e a sua *função social.*

19. *Paris,* 2000. O testemunho foi recolhido prontamente pela França.

Na cerimónia de apresentação do Programa da Presidência francesa, perante o Parlamento Europeu (4 de Julho), o Presidente Jacques Chirac deu o mote neste domínio.

Aí deixou cair as seguintes palavras sobre o desporto:

> Permitam-me, a concluir este capítulo da Europa dos cidadãos, dizer uma palavra sobre o desporto. Agora que terminou o Euro 2000 de futebol, que ofereceu tanto prazer e emoção aos Europeus, devemos velar para que a União Europeia tenha em maior consideração a especificidade do desporto e da sua função social. Temos aí um verdadeiro problema que deve ser estudado e resolvido. A presidência francesa empenhar-se-á.

Por outro lado, no programa de trabalho da Presidência francesa afirma-se textualmente:

> A Presidência empenhar-se-á em dar um seguimento concreto ao relatório de Helsínquia sobre o desporto, com o objectivo de fazer aprovar pelo Conselho Europeu de Nice uma declaração em que se reconheçam as funções sociais e educativas do desporto. Prosseguir-se-á a reflexão sobre a luta contra o doping.

Estes dois temas estarão na ordem do dia do 9.° Forum Europeu do Desporto, que se realizará em Lille, em 26 e 27 de Outubro.

Finalmente, será dado um especial relevo à questão da protecção dos jovens desportistas menores.

20.1. *Nice 2000.* O Conselho Europeu de Nice (Dezembro de 2000) deu nova achega à *parceria* Desporto/União Europeia.

Não se pode olvidar que o objectivo da consagração, nos textos fundamentais da União, da *especificidade do desporto* (*ou da excepção desportiva*), constituiu uma recorrente *reivindicação* dos meios desportivos, em particular das federações internacionais ligadas à modalidade futebol.

E tudo, entenda-se, como forma de afastar, por essa consagração, em maior ou menor grau, a aplicação ao desporto das regras comunitárias que tanta perturbação (o que não envolve necessariamente um juízo negativo) tinha causado, particularmente a partir do *Caso Bosman*.

O que nos trouxe, então, Nice?

No capítulo consagrado à *Europa dos cidadãos*, no espaço da Europa da cultura, o ponto 52 expressa-se nos seguintes termos:

> *O Conselho Europeu regista a declaração adoptada pelo Conselho (cf. Anexo)*[24] *sobre a especificidade do desporto.* Além disso, acolhe com satisfação as Conclusões do Conselho relativas à Agência Mundial Anti-Doping e acorda em intensificar a cooperação europeia neste domínio. Regista igualmente a Declaração do Milénio da ONU, relativa à promoção da paz e da compreensão mútua graças ao desporto e à Trégua Olímpica.

20.2.1. Olhando o referido *Anexo* (IV às conclusões) constata-se a autonomização de 5 pontos, *convidando-se* as Instituições Comunitárias e os Estados-membros a analisar as suas políticas em função de todos eles.

O primeiro respeita ao desporto enquanto *prática amadora e desporto para todos.*

Aí se poderá retirar algo como um reconhecimento de um direito à prática desportiva, pluralista e dotado de abertura suficiente a enquadrar todas as formas de encarar a prática desportiva.

Esse *valor do desporto*, essa garantia da sua existência e necessidade de desenvolvimento na Europa, assenta em considerandos que nesta actividade humana recortam *valências sociais, educativas e culturais* essenciais.

[24] Esta declaração é vista como sendo a resposta do Conselho Europeu ao Relatório de Helsínquia.

Ainda neste específico domínio do acesso à prática desportiva não se deixa de enfatizar os contributos do desporto para a realização individual e para a integração dos cidadãos portadores de deficiência.

Por outro lado, vê-se mais uma vez sublinhada, em texto internacional, a importância da autonomia das organizações desportivas e o seu *direito à auto-organização através das estruturas associativas adequadas.*

São elas que possuem a *missão* de organizar e promover as modalidades desportivas, registando-se, contudo, *a necessidade* de operarem *com base num funcionamento democrático e transparente* e enfatizando-se o domínio das *regras especificamente desportivas.*

Mas, e é um grande *mas*, estamos perante um reconhecimento que pressupõe *o respeito das legislações nacionais e comunitárias.*

Por último, refere-se que, não obstante se ter presente a evolução do *mundo desportivo*, as federações desportivas devem continuar a ser o elemento-chave de uma *forma organizativa que garanta a coesão desportiva e a democracia participativa*[25].

20.2.2. Num segundo momento dedica-se atenção à *preservação das políticas de formação dos desportistas.*

As federações desportivas, afirma-se, *se necessário em parceria com os poderes públicos, devem tomar as medidas necessárias para a preservação da capacidade de formação dos clubes filiados e para a qualidade dessa mesma formação.*

Mas, de novo o grande *mas*, *no respeito das legislações nacionais e comunitárias.*

20.2.3. De seguida o *Anexo* centra-se na *protecção dos jovens desportistas.*

E aqui, acima de tudo, regista-se a preocupação quanto às transacções comerciais de desportistas menores de idade, incluindo os precedentes de países terceiros.

Endereça-se inclusivamente um especial apelo às organizações desportivas e aos Estados-membros para *que investiguem essas práticas, as vigiem e, se necessário, preparem medidas adequadas.*

20.2.4. Um penúltimo tema de interesse para o Conselho Europeu é o que respeita ao *contexto económico do desporto e à solidariedade.*

Neste domínio recolhem-se preocupações já sentidas, por exemplo, pela UEFA, expressando-se a opinião que o controlo por parte de um único ope-

[25] Este significado veio a ser recolhido pela Lei n.° 30/2004, de 21 de Julho – Lei de Bases do Desporto (LBD) –, artigo 12.°, n.° 2.

rador financeiro de vários clubes desportivos que participem na mesma competição, numa mesma modalidade, *pode prejudicar a imparcialidade da competição.*

Quanto à ideia de *solidariedade*, navega-se nas teses das soluções francesas, salientando-se o carácter benéfico das iniciativas tomadas para favorecer uma *mutualização* de parte das receitas provenientes da venda dos direitos de retransmissão televisiva, o qual constitui nos dias que correm, como se sabe, uma das maiores fontes de rendimento para certas disciplinas desportivas[26].

20.2.5. Um derradeiro espaço é dedicado ao magno problema do *regime das transferências*.

O Conselho Europeu apoia o diálogo entre o movimento desportivo – leia-se, desde logo, FIFA e UEFA –, as organizações dos desportistas profissionais, a Comunidade e os Estados-membros, sobre a evolução do regime de transferências, *tomando em consideração as necessidades específicas do desporto,* [mas] *na observância do direito comunitário.*

20.2.6. Que dizer de tudo o que foi afirmado pelo Conselho Europeu de Nice?

Poderemos adiantar, com alguma segurança, que o desporto, a partir deste momento, *veio para ficar* no que respeita ao núcleo de preocupações europeias.

A União Europeia, passo a passo, palmilha um caminho já percorrido, no âmbito nacional, por alguns dos seus Estados-membros, e também pelo Conselho da Europa, *dignificando formalmente* a actividade desportiva, elevando-a a textos e a espaços cada vez mais expressivos.

Por outro lado, essa evolução, é ponderada, dir-se-ia mesmo cautelosa, particularmente nos aspectos relacionados com o desporto enquanto actividade económica.

Autonomia, missão das organizações desportivas, especificidade[27], mas tudo sempre antecedido ou seguido de um grande *mas*: no respeito das legislações internas e do direito comunitário.

Por outro lado, toda esta dinâmica, para além de suportar, cada vez mais, as aspirações daqueles que querem ver consagradas expressamente no Tratado as

[26] Também neste domínio a LBD consagra espaço próprio. Cf. artigo 6.°, n.° 2.

[27] No sentido de que, em alguma medida, o Tribunal de Justiça das Comunidades, nos casos *Deliège* (decisão de 11 de Abril de 2000) e *Lethonen* (decisão de 13 de Abril de 2000), acaba por reconhecer a especificidade do desporto no quadro do direito comunitário, veja-se a crónica de MARC THILL, "La reconnaissance de la spécificité du sport en droit communautaire", Europe, Ano 10, n.° 6, Junho 2000, crónica 6, pp. 4-7.

potencialidades do desporto, ultrapassando-se uma fase de aplicação horizontal das normas comunitárias e alcançando-se uma estrutura vertical[28], traz à colação a importantíssima temática da cidadania europeia[29].

Corolário da liberdade de circulação das pessoas[30], a cidadania europeia parece pressupor toda uma nova visão dos direitos do cidadão europeu, abrindo a porta à consagração de novos direitos sociais, como meio de aproximação entre a União e os cidadãos.

Assim sendo, pese embora ainda alguma modéstia no tratamento normativo comunitário da cidadania europeia, não será de excluir, inclusive face a tudo o que se assiste no âmbito do debate europeu sobre as funções do desporto, que o direito ao desporto possa a vir a representar, no futuro, uma valência dessa realidade[31].

Nesse sentido vão as palavras da comissária Viviane Reding, na sequência da Declaração de Nice: *para responder ao convite formulado pelo Conselho Europeu, a Comissão utilizará todos os meios à sua disposição, já que o desporto é, por excelência, uma política de cidadania. Espero que os Estados-membros e as organizações desportivas procedam do mesmo modo*[32].

21. *Segundo dia de descanso.* O percurso que efectuámos leva-nos agora a destacar algumas considerações.

A primeira, arrancando de um ponto de vista político, constata que dos textos constitucionais europeus e das declarações e acção do Conselho da Europa

[28] Cfr., neste sentido, JEAN-CHRISTOPHE BREILLAT, "Pour une nouvelle approche des rapports sport/Europa », na RJES, n.° 35, Junho 1995, pp. 111-116.

[29] Sobre o percurso histórico-normativo da cidadania europeia, bem como sobre o seu significado actual, veja-se RUI MOURA RAMOS, "Maastricht e os Direitos do Cidadão Europeu", em *Das Comunidades à União Europeia – Estudos de Direito Comunitário*, 2.ª edição, Coimbra, Coimbra Editora, 1999, pp. 325-358, PILAR JUÁREZ PÈREZ, *Nacionalidad Estatal y Cidadania Europea*, Marcial Pons, 1998, pp. 19-83 e GEORGIA PAPAGIANNI, "La circulation des citoyens de l'Union: de Maastricht à Amsterdam et au-delà", em Actualités du droit, 1999-4, pp. 625-665.

[30] Cfr. PATRICK DOLLAT, *Libre circulation des personnes et citoyenneté européenne: enjeux et perspectives*, Bruxelas, Bruylant, 1998, pp. 506-517.

[31] PATRICK DOLLAT, como na nota anterior, pp. 506-507, ciente dessa modéstia, não deixa de salientar o *apport* da Declaração sobre o Desporto do Tratado de Amesterdão.

[32] Para IRINA BOULIN-GHICA, o acordo sobre as transferências internacionais de futebolistas, estabelecido entre a Comissão e as federações internacionais de futebol, representa o primeiro resultado da Declaração de Nice. Cf. "La Déclaration de Nice sur la specificité du sport. Une nouvelle étape dans la mise en place d'une politique européenne dus port?", na Revue du Marché commun et de l?Union européenne, n.° 447, Avril 2001, pp. 237-239.

e da União Europeia, se pode alcançar a afirmação de um *valor europeu do desporto*, como factor social comum e direito do cidadão nacional e europeu.

Por outro lado, destacaríamos a actividade pioneira do Conselho da Europa no âmbito do desporto, o qual bem cedo começou a proceder a leituras políticas, mas também normativas, que projectam o desporto no todo social.

Este papel não pode, nem deve, ser esquecido ou negligenciado.

Um terceiro registo vai apara o *acordar* da União Europeia para as múltiplas valências do desporto.

As relações entre a Europa e o desporto já não se balizam exclusivamente segundo as coordenadas das regras da concorrência ou da liberdade de circulação dos trabalhadores.

Prevenção e combate ao doping, educação e formação, ambiente, juventude e cidadania europeia, são entradas cada vez mais recorrentes daquele binómio.

Por outro lado, se bem atentarmos, a União Europeia retoma os passos do Conselho da Europa, neste como em outros domínios[33].

De alguma forma, e que nos perdoem a expressão, *o presente da União Europeia é o passado do Conselho da Europa.*

No entanto, não nos compete, nem para isso possuímos dons de *futurologista*, visionar uma *evolução europeia* que implique uma total sobreposição das duas organizações, de molde a que eventualmente se chegue ao apagamento total, ou em parte significativa, de uma delas.

Não obstante, afigura-se-nos que no domínio do desporto, a União Europeia tenderá – até por via do seu alargamento – a ocupar um *espaço material* cada vez mais abrangente.

Por último, um destaque jurídico.

É visível um sinal de convergência jurídica entre as duas organizações, reflectindo-se no facto de ambas, com os seus meios e forças distintas, construírem um parâmetro jurídico novo da validade das normas das organizações desportivas privadas.

Na verdade, se até aqui, esse normativo desportivo se *avaliava* por referência a um determinado ordenamento jurídico nacional, fruto da acção destas duas organizações europeias – Conselho da Europa e União Europeia-, atingiu-se um novo patamar, isto é, não é suficiente o *aval* conferido pela legislação desportiva nacional, passa agora ainda a ser exigido que essas normas privadas não contrariem o que se alcançou em sede *europeia.*

[33] Citem-se, como meros exemplos, o que ocorreu em sede de cooperação judiciária ou no âmbito da consagração dos direitos fundamentais.

Isto quer estejamos perante normação específica – por exemplo, as convenções do Conselho da Europa – ou perante o normal *jogo normativo* de aplicação genérica – como é o caso do Tratado de Roma [34].

A preparação da parte final da prova

22. *Bruxelas, 1 de Março de 2002.* Netas data iniciam-se os trabalhos da Convenção. Respeitando procedimento muito peculiar (peculiar em demasia, para muitos), a Europa vai construir o seu próprio texto constitucional, hoje envolvido em múltiplas incertezas.

Sucede que essa *lei básica* comporta, como veremos, pela primeira vez na história dos textos fundamentais europeus, referências expressas ao desporto.

23. Em *Almeria (Maio de 2002).* Por ocasião de uma reunião informal de ministros europeus responsáveis pelo desporto, onze Estados-membros manifestaram o seu apoio à inclusão, nos tratados, de um artigo dedicado ao desporto.

24.1. A 28 de Outubro de 2002, a Convenção Europeia confrontou-se com um Anteprojecto de Tratado que institui uma Constituição para a Europa e, mais tarde, já em Fevereiro de 2003, veio a ser apresentado um projecto de articulado para os artigos 1.° a 16.°.

No referido Anteprojecto de Outubro de 2002, deve destacar-se que na Parte I (Título III – As competências e as acções da União), deparamo-nos com o enunciar das competências da União Europeia, exclusivas ou partilhadas (com os Estados membros), bem como com o elenco dos domínios de acção de apoio (artigos 9.° a 12.°).

Se assim nos podemos exprimir, com a assumida imprudência da simplicidade, o desporto merecerá maior ou menor atenção da União Europeia, consoante se situe numa das listagens de matérias que se pretendem ver consagradas na lei fundamental da Europa.

Assim, por decrescente valor, competência exclusiva, competência partilhada ou simples domínio de acção de apoio.

[34] É curioso registar que a *leitura economicista do desporto* acabou por ser mais eficaz na protecção dos direitos dos europeus que uma *leitura humanista do desporto*.
Veja-se, contrapondo, o resultado a que se chegou com o *Caso Bosman*, e a decisão obtida no âmbito da aplicação da Convenção Europeia dos Direitos do Homem.

Sucede que na projecção dessas normas iniciais, no listar das políticas europeias e dos domínios em que a União Europeia pode decidir empreender acções de apoio o desporto não recolheu qualquer referência expressa.

24.2. O mesmo não ocorre, contudo, no projecto de articulado apresentado em Fevereiro de 2003.

Dispunha o n.° 1 do projectado artigo 15.°: A União pode conduzir acções de coordenação, de complemento ou de apoio. O alcance desta competência é determinado pelas disposições da Parte II (da Constituição Europeia).

Esta remissão localiza-nos no domínio das políticas e da execução das acções da União, aí se contendo as bases jurídicas essenciais. Aqui se especifica, relativamente a cada matéria, o tipo e competência e os actos e procedimentos que serão aplicáveis.

No espaço reservado aos domínios de acção de apoio, afirma-se que a União pode conduzir acções de coordenação, de complemento ou de apoio, surgindo-nos agora, no n.° 2, a par do emprego, da indústria e da cultura (entre outros domínios), o *desporto*.

Não se previa, pois, nesta fase do debate europeu, qualquer tipo de competência exclusiva ou partilhada da União Europeia, na área desportiva. No fundo, não se pretende que aquela, neste campo, tenha competência legislativa.

De todo o modo, parece querer-se criar uma base jurídica específica.

Por seu turno, o n.° 4, do mesmo preceito, estabelecia que os actos juridicamente vinculativos aprovados pela União com base nas disposições específicas a esses domínios constantes da Parte II, não podem implicar a harmonização das disposições legislativas e regulamentares dos Estados-membros.

24.3. Este projecto de articulado recebeu um significativo conjunto de propostas de alteração [35].

O representante do Governo português, por exemplo, opôs-se, desde logo, à rigidez de um catálogo de competências.

No que agora nos interessa frisar, algumas das propostas iam no sentido de expressar diferentemente este espaço de intervenção europeia: em vez de domínios de acção de apoio, fala-se em competências complementares.

Neste sentido se pronunciaram, aliás, os representantes da Assembleia da República.

[35] Um retrato dos contributos nesta matéria é-nos proporcionado por ALEXANDRE MESTRE, cobrindo os diversos tipos de intervenientes, desde os membros da Convenção às organizações desportivas. Cf., como na nota 21, pp.51-80.

Existiram também propostas de eliminação da menção ao desporto, justificadas drasticamente pelo desinteresse que a União Europeia deve votar ao fenómeno desportivo – as verbas existentes deveriam ser transferidas para o Conselho da Europa – ou então pela incerteza das irradiações que podiam ter lugar a partir desse reconhecimento.

Outros entendiam que devia ficar bem claro que estamos perante um domínio da competência de cada Estado-membro; daí que se adiantasse uma formulação mais *preenchida*, tal como "uma contribuição à promoção do desporto nos Estados membros".

E no âmbito da projecção das medidas na harmonização normativa (n.° 4, atrás referido) também se registaram propostas de alteração que brigavam com o universo desportivo.

Por exemplo, o presidente da delegação da União Europeia, M. Pierre Laguiller, que defendeu a necessidade de prever a possibilidade de excepções à regra do n.° 4, avançou impressivamente com o exemplo da harmonização legislativa e regulamentar na área da luta contra a dopagem.

24.4. A Convenção foi, naturalmente, destinatária de muitas mais e bem diversificadas contribuições com vista ao apuro do texto final do Tratado[36].

A título de mero exemplo, refira-se o contributo de Olivier Duhamel, membro da Convenção, o qual, logo em Abril de 2002, defendeu a natureza, ao mesmo tempo essencial e urgente, da consagração de um artigo dedicado ao desporto. Como pistas indicativas, adiantou, entre outras, a afirmação do direito de todo o residente na União em praticar o desporto de sua escolha e a previsão que a matéria da ética desportiva não estaria subordinada ao direito da concorrência.

De outro membro da Convenção, o italiano António Tajani, irrompeu, em 10 de Outubro de 2002, uma vigorosa defesa da consagração da especificidade desportiva no tratado constitucional.

Por sua vez, o Governo português apresentou uma proposta de artigo autónomo para o desporto, formalizada em anexo às Conclusões do Grupo de Trabalho sobre a "Integração do desporto nas Políticas e Acções Comunitárias", do XI Fórum Europeu do Desporto (Copenhaga, 7-8 de Novembro de 2002)[37].

[36] No que concerne ao desporto todo um manancial informativo pode ser obtido a partir de www.europa.eu.int/comm/sport/action_sports/article.

[37] Dada a sua extensão remete-se para a sua transcrição na Desporto & Direito, Ano I, n.° 1, Setembro-Dezembro 2003, pp. 207-208.

Em Janeiro de 2003, um grupo de membros da Convenção, apresentou um texto intitulado "O lugar do desporto no futuro Tratado", colocando, entre outras questões, a dicotomia entre a adopção de uma *fórmula reduzida* ou uma *forma mais detalhada*. A seguir a segunda via, propunha-se que seria desejável mencionar os objectivos que devem definir o campo de intervenção comunitária, apontando-se os seguintes: o reconhecimento do papel das estruturas desportivas actuais na Europa e a sua independência, enquanto elementos constitutivos de um modelo desportivo europeu, a promoção de valores sociais, educativos e de solidariedade entre todas as práticas desportivas, a parceria entre os poderes públicos e o movimento desportivo, a luta contra todos os *desvios* na prática desportiva e a cooperação com países terceiros e as organizações internacionais competentes na matéria.

25. *Luxemburgo, 8 de Maio de 2003*. O Tribunal de Justiça teve a oportunidade de, uma vez mais, apreciar a validade das regras das federações desportivas que limitam o número de jogadores profissionais nacionais de países terceiros que podem alinhar por equipa num campeonato, reafirmando o valor, para o Direito Comunitário, da livre circulação de trabalhadores e do princípio da não discriminação [38].

Subjacente à sua decisão encontra-se a situação vivida pelo andebolista eslovaco, Maros Kolpak, com contrato de trabalho com uma equipa da segunda divisão do campeonato alemão.

Tendo solicitado a emissão de uma licença de jogador sem a menção própria aos nacionais de países terceiros – não membros da União Europeia – a federação alemã de andebol atribui-lhe, contudo, uma licença de jogador com essa referência, devido à sua nacionalidade eslovaca.

No decorrer do procedimento junto dos tribunais alemães veio, então, a ser colocada ao Tribunal de Justiça das Comunidades Europeias a questão de saber se uma norma, do Acordo europeu que cria uma associação entre as Comunidades Europeias e os seus membros, por um lado, e a República Eslovaca, por outro, que estabelece o princípio de não discriminação com base na nacionalidade dos trabalhadores de nacionalidade eslovaca, se opõe a que uma federação desportiva aplique a um desportista profissional uma regra segundo a qual

[38] Esta decisão encontra-se publicada na Desporto & Direito. Revista Jurídica do Desporto, Ano I, n.° 1, Setembro/Dezembro 2003, pp. 97-118, seguida de anotação de António José Robalo Cordeiro. Vejam-se ainda os comentários de Jean-Philippe Dubey, na Common Market Law Review, n.° 42, pp. 499-522.

os clubes apenas estão autorizados a fazer alinhar, em jogos para o campeonato ou para a taça, um número limitado de jogadores originários de países terceiros, não membros da Comunidade Europeia.

O Tribunal de Justiça das Comunidades Europeias veio a entender que a interpretação alcançada no Acórdão Bosman, a respeito da livre circulação de trabalhadores pode ser aplicada no caso presente, perante um acordo de associação Comunidades – Eslováquia.

Mais afirma a decisão do Tribunal de Justiça que a discriminação originada não pode considerar-se justificada por considerações exclusivamente desportivas.

Concluindo, afirma-se que a norma do acordo Comunidades-Eslováquia deve ser interpretada no sentido de se opor à aplicação, a um desportista profissional de nacionalidade eslovaca, regularmente contratado por um clube sediado num Estado-membro, de uma regra instituída por uma federação desportiva do mesmo Estado, segundo a qual os clubes apenas estão autorizados a fazer alinhar, em jogos para o campeonato ou para a taça, um número limitado de jogadores originários de países terceiros não signatários do acordo sobre o Espaço económico Europeu.

26. *Atenas, também em 8 de Maio de 2003.* As conclusões da presidência grega [39], representaram um momento bem marcante nesta "contenda europeia" relativa ao posicionamento do desporto no texto constitucional europeu.

Eis algumas das suas proposições:

- a grande maioria dos países-membros já se declarou a favor – e tal foi hoje afirmado – de uma inclusão expressa do desporto nos sectores que pertencem à competência da União para o apoio, coordenação e acções complementares, no contexto dos princípios da subsidiariedade e da proporcionalidade.
- a ausência de uma menção expressa ao desporto na futura Constituição Europeia, apesar da existência da declaração política de Nice, pode criar sérios problemas, não somente no que respeita às iniciativas da Comissão Europeia e consequentemente da EU, mas também no que respeita à implementação das políticas desportivas nacionais dos governos dos países-membros.
- se no exercício das demais competências da EU os especiais problemas e as características específicas do desporto profissional como actividade econó-

[39] Traduzidas por ALEXANDRE MESTRE, como na nota 21, pp. 37 e 38.

mica não forem tidos em conta, ou no caso de outras políticas ou acções adoptadas pela União – como por exemplo o mercado interno, as ajudas de Estado, o direito de estabelecimento e de prestação de serviços, etc. – então será possivelmente muito difícil no futuro adoptar medidas nacionais para a protecção do desporto e para retrair a comercialização do desporto, medidas cujo fim é a salvaguarda do carácter social e dos valores do *fair play*.

27. *Salónica, 20 de Junho de 2003.* O projecto de Constituição Europeia, apresentado ao Conselho Europeu de Salónica, em 20 de Junho de 2003, refere-se ao desporto e em particular à sua função, educacional e social, no Artigo III-182.°, enquanto o artigo 16.° o inclui entre as áreas em que a União pode levar a cabo acções de coordenação, de complemento ou de apoio.

Afirmava o primeiro dos textos referidos, num dos parágrafos do seu n.° 1, que a União contribui para a promoção dos aspectos europeus do desporto, atendendo à sua função social e educativa.

Por sua vez, no n.° 2 do mesmo preceito referia-se, na alínea g), que um dos objectivos da União seria o desenvolver a dimensão europeia do desporto, promovendo a equidade na competição e a cooperação entre os organismos desportivos e protegendo a integridade física e moral dos desportistas, designadamente dos jovens.

Para André Dinis de Carvalho, a solução alcançada revela-se de grande modéstia, particularmente para quem desejava ver no Tratado o reconhecimento da especificidade desportiva, o que parece ser o caso do autor[40].

28. *Verona, Novembro (21 e 22 de 2003).* No final mês de Novembro de 2003, realizou-se em Verona o XII Fórum Europeu do Desporto. Trata-se de um encontro que, ao nível dos países da União Europeia, reúne representações de organizações públicas e privadas do desporto, onde se debate o desporto numa perspectiva também europeia.

No discurso de abertura, como que fazendo um balanço da política desportiva da Comissão Europeia, a Comissária Viviane Reding ofereceu um quadro das linhas principais dessa política, afastando, por outro lado, interpretações abusivas que a partir dela podiam pretender fazer história.

[40] Cf. "Breve apontamento sobre o desporto no Projecto de Constituição Europeia", na Desporto & Direito. Revista Jurídica do Desporto, Ano II, n.° 4, Setembro/Dezembro 2004, pp. 87-89.

O primeiro enfoque vai para o facto de Viviane Reding, acreditando numa *especificidade do desporto* – quando olhado o enquadramento comunitário –, estima, do mesmo passo, que a actividade desportiva deve respeitar plenamente o direito comunitário, quando se apresente nas vestes de uma actividade económica.

Não há, pois, espaço para excepções, para «esferas de não direito» no desporto, para uma «zona franca», onde o direito da concorrência e os princípios da livre circulação não se aplicariam.

Reafirma Viviane Reding que o desporto, com as suas especificidades e os seus valores próprios, resta submetido ao direito comum, do Estado e da União Europeia.

Em segundo lugar, destaca-se a luta contra a dopagem – mesmo para além do desporto de alto rendimento, abarcando todos os níveis da prática desportiva –, como um dos objectivos da própria União Europeia, adquirindo neste domínio especial valoração a criação da Agência Mundial Antidopagem.

Ficam no ar, contudo, algumas interrogações sobre a eficácia da solução encontrada e a esperança que os trabalhos no seio da UNESCO, afim de alcançar uma convenção mundial de luta contra a dopagem, cheguem a bom termo [41].

Um outro aspecto a receber devido realce no discurso de Viviane Reding prendeu-se com o Ano Europeu da Educação pelo Desporto (2004).

A Comissão Europeia, tendo presente os Jogos Olímpicos de Atenas e a fase final do campeonato Europeu de Futebol em Portugal, pretende *passar a sua mensagem* sobre os valores do desporto.

Em quarto lugar, a atenção dirige-se para a *localização* do desporto no âmbito da futura Constituição Europeia.

O desporto figura nos «Domínios de acção de apoio, de coordenação ou de complemento», mencionado no artigo 16.° do projecto de Tratado constitucional europeu.

O artigo 11.5 precisa que «em certos domínios e nas condições previstas pela Constituição, a União tem competência para desenvolver acções destinadas a apoiar, coordenar ou completar a acção dos Estados-membros, sem substituir a competência deles nesses domínios».

Por seu turno, o projectado artigo 182.°, relativo à formação profissional, à juventude e ao desporto, refere que a União Europeia contribui para a promo-

[41] O que veio a ocorrer, a 20 de Outubro de 2005, com a aprovação, aquando da 33.ª Conferência Geral da UNESCO, da Convenção Internacional contra a Dopagem no Desporto.

ção dos aspectos europeus do desporto, atendendo à sua função social e educativa, tendo a acção da União por objectivo «desenvolver a dimensão europeia do desporto, promovendo a equidade nas competições e a cooperação entre os organismos desportivos e protegendo a integridade física e moral dos desportistas, nomeadamente dos jovens».

Estas disposições *constitucionais europeias* relativas ao desporto, segundo Viviane Reding, não conduzem, ao contrário do que muitos esperariam ou desejavam, ao estabelecimento de um qualquer regime excepcional desportivo face aos princípios fundamentais do direito comunitário.

29. *Luxemburgo, 2004.* Agora, embora ainda uma vez mais na cidade do Luxemburgo, é a vez de surgir um novo "competidor", o Tribunal de Primeira Instância.

Referimo-nos ao acórdão *Meca-Medina e Majcen*, de 30 de Setembro de 2004, daquela instância jurisdicional europeia[42].

Esta decisão teve por objecto um pedido de anulação da decisão da Comissão, de 1 de Agosto de 2002, que rejeitou a denúncia apresentada contra o Comité Olímpico Internacional (COI), destinada a obter a declaração de incompatibilidade de certas disposições regulamentares por este aprovadas e aplicadas pela Federação Internacional de Natação Amadora (FINA) bem como de determinadas práticas referentes ao controlo da dopagem com as regras comunitárias sobre concorrência e a livre prestação de serviços.

David Meca-Medina (espanhol) e Igor Majcen (eslovaco), nadadores profissionais de longa distância, colocaram, perante a Comissão Europeia, a compatibilidade de certas disposições regulamentares aprovadas pelo Comité Olímpico Internacional (COI) e aplicadas pela Federação Internacional de Natação Amadora (FINA), bem como de determinadas práticas referentes ao controlo da dopagem, com as regras comunitárias sobre a concorrência e a livre prestação de serviços. A Comissão veio a rejeitar a denúncia dos atletas. Daí o recurso para o Tribunal.

O TPI negou provimento ao recurso, alinhando um conjunto de argumentos no sentido de considerar que, mesmo ao mais alto nível, a luta antidopagem não prossegue qualquer objectivo económico.

[42] Decisão publicada na Desporto & Direito. Revista Jurídica do Desporto, Ano II, n.° 5, Janeiro/Abril 2005, pp. 203-224, seguida de anotação de António José Robalo Cordeiro. Ver, ainda as notas de Carlos Manuel Alves, em La Semaine Juridique, 21 de Setembro de 2005, n.° 38, Jurispudence, pp. 10.124-10.125. *Desta* decisão foi interposto recurso que deu entrada no Tribunal de Justiça em 22 de Setembro de 2004 (JOUE, 5/3/2005, C 57/16).

Afirma o Tribunal, a dado passo, que «a proibição da dopagem assenta em considerações puramente desportivas e é, portanto, estranha a qualquer consideração económica».

A chegada a Roma

30.1. *Roma, Outubro de 2004.* O Tratado que estabelece uma Constituição para a Europa [43] recolhe expressamente o desporto [44] em duas normas [45].

No artigo I-17.° [46] afirma-se que a União dispõe de competência para desenvolver acções de apoio, de coordenação ou de complemento num conjunto de domínios de acção, na sua finalidade europeia e, entre outros, na *educação, juventude, desporto e formação profissional* [alínea d)].

Mais adiante, o Artigo III-282.° (Educação, Juventude, Desporto e Formação Profissional) [47], no segundo parágrafo do seu n.° 1, estabelece que *A União contribui para a promoção dos aspectos europeus do desporto, tendo simultaneamente em*

[43] Assinado em Roma, a 29 de Outubro de 2004.

[44] Registaram-se opiniões no sentido da necessidade do texto estabelecer uma definição de desporto, partindo da premissa que os artigos em causa virão a possibilitar, em termos jurídicos mais estáveis, a promoção de programas financeiros de apoio à actividade desportiva. Consulte-se, a este respeito, "is chess really a sport?", em www.euractiv.com.news.
A LBD, artigo 2.°, n.° 2, recolheu a definição presente na Carta Europeia do Desporto, do Conselho da Europa. Criticámos esta opção em *Lei de Bases do Desporto. Anotada*, Coimbra, Coimbra Editora, 2005, p. 19.

[45] O direito ao desporto, como direito fundamental, recebe impressiva resposta no texto constitucional português. Por outro lado, em outros países europeus, mesmo que de forma não expressa, o acesso à prática desportiva vem sendo encarado como dotado dessa natureza, radicando o seu suporte, por vezes, no próprio direito à educação.
Como quer que seja, verdade seja dita que o direito ao desporto ainda não alcançou, a nível de textos supranacionais dotados de especial normatividade, a consagração para muitos devida.
Chegado o momento da União Europeia consagrar a sua própria *magna carta*, chegou a gerar-se alguma expectativa se no catálogo de direitos fundamentais o desporto receberia algum espaço. Tal não veio a suceder, valendo neste domínio, os caminhos interpretativos que possibilitem ou não, extrair de uma outra *referência fundamental* uma via de assentimento do direito ao desporto. Seria pedir de mais para uma jovem *promessa* na sua primeira participação numa competição de alto nível.

[46] Esta norma encontra-se inserida no Título III (Competências da União), da Parte I.

[47] Localizado no Capítulo V (Domínios em que a União pode desenvolver uma acção de apoio, de coordenação ou de complemento), do Título III (Políticas e Acções Internas), da Parte III (Políticas e Funcionamento da União).

conta as suas especificidades, as suas estruturas baseadas no voluntariado e a sua função social e educativa.

A acção da União tem por objectivo *desenvolver a dimensão europeia do desporto, promovendo a equidade e a abertura das competições desportivas e a cooperação entre os organismos responsáveis pelo desporto e protegendo a integridade física e moral dos desportistas, nomeadamente dos jovens* [alínea g)].

Conforme o n.° 2 do mesmo preceito, a União e os Estados-membros incentivam a cooperação *com países terceiros e com as organizações internacionais competentes em matéria de educação e de desporto, especialmente com o Conselho da Europa.*

Por último, dispõe o n.° 3:

> *A fim de contribuir para a realização dos objectivos enunciados no presente artigo:*
>
> a) *A lei ou lei-quadro europeia estabelece acções de incentivo, com exclusão de qualquer harmonização das disposições legislativas e regulamentares dos Estados-Membros. É adoptada após consulta ao Comité das Regiões e ao comité económico e Social;*
>
> b) *O Conselho, sob proposta da Comissão, adopta recomendações.*

30.2. As normas projectadas não são, seguramente, de fácil interpretação. Resultam, por outro lado, como seria de esperar, de um compromisso muito trabalhoso [48].

Para a ex-comissária europeia VIVIANE REDING [49], por exemplo, é possível destacar umas primeiras linhas essenciais de entendimento:

- não há espaço para harmonizar a organização do desporto na Europa; vigoram assim, o *princípio da competência primária dos Estados-membros* e o *princípio da autonomia do movimento desportivo*;
- a partir da conexão estrita com a educação e a juventude, reconhece-se o valor do desporto em termos de integração social e de aquisição de múltiplas competências;

[48] Não é alheio, por certo, ao processo que conduziu a este concreto texto, o facto de se registar uma divisão nos Estado-membros sobre a oportunidade de uma política comunitária em matéria desportiva. Como COLIN MIÈGE e JEAN-CHRISTOPHE LAPOUBLE acentuam, existe uma clivagem quase estrutural entre os países da Europa do Norte, defensores de uma concepção liberal do desporto, que lhes interdita conceber um imiscuir permanente dos poderes públicos nas questões desportivas e os países da Europa do Sul, mais inclinados a admitir intervenções das autoridades públicas na esfera desportiva. Cf., como na nota 3, p. 115.

[49] "Sport et Union européenne: ensemble pour relever de noveaux challenges", intervenção em reunião de informação com as federações desportivas europeias (Bruxelas, 6 de Outubro de 2004).

- no que respeita à *equidade e abertura das competições* desportivas, a acção da União visará sublinhar os valores positivos do desporto e a incentivar as organizações desportivas a tomarem iniciativas centradas sobre as dimensões sociais e educativas e não apenas a limitarem-se a gerir as competições[50];
- no domínio da cooperação, pode-se pensar numa melhor coordenação sobre o objecto e sobre as candidaturas às grandes competições mundiais;
- ao nível da protecção da integridade física e moral dos desportistas, em especial dos jovens, de novo a prevenção e o combate ao doping ocupa espaço próprio; contudo, relembra que uma melhor protecção dos jovens passa por uma melhor preparação profissional dos treinadores.
- o doping, esse, para além de todas as projecções anteriores, deve ser encarado como um problema de saúde pública e de criminalidade transfronteiriça.

30.3. Para Alexandre Mestre[51], e no que concerne à tipologia da competência da União Europeia neste domínio, o que se vê consagrado é *uma competência limitada no tipo, confinando-se a sua missão a impulsionar, a facilitar as políticas, os comportamentos, as responsabilidades dos Estados-membros, os quais gozam de uma espécie de "preferência de acção"*.

Por outro lado, o autor destaca ainda, e pela negativa, a impossibilidade de harmonização das disposições legislativas ou regulamentares dos Estados-membros[52].

Alexandre Mestre, quando comenta o Artigo III-282.°, não deixa dúvidas quanto ao seu desânimo: estamos perante um artigo tímido, um desporto quase virtual, inodoro e incolor[53].

Em bom rigor, segundo a sua opinião, este artigo *está mais próximo de definir o status quo do que ser a base para o desenvolvimento de um desporto paneuropeu*[54].

Do seu comentário interessa patentear alguns aspectos.

Um primeiro prende-se com a "especificidade desportiva".

[50] Tal implicará, segundo VIVIANE REDING, que sejam levantados todos os entraves às competições transfronteiriças de praticantes desportivos não profissionais e a uma participação de não nacionais nas actividades desportivas no seu Estado de residência.
Por outro lado, e para além da questão da dopagem, a equidade permitirá incentivar uma gestão transparente e uma organização democrática do desporto, bem como a solidariedade entre o desporto profissional o desporto amador e entre as diferentes níveis de prática desportiva.

[51] Como na nota 21, p. 89.

[52] Como na nota 21, pp. 91 e 174.

[53] Como na nota 21, pp. 115 e 174.

[54] Como na nota 21, p. 116.

Segundo o autor, na querela entre *excepção desportiva* e *especificidade desportiva*, a primeira sai claramente derrotada, entendendo-se que o desporto deve obedecer à legislação comunitária, como qualquer outro sector social[55].

A *especificidade desportiva*, por seu turno, permitirá que o Direito Comunitário não incida *quando estiverem em causa regras cuja natureza é puramente desportiva, isto é, de conteúdo que interessa unicamente ao desporto, sem relevância económica*[56].

Outra matéria que recolhe a atenção do autor é a que "joga" com os conceitos de *dimensão europeia do desporto*, *defesa do modelo europeu do desporto* e *equidade e abertura das competições desportivas*.

E, neste tríptico, assume especial relevância prática, a referência à *equidade e abertura das competições desportivas*, que o autor liga, de forma inextinguível, aos defensores do modelo *europeu do desporto*.

Resumindo as ideias nucleares deste modelo, adianta Alexandre Mestre que ele é, então, *aquele que assenta em competições nacionais e internacionais; que valoriza a importância sócio-cultural do desporto; que vê na exploração comercial do desporto um veículo de posterior redistribuição da riqueza; que funciona numa pirâmide de ligas abertas com promoção e relegação em função do mérito; que implementa solidariedade vertical; que promove os valores éticos e sociais do desporto.*

É um modelo que tem como âncora as federações desportivas, as quais têm uma preocupação social, de redistribuição, de representação de um todo e não de uma parte[57].

Numa proposição possível, segundo o autor, este modelo e este preceito, têm como finalidade blindar uma concepção antagónica do desporto, isto é, evitar que na União Europeia se implemente o *modelo americano do desporto*[58].

Por outro lado, adita, as expressões *equidade* e *abertura*, visam *proporcionar uma base jurídica firme que evite uma eventual "fuga" do desporto – sobretudo o profissional – aos modelos federativos, ou seja que garanta a salvaguarda das estruturas desportivas actuais que compõem o modelo europeu do desporto*[59-60].

[55] Como na nota 21, p. 130.

[56] Como na nota 21, p. 131.

[57] Como na nota 21, p. 137.

[58] Como na nota 21, p. 139.

[59] Como na nota 21, p. 141. Contudo, admite que esta *resistência* pode não ser suficiente (p. 144). Numa outra perspectiva, STEPHEN HORNSBY, sem texto constitucional, aborda a viabilidade de constituição de «ligas fechadas» face às normas comunitárias sobre a concorrência, mostrando-se favorável à afirmação de uma excepção desportiva neste domínio, já possível de extrair do direito vigente. Cf., "«Closed leagues»: a Prime Candidate for the «Sporting Exception» in European competition Law", na International Sports Law Review, June 2001, 2, pp161-167.

[60] MARIA JOSÉ CARVALHO também opera uma primeira aproximação ao *articulado constitucional europeu*. Cf. a *newsletter* da APOGESD 06/05, em www.apogesd.org, pp. 5-7.

30.4. Alexandre Husting, por seu lado, destaca que a Artigo III-282.° dota, finalmente, a Comissão de uma base jurídica que lhe permite apoiar os projectos desportivos de vocação social, educativa e de saúde. Ele constitui o fundamento da *regulação sócio-cultural do desporto* ao nível do direito comunitário primário. A norma, contudo, revela ainda, no entender do autor, uma procura de equilíbrio entre essa regulação e a regulação económica do desporto.

Husting, olhando mais de perto alguns dos elementos concretos do preceito – como as especificidades desportivas, a equidade e a abertura nas competições –, não deixa de assinalar a ausência de precisão.

Quanto à abertura das competições desportivas, lendo-a como o levantar de entraves nacionais à participação de não nacionais em actividades desportivas (profissionais ou não) no seu estado de residência, o artigo parece apenas, no seu entender, sedimentar a jurisprudência do Tribunal.

Por outro lado, questiona, será que a preocupação pela *equidade* irá permitir que a Comissão venha a imiscuir-se na gestão financeira das organizações desportivas (controlo de défices e ajudas públicas)?

Contrariamente a muitas pretensões, o artigo não confirma nem a excepção desportiva, nem a autonomia das federações desportivas, nem o seu modo de organização monopolístico na Europa.

Rematа Alexandre Husting que o preceito em apreço, se bem que constitua um avanço na *consciência desportiva da Europa*, revela um compromisso, que exigirá que se aguarde pela interpretação que lhe venha a dar o Tribunal das Comunidades Europeias[61].

30.5. O mesmo autor, ocupou-se, mais de espaço, na procura de uma consolidação dos conceitos de *excepção desportiva* e *especificidade desportiva*[62].

Em seu entender, a *excepção desportiva* prende-se com a regra puramente desportiva interessando unicamente o desporto como tal e desde que este se limite ao seu próprio objecto[63].

[61] Cf., "Le sport dans le traité constitutionnel: une nouvelle compétence communautaire qui remettra en cause le modèle français d'organisation du sport », em www.lemonde.fr/web/imprimer_element. (19/5/2005).

[62] Cf., "Quelle reconnaissance por l'«exception» ou pour la «spécifité» sportive dans la nouvelle Constitution européenne?", na Revue du Marché commun et de l'Union européenne, n.° 481, Septembre 2004, pp. 515-519.

[63] A duração de um jogo e o número de jogadores de uma prova desportiva, constituem exemplos evidentes.

Já a *especificidade desportiva* é bem mais difícil de definir.

Husting propõe-nos a seguinte (cuidada) aproximação.

Em primeiro lugar, há que distinguir o desporto no seu todo do desporto enquanto actividade económica.

A especificidade do primeiro não assenta sobre as suas virtudes imanentes, mas no seu carácter polivalente que lhe permite preencher, de forma simultânea, diversas funções (educativa, de saúde pública, social, cultural e lúdica).

Quando estamos perante o desporto enquanto actividade económica, a *especificidade* assume outros contornos. Estamos perante um afrontamento em que o objectivo deve ser, *a priori*, incerto.

A regra desportiva, ainda segundo Husting, procura não só regular a competição, mas também estabelecer a igualdade entre os concorrentes (pela idade, por exemplo), visando alcançar aquela incerteza.

Por outro lado, a actividade económica desportiva é também de natureza particular. A produção do espectáculo desportivo é impossível com apenas um competidor e o mercado desportivo é naturalmente instável se existir um desequilíbrio financeiro entre clubes [64].

Em síntese conclusiva, uma regra desportiva pode escapar às normas comunitárias da concorrência, por exemplo, desde que não vá além do que é necessário para realizar um objectivo legítimo. A procura da incerteza do resultado final, o equilíbrio e a estabilidade da competição desportiva, a solidariedade financeira, têm constituído objectivos reconhecidos como legítimos [65].

30.6. O valor da norma constitucional europeia sobre o desporto não deixou de ser sublinhado em actos posteriores a Outubro de 2004.

[64] No fundo são estes mecanismos desportivos, próprios ao desporto de competição, que visam garantir a incerteza e a solidariedade que constituem as *especificidades desportivas*, reconhecidas pelas instituições comunitárias na aplicação, às actividades desportivas, das regras europeias, nomeadamente das relativas à concorrência. O autor cita, a este propósito, o caso MOUSCRON, a posição da Comissão relativa à regra da UEFA que impede a participação, na mesma competição europeia, de dois clubes pertencendo ao mesmo proprietário ou que tenham os mesmos interesses ou mesmo a visão europeia sobre as regras antidopagem.

[65] Também Loïc Grard, no que respeita ao desporto "actividade económica", vê na preservação dos princípios da incerteza e da diversidade desportiva, bem como na obtenção de um mínimo de solidariedade, os aspectos revestidos de especificidade. Cf. "Le sport dans le droit de l'Union européenne. Exception, derogation, spécificités et droit commum", na Revue des Affaires Européennes, 2001-2002, n.° 3, [288-2304], p. 288.

Por exemplo, no Parlamento Europeu, aquando da pergunta oral com debate (0-0036/05), sobre a luta contra a dopagem no desporto, deputados e, na ocasião, o Comissário BORG, não deixaram de referir a importância da consagração do desporto no Tratado[66] como norma habilitante de acções de prevenção e investigação neste específico domínio, olhando em particular os interesses dos jovens desportistas.

Um outro exemplo é-nos oferecido pelo Parecer do Comité Económico e Social Europeu sobre «Turismo e desporto: reptos futuros para a Europa», datado de 15 de Dezembro de 2004[67], onde também se joga mão da presença do desporto na Constituição como factor muito relevante para a adopção das medidas preconizadas[68].

31.1. *Continua-se a correr no Luxemburgo, Janeiro de 2005.* De novo se ocupa do desporto o Tribunal de Primeira Instância, no Acórdão Piau, de 26 de Janeiro de 2005[69], ao apreciar o Regulamento FIFA sobre a actividade dos agentes de jogadores.

O processo contou com o impulso de um cidadão francês que recorreu de uma decisão da Comissão Europeia, que rejeitou queixa relativa a esse regulamento.

Na extensa decisão dá-se conta, desde logo, entre outras matérias, da «renovação» daquele regulamento, operada em Dezembro de 2000 (com alterações em 2002), por influência da Comissão Europeia (perante queixas que lhe foram presentes), já então para fazer face a algumas críticas que eram dirigidas às normas da FIFA.

[66] Nas palavras deste último *com a entrada em vigor da Constituição, a Comissão passará a ter uma base jurídica clara.*

[67] JOUE, de 28 de Junho de 2005, C 157/15 a C 157/21.

[68] Por outro lado, e num sinal de alguma preocupação perante o proposto domínio de intervenção da União Europeia, uma resolução saída da 10.ª Conferência dos Ministros Europeus Responsáveis pelo Desporto, do Conselho da Europa (Budapeste, 14-15 de Outubro 2004), entendeu reafirmar a complementaridade das acções do Conselho da Europa e da União Europeia no domínio do desporto, convidando o Comité de Ministros, tendo presente o artigo III-282 da Constituição Europeu, a assegurar que o Conselho da Europa continuará adequadamente a apoiar e basear o seu trabalho no âmbito das questões desportivas, para benefício dos europeus e dos governos dos Estados-membros, em conformidade com os seus próprios valores e objectivos.

[69] Decisão publicada na Desporto & Direito. Revista Jurídica do Desporto, Ano II, n.º 6, Maio/Agosto 2005, pp. 375-413, seguida de anotação de ANTÓNIO JOSÉ ROBALO CORDEIRO.

Encontravam-se em causa, nessa altura, normas sobre o carácter obrigatório da licença, a exclusão da sua atribuição a pessoas colectivas, a proibição aplicável aos clubes e aos seus jogadores de não recorrerem a agentes não licenciados, a exigência de uma caução bancária e o regime sancionatório.

Perante esta evolução, a Comissão Europeia informou o queixoso que a sua intervenção junto da FIFA tinha conduzido à eliminação dos principais aspectos restritivos do regulamento e que já não existia um «interesse comunitário em prosseguir com o processo».

Insatisfeito, o queixoso recorreu, então, para o TPI.

31.2. São muitas as questões abordadas nesta decisão do TPI, movendo-se essencialmente no âmbito das normas comunitárias que estabelecem as regras da concorrência.

Seja-nos permitido, contudo, destacar um aspecto, a saber, qual a legitimidade da FIFA para emanar tal regulamentação.

Na verdade, de acordo com o TPI, "o regulamento dos agentes" não tem um objecto desportivo, antes "rege uma actividade económica periférica à actividade desportiva em causa e afecta liberdades fundamentais".

Afirma o TPI ser então legítima a interrogação sobre o poder normativo que se atribui a uma organização desportiva privada, cujo fim estatutário é a promoção do futebol, "tendo em conta os princípios comuns aos Estados-membros em que se baseia a União Europeia".

E adianta o tribunal: *com efeito, o próprio princípio da regulamentação de uma actividade económica, que não diga respeito à especificidade desportiva nem à liberdade de organização interna das associações desportivas, por um organismo de direito privado como a FIFA, que não dispõe de qualquer delegação de uma autoridade púbica para o fazer, não pode ser imediatamente considerado compatível com o direito comunitário, sobretudo tratando-se do respeito pelas liberdades cívicas e económicas.*

Tal regulamentação, ainda de acordo com o TPI, que se enquadra nas funções de polícia de uma actividade económica e que afecta as liberdades fundamentais, é, em princípio, da competência das autoridades públicas. No entanto, no caso concreto, a competência normativa exercida pela FIFA, *na falta quase geral de regulamentações nacionais, só pode ser apreciada na medida em que afecta as regras da concorrência, à luz das quais deve ser apreciada a legalidade da decisão impugnada (da Comissão), sem que as considerações relativas à base jurídica que permite a FIFA exercer uma actividade regulamentar, por mais importantes que sejam, possam ser aqui objecto de fiscalização jurisdicional.*

31.3. Esta «fuga» ao problema vê-se justificada em outra consideração:

tendo em conta, entre outros aspectos, que as condições actuais do exercício da actividade de agentes de jogadores, caracterizadas por uma quase ausência geral de regulamentações nacionais e pela falta de uma organização colectiva desses agentes, entende-se que a Comissão Europeia não cometeu um erro manifesto de apreciação ao considerar que as restrições que decorrem do carácter obrigatório da licença eram susceptíveis de poderem beneficiar de uma isenção às regras relativa à concorrência.

O acórdão do TPI (refugiado num "parece") apenas refere a França como exemplo de país que adoptou uma regulamentação da profissão de agente desportivo e, de alguma forma, pelo menos circunstancialmente, convive bem com uma regulação de uma actividade económica por parte de uma federação desportiva internacional[70].

A questão que permanece, depois desta decisão do TPI, e que o tribunal não resolve, é a de saber, que posição adoptará a União Europeia quando se deparar com a regulação pública, por parte dos Estados-membros, da actividade de agente de jogadores. Terminará a "regulação da FIFA" ou partirá em busca da sua legitimidade jurídica[71]?

32. *Mais um contra-relógio na cidade do Luxemburgo*. O Tribunal de Justiça, através de acórdão de 12 de Abril de 2005 (Caso Simutenkov)[72], volta a dar a vitória a um competidor não comunitário, russo de nacionalidade. Repetiu-se, assim, o que tinha sucedido com o eslovaco Kolpak[73].

[70] Sucede que o nosso ordenamento jurídico também apresenta as suas soluções.
Em primeiro lugar, a Lei n.° 28/98, de 26 de Junho (sobre o contrato do praticante desportivo) dedica-lhe quatro artigos, de alguma forma "delegando" nas federações e nas ligas profissionais de clubes, importantes aspectos da regulamentação dessa actividade.

[71] Sobre a temática dos agentes dos jogadores e regulação da sua actividade, consulte-se o interessante artigo de Luis Marín Hita, "Una lectura diferente de las decisiones de la Unión Europea acerca de la normativa FIFA relativa a los agentes de jugadores", publicado na Revista Jurídica de Deporte y Entretenimiento, n.° 15, 2005, pp. 413-422.
Por outro lado, a recente Lei de Bases do Desporto, artigo 37.°, n.° 4, vem referir que o regime jurídico dos empresários desportivos consta de diploma próprio.

[72] Processo C-265-03. Cf. a leitura desta decisão que nos oferece Ángel Arios Domínguez, "Breve comentário a la sentencia Simutenkov: crónica de uma resolución anunciada", na Revista Jurídica de Deporte y Entretenimiento, n.° 15, 2005, pp. 407-411.

[73] Declarou o Tribunal: O artigo 23.°, n.° 1, do acordo de Parceria e de Cooperação entre as Comunidades europeias e os seus Estados-membros, por um lado, e a federação russa, por outro, assinado em Corfu, em 24 de Junho de 1994, e aprovado em nome das Comunidades Europeias através da decisão 97/800/CECA, CE, Euratom do Conselho e da Comissão, de 30 de Outubro

Portugal não tem estofo europeu?

33.1. Enquanto a Europa se vê percorrida pelo pelotão internacional, em Portugal vão-se realizando algumas competições nacionais.

O que agora adiantamos pretende apenas assinalar o quanto as regras dessas provas são por vezes distintas, não obstante a nossa pretensão em subir de escalão competitivo.

33.2. Como já o afirmámos, um dos temas desportivos que percorre a União Europeia[74], é o da livre circulação dos desportistas, não já tanto enquanto trabalhadores, mas sim, e apenas, como praticantes desportivos, pessoas que gostam de praticar desporto, em pé de igualdade, em qualquer Estado-membro da União Europeia.

A questão assume contornos especiais quando encaramos a prática desportiva organizada pelas federações desportivas.

Neste domínio, o Instituto do Desporto de Portugal organizou, no princípio do mês de Abril de 2005, um oportuno seminário.

Nesse encontro foi dado conhecimento que a Comissão Europeia tem vindo a receber queixas de que algumas federações desportivas nacionais colocam obstáculos à livre participação de praticantes desportivos em competições desportivas, designadamente no que respeita a cidadãos comunitários naturais de outros Estados-membros.

Ora, há muito tempo que chamamos à atenção para a necessidade do Estado fiscalizar as normas regulamentares das nossas federações desportivas, de molde a apurar se algumas delas contêm soluções discriminatórias quanto ao acesso de cidadãos comunitários à prática desportiva federada.

Esta nossa preocupação – e insistência – é determinada pelo princípio da legalidade, no sentido mais amplo, ao qual é devido estrita obediência por parte das federações desportivas, entidades que, como é sabido, exercem poderes de natureza pública.

de 1997, deve ser interpretado no sentido de que se opõe à aplicação a um desportista profissional de nacionalidade russa, contratado regularmente por um clube com sede num Estado-Membro, de uma regulamentação adoptada por uma federação desportiva do mesmo Estado, por força do qual os clubes só podem utilizar nas competições de âmbito nacional um número limitado de jogadores de Estados terceiros não pertencentes ao Acordo sobre o Espaço Económico Europeu.

[74] Veja-se adiante a confirmação ditada pelas palavras do responsável do Reino Unido, aquando do início da presidência europeia.

33.3. A tarefa fiscalizadora da Administração Pública, nem nos parece excessivamente onerosa dos serviços públicos. Nós próprios, em pouco tempo, com o recurso da Internet, mirámos alguns textos regulamentares federativos, com toda a facilidade.

Por exemplo, o Regulamento da Licença Desportiva da Federação Portuguesa de Vela. Este texto parece não conter nenhuma norma discriminatória para os praticantes comunitários.

O mesmo já não se pode afirmar das normas que regem a Associação de Voleibol do Porto (Circular n.° 1-2004/2005) e que se crê serem normas determinadas pela respectiva federação. Por exemplo, a taxa de inscrição de um atleta nacional sénior na II Divisão Masculinos é de 5 Euros.

Contudo, se se tratar de um praticante sénior oriundo de federação estrangeira – mesmo comunitário – essa taxa está sujeita ao encargo adicional de 500, 750, ou 1250 Euros, caso se trate de um, dois ou três atletas.

No mínimo, 100 vezes mais. Nada de discriminatório, portanto.

33.4.1. Voltando à vela, a direcção da respectiva federação deliberou recentemente sobre a participação de cidadãos estrangeiros em provas oficiais, nos seguintes termos: "Face à realidade vivida na modalidade da Vela, no respeitante ao significativo número de cidadãos estrangeiros com licença desportiva da FPV e perante a dúbia legislação em vigor sobre a possibilidade de participação destes cidadãos em provas nacionais, a FPV solicitou esclarecimento ao Instituto do Desporto de Portugal sobre esta matéria. Estamos a aguardar esclarecimento. Entretanto, a Direcção da FPV deliberou possibilitar a participação nas referidas provas àqueles cidadãos, desde que oriundos de países abrangidos pelo espaço Schengen. Contudo, para efeitos de classificação, estes participantes serão retirados do respectivo mapa, regata a regata."

Nas vésperas dos campeonatos de Portugal de Juniores e de Juvenis de 2005, esta posição foi «esclarecida», daí resultando que os cidadãos estrangeiros que tenham participado nas provas integrantes dos *rakings* regionais passaram a ser "convidados" a participar nesses campeonatos, sendo retirados do mapa de classificação final.

33.4.2. Voltando ao texto da FPV, é-nos difícil escolher o que nele mais destacar.

Se a opção pelos países Schengen, acolhida pela FPV, se o silêncio do IDP, entidade pública que, como já demos conta, organizou o seminário especificamente direccionado a «sensibilizar» as federações desportivas para a liberdade de circulação de praticantes desportivos não profissionais no espaço da União Europeia.

Por que razão os nacionais de países membros da União Europeia, embora não pertencentes ao espaço Schengen, não podem participar em competições nacionais de Vela (e podem os cidadãos da Islândia e da Noruega?)[75].

33.5. A imprensa desportiva deu também conta da adopção, por parte dos clubes da Liga de Clubes de Basquetebol (LCB), da "nova fórmula" quanto à utilização de estrangeiros.

Assim, a partir da próxima época, cada equipa só pode inscrever cinco estrangeiros, sem que entre eles se estabeleça qualquer diferenciação de nacionalidade. Podem ser cinco americanos, dois comunitários e três americanos, e por aí adiante.

A Federação Portuguesa de Basquetebol aplaudiu a medida.

Independentemente dos juízos que se possam fazer quanto à razoabilidade desportiva da decisão, do que não restam dúvidas é que a mesma constitui uma grave ilegalidade que não pode deixar de reclamar uma intervenção firme do Estado.

A competição da LCB vive há anos com normas regulamentares manifestamente violadoras da livre de circulação de trabalhadores no espaço comunitário, ou seja, desrespeita-se frontalmente o Direito Comunitário.

Para viver com essa limitação de acesso, em pé de igualdade, ao «mercado de trabalho nacional», por parte dos atletas nacionais dos outros Estados-membros da União Europeia, a LCB apoia-se num denominado "acordo de cavalheiros".

[75] Neste particular domínio de efectivação da norma comunitária, na defesa de uma "competição nacional" aberta a todos os cidadãos da União Europeia, o Governo português continua a agir sem a *intensidade* que se exige para o cumprimento das normas e princípios legais.
Com efeito, a 12 de Dezembro passado, o Ministro da Presidência, no seu discurso de abertura do Congresso do Desporto, denominou os entraves regulamentares existentes em algumas federações desportivas nacionais como "obstáculos burocráticos à prática desportiva por parte de alguns imigrantes que se encontram entre nós".
Por outro lado, o Secretário de Estado da Juventude e do Desporto, através do seu Despacho n.° 1/2005, de 21 de Setembro, partindo de considerandos que registam "estados de ilegalidade grave" em "algumas" federações desportivas, limita-se, contudo, a determinar que o Instituto do Desporto de Portugal oficie a todas as federações desportivas titulares do estatuto de utilidade pública desportiva, no sentido de retirarem dos seus estatutos e regulamentos "... todas as normas que estabeleçam regras distintas consoante estejam em causa cidadãos de nacionalidade portuguesa, cidadãos comunitários ou cidadãos com os quais o Estado português ou a União Europeia tenham acordos de reciprocidade".
Não se estabelece um único prazo, nem se alerta para o necessário sancionamento face a uma eventual omissão na concretização das medidas "sugeridas". Um discurso e uma *praxis* administrativa bem *soft* para o que se encontra em jogo.

Agora, de novo com base num "acordo de cavalheiros" (estranha designação que se adopta para violar a lei), renovam-se essas ilegalidades.

34.1. Sendo válida a premissa de que um praticante desportivo "cidadão europeu" pode participar numa competição desportiva federada portuguesa, poderá ele ser consagrado «campeão nacional» de Portugal?

A questão assume particular importância dado a lei portuguesa expressamente oferecer resposta nesta matéria.

Com efeito, dispõe o artigo 48.°, do Decreto-Lei n.° 144/93, de 26 de Abril – diploma que se ocupa do regime jurídico das federações desportivas – nos seguintes termos:

> 1. As competições organizadas pelas federações desportivas, ou no seu âmbito, que atribuam títulos nacionais ou regionais, disputam-se em território nacional.
> 2. As competições referidas no número anterior só podem ser disputadas por clubes ou sociedades com fins desportivos com sede em território nacional e, em caso de atribuição de título individual, por cidadãos nacionais.

O Partido Comunista Português, em Dezembro de 1998, chegou a apresentar uma iniciativa legislativa procurando salvaguardar o acesso a essas competições desportivas relativamente aos indivíduos imigrantes residentes em Portugal. O projecto de lei não teve, porém, qualquer seguimento.

34.2. Centremo-nos nas competições que visam atribuir um título nacional.

O principio da não discriminação, assente no Direito Comunitário, "invalidará" a citada norma legal?

A resposta deve ser cautelosa e quase diríamos "localizada no tempo".

Que queremos significar com estas advertências?

Em primeiro lugar, que o processo de integração europeia, com a sua componente de cidadania europeia, é isso mesmo, um processo, com os seus tempos, a sua evolução ditada por diversas circunstâncias políticas, mas também de outra natureza.

Por exemplo, não é por acaso que os cidadãos comunitários «apenas» podem exercer o seu direito de sufrágio, na actualidade, nas eleições locais.

Em segundo lugar, convém ter presente a jurisprudência do Tribunal de Justiça das Comunidades Europeias, desde logo o Acórdão Bosman, onde a composição das selecções nacionais foi encarada, por assim dizer, como uma excepção à livre circulação de praticantes desportivos profissionais no âmbito da União Europeia.

Ou seja, não se descarta, de forma absoluta, que no futuro – decorridos 10, 20, 50 anos? – o "valor nacionalista" venha a perder o seu espaço na prática desportiva, abrindo espaço a que um polaco seja o campeão português de petanca em singulares, ou em qualquer outra modalidade desportiva quando praticada em moldes individuais.

Contudo, no "momento actual", afigura-se-nos que a União Europeia não censurará que a atribuição de um título nacional tenha como únicos destinatários os naturais de cada um dos Estados-membros.

34.3. Resta uma questão a resolver, mirando a lei portuguesa.

Se bem lemos a norma, ela não proíbe só o acesso ao título nacional; vai a montante impedir a participação na própria competição desportiva que vise a atribuição daquele título. Não será concebível uma leitura "conforme ao Direito Comunitário", para que o cidadão comunitário possa participar na competição em causa, sendo o título nacional atribuído (sempre) ao cidadão nacional mais bem classificado?

Um desporto europeu adiado?

35. *Paris, 29 de Maio de 2005.* Terminada a Volta, com a classificação final geral de que demos conta, o procedimento tendente à homologação dos resultados, impunha ainda um adicional périplo por 25 cidades europeias.

A etapa de Madrid converteu-se num passeio triunfal.

Contudo, em Paris, a 29 de Maio de 2005, o pelotão não passou, o mesmo vindo a suceder na Haia, a 1 de Junho seguinte.

O desporto viu-se, assim, ultrapassado em "cima da meta", nesta sua busca de afirmação ao nível de um texto primário da União Europeia.

Contudo, a consagração do desporto na Constituição Europeia, não representaria, ao contrário do que muitos desejavam, a criação de qualquer regime de excepção ou de especificidade, no que tange ao respeito do Direito Comunitário por parte das entidades desportivas, quando a actividade desportiva, por qualquer razão, entre em contacto com as normas da União Europeia, desde logo em matérias tão relevantes como a defesa da concorrência ou a liberdade de circulação de trabalhadores.

Como afirmava a comissária europeia Viviane Reding, em finais de Novembro de 2004, na abertura do XII Fórum Europeu do Desporto, o desporto, com as suas especificidades e os seus valores próprios, resta submetido ao direito comum, do Estado e da União Europeia.

Para a Europa, no entanto, o desporto assume, no quadro actual, outras valências a que urge dar atenção.

E esse *Desporto Europeu*, já se constrói, independentemente da aprovação do texto constitucional.

Exemplos do que afirmamos recolhem-se em diversas iniciativas europeias: no Ano Europeu da Educação pelo Desporto (2004) e na elaboração de quatro estudos, sobre os sistemas de educação dos jovens desportistas na Europa, o ensino das profissões do desporto na Europa relacionado com a criação de emprego no sector, a contribuição do desporto, como instrumento de educação não formal, para o diálogo multicultural dos jovens e os novos hábitos sedentários dos jovens (análise das consequências educativas e do papel das actividades desportivas, como instrumento de equilíbrio).

36.1. *Europa é sinónimo de desporto.* Segundo os dados que nos são oferecidos por Colin Miège e Jean-Christophe Lapouble [76] num total de 66 federações desportivas internacionais reconhecidas pelo Comité Olímpico Internacional [77], 53 – ou seja, 80% – estão instaladas na Europa e um terço delas num dos (à altura) 15 Estados-membros da União Europeia.

Quanto à nacionalidade dos dirigentes destas instâncias desportivas internacionais, mais de três quartos dos cargos directivos são europeus, sendo que 62% deles são provenientes daqueles 15 Estados-membros.

No que respeita à nacionalidade dos presidentes dessas federações, cerca de dois terços são europeus e 57% nacional de um dos Estados-membros.

Para além destes impressionantes dados, registe-se ainda que, por exemplo, só no ano de 1999, se realizaram 77 campeonatos do mundo e 102 campeonatos europeus, em diversas disciplinas desportivas.

Constata-se, pois, uma clara *europeização* da organização internacional do desporto.

36.2. Esta *impregnação* do desporto na sociedade europeia é-nos ainda descodificada, em momento bem recente, através dos resultados de um estudo *Eurobarómetro* sobre o tema dos cidadãos da União Europeia e o Desporto, obtidos durante os meses de Outubro e Novembro de 2004.

Eis alguns dos registos obtidos:

- 38% dos europeus praticam desporto ou fazem exercício;

[76] Como na nota 3, p. 61.

[77] O qual, como se sabe, tem sede na Suiça.

- à questão respeitante à *prática desportiva ou exercício físico pelo menos uma vez por semana*, o melhor resultado é alcançado na Finlândia (75%) e na Suécia (70%). Os resultados mais fracos verificam-se na Hungria (20%), Portugal (22%) e Eslováquia (24%);
- de entre os europeus que praticam desporto, 16% encontra-se inscrito num clube (23%), 15% num centro de *fitness* (20%) e 6% em estabelecimentos escolares (incluindo universidades)[78];
- 78% dos europeus afirmam que o desporto permite principalmente melhorar a saúde, representando um instrumento muito eficaz contra a obesidade (91%);
- perguntados sobre os valores que o desporto mais desenvolve, 52% dos europeus mencionam o espírito de equipa;
- o desporto representa um vector de integração para as populações imigrantes (73%) e um instrumento contra a discriminação (64%);
- 77% dos cidadãos europeus são favoráveis a que a escola dedique mais tempo ao desporto;
- 82% dos europeus são de opinião que deveria existir uma melhor cooperação entre o sistema educativo e as organizações desportivas no seu país;
- 51% dos cidadãos europeus defendem um acréscimo da capacidade da União em intervir no desporto;
- a União Europeia deve colaborar com as organizações desportivas nacionais e com os governos (63%);
- a maioria dos europeus (59%) concorda que a promoção dos valores éticos e sociais pelo desporto deve ser uma prioridade para A União Europeia;
- quatro em cada cinco dos cidadãos europeus entendem que a União Europeia deve participar na luta contra o doping;
- 62% dos europeus opina que é útil a consagração do desporto no Tratado.

36.3. Se olharmos, agora, para o programa da presidência do Reino Unido, o caminho que se vê delineado, situa-se nesta *visão europeia do desporto*.

Na verdade, bem cedo verificamos que o *combate à discriminação* – dir-se-ia interna – *no desporto* se apresenta como uma das prioridades.

[78] Contudo, 51% dos europeus fazem desporto para além dos clubes, dos *fitness*, dos centros desportivos e das escolas.

O porta-voz do responsável governamental pelo desporto do Reino Unido, anunciou que a Comissão iria procurar receber, a breve prazo, as respostas das autoridades nacionais relativamente às regras federativas nacionais, com o intuito de apurar se essas normas federativas contêm disposições discriminatórias contra os não-nacionais.

A intenção é levar esse acervo à próxima reunião informal de ministros, a realizar a 19-20 de Setembro próximo[79].

Mais se adiantou, que a Comissão não hesitará em iniciar os processos que se tornem necessários caso se apurem soluções discriminatórias[80].

Na já referida reunião informal de ministros europeus, entretanto realizada, entre outras importantes expressões políticas, foi afirmada a intenção de ratificar a Convenção contra o doping no desporto, da UNESCO, o apoio às recomendações da Presidência no que respeita à promoção da igualdade de oportunidades e da diversidade no (e através) do desporto, quer ao nível nacional, quer ao nível europeu e ainda o apoio à prioridade, estabelecida pela Presidência, na defesa do desporto e da actividade física como meios de promoção da defesa da saúde.

Continuamos a correr

37. *Tudo como dantes, quartel geral no Luxemburgo?* Duma leitura *economicista* da actividade desportiva – o desporto como actividade económica sujeito aos princípios e normas comunitárias que abarcam esse tipo de actividade, designadamente, o princípio da liberdade de circulação dos trabalhadores e a defesa da livre concorrência –, a União Europeia olha cada vez mais o desporto como uma realidade prenhe de virtudes no domínio social.

Sem afastar a primeira vertente[81], a União Europeia, começa a marcar, de forma nada despicienda, um novo programa para o desporto europeu, bem para

[79] Para essa reunião agendaram-se as matérias do combate contra a dopagem, a promoção da igualdade de oportunidades e da diversidade no e através do desporto, a relação desporto e saúde – a luta contra a obesidade juvenil – e a promoção do voluntariado no desporto.

[80] Cf. www.euractiv.com/Article?, em 5 de Julho de 2005.

[81] A mais recente *intervenção* veio da Comissão Europeia que, em finais de Dezembro do ano passado, intimou a França a modificar a sua legislação que interdita aos clubes de futebol profissional o cotação em bolsa. Segundo a Comissão Europeia, tal entrave constitui uma restrição injustificada à liberdade de circulação de capitais em violação do artigo 56.° do Tratado.

além da restrita visão do desporto enquanto actividade económica, até há bem pouco tempo a única razão que a motivava a *entrar no desporto*.

É certo que a consagração formal do desporto num texto como o da Constituição Europeia, nesta perspectiva, contribuiria, como é bom de ver, para um acelerar da *velocidade do pelotão*.

Contudo, na ausência dele, não se nos afigura que o desporto (*fugitivo*) consiga isolar-se de forma inatingível.

Não se deixe de registar, por fim, na linha de Loïc Grard[82], que o Tribunal de Justiça tem desempenhado – quer se queira quer não – um papel bem mais para além do de guardião da "legalidade comunitária".

Com efeito, e substituindo-se inclusive aos tribunais nacionais, ao Tribunal Europeu dos Direitos do Homem e mesmo ao Tribunal Arbitral do Desporto (dada a especificidade deste), ele tem sido encarado pelos agentes desportivos como a instância jurisdicional que pode fazer face ao "poder desportivo".

A jurisdição do Luxemburgo torna-se, assim, por esta via, num verdadeiro tribunal de questões desportivas.

[82] Como na nota 65, pp. 290-291.

A criminalidade económica: perspectivas dogmáticas e desafios político-criminais

DR. RUI PEREIRA

1. As infracções económicas estão intimamente associadas a duas das mais importantes tendências político-criminais que se desenvolveram na Europa após a segunda guerra mundial.

A primeira dessas tendências foi desencadeada, em termos normativos, em 1952, ano em que, por influência de Eberhard Schmidt[1], a República Federal Alemã promulgou a *Gesetz über Ordunungswidrigkeiten* (lei das contra-ordenações), que constituiu uma reacção contra o movimento hipercriminalizador. Na verdade, no período antecedente, o Direito Penal fora posto ao serviço dos mais variados fins económico-sociais, surgindo uma prolífera legislação extravagante de "Direito Penal Administrativo".

No fundo, a criação do Direito de Mera Ordenação Social pretendeu dar resposta a uma questão que se colocava à Alemanha, e também a outros Estados europeus, no pós-guerra: como assegurar a autoridade do Estado, em países devastados, sem criar um Direito Penal opressivo e totalitário, que evocasse os fantasmas do nazismo[2]? Como depurar o Direito Penal de incriminações de carácter político e de condutas destituídas de ressonância ética?

[1] Cfr. EBERHARD SCHMIDT, "Das neue Wirtschaftsstrafrecht", *Grundsätzliches zu einer Ausgestaltung und Anwendung*, 1950.

[2] A esta antinomia se refere COSTA ANDRADE, em "Contributo para o conceito de contra-ordenação (a experiência alemã)", *Revista de Direito e Economia*, 6/7 (1980-1981), pp. 81-121, e *Direito Penal Económico e Europeu: Textos Doutrinários*, vol. I, *Problemas Gerais*, pp. 75-107 (p. 93).

A criação deste novo ramo de direito sancionatório público veio dar uma resposta satisfatória ao problema. Não se tratando de Direito Penal, estaria afastada uma indesejável estigmatização inerente e, sobretudo, a aplicação de sanções privativas da liberdade (pena de prisão), cujo efeito criminógeno é reconhecido. Além disso, o Direito de Mera Ordenação Social permitiria um certo descongestionamento dos tribunais, por as suas sanções – coimas e respectivas sanções acessórias – serem de aplicação extrajudicial, isto é, serem aplicadas por autoridades administrativas, apesar de se assegurar aos particulares o direito de recurso para os tribunais (genericamente decorrente, no caso português, do n.° 1 do artigo 20.° da Constituição).

Duas críticas essenciais se podem dirigir, no entanto, ao Direito de Mera Ordenação Social: a primeira indica que a diferença entre ele e o Direito Penal é apenas de forma. Nesta perspectiva, Michels afirma que existe uma unidade estrutural entre os crimes do Direito Penal Secundário e as contra-ordenações, embora a unidade categorial se estabeleça entre os crimes clássicos (do chamado Direito Penal Primário ou de Justiça) e os crimes do Direito Penal Secundário [3]. A segunda crítica, mais incisiva, pretende que o Direito de Mera Ordenação Social é inconstitucional no seu todo, por violar a reserva da função jurisdicional dos tribunais e, em última instância, o princípio da separação e interdependência de poderes decorrente do Estado de direito democrático (artigos 202.°, n.° 1, e 2.°, respectivamente, da Constituição). Esta crítica sugere, no fundo, que o Direito de Mera Ordenação Social constitui uma forma de fugir à intervenção dos tribunais e excluir as garantias de defesa inerentes ao processo penal (artigo 32.°, n.° 1, da Constituição portuguesa) [4].

Todavia, ambas as críticas, que aliás estão conexionadas logicamente, podem ser rebatidas. Indispensável, para o efeito, é que se consiga estabelecer uma diferença material entre crimes e contra-ordenações, por um lado, e, por outro, entre as correspondentes sanções – penas e coimas.

Ora, na verdade, é possível formular um critério qualitativo de distinção entre crimes e contra-ordenações, como, com algumas variações, fazem Michels [5] e

[3] H. Michels, *Strafbare Handlung und Zwiderhandlung. Versuch einer materiellen Unterscheidung zwischen Kriminal- und Verwaltungstrafrecht*, 1963, p. 58. Ver, sobre isto, Costa Andrade, *text. cit.*, pp. 102-3.

[4] Cfr. H. Mattes, *Untersuchungen zur Lehre von den Ordnungswidrigkeiten*, I, *Geschichte und Rechtsvergleichung*, 1977, p. 85 e ss. (em especial, p. 91). Ver ainda, sobre esta questão de constitucionalidade, Fernanda Palma, *Direito Penal. Parte Geral*, 1994, p. 79 e ss.

[5] *Ibid.*, p. 43. Michels procede à distinção através da carga ética das condutas.

Amelung[6], na doutrina alemã, ou Eduardo Correia[7] e Figueiredo Dias[8], na doutrina portuguesa (nomeadamente através da ideia de ressonância ética). Uma tal distinção permite compreender aspectos de regime como, por exemplo, o sancionamento das pessoas colectivas e a consagração de infracções de perigo abstracto e de desobediência no Direito de Mera Ordenação Social, ao contrário do que, em regra, deve suceder num Direito Penal que erige como fim das penas a defesa de bens jurídicos e como princípio legitimador a subsidiariedade ou intervenção mínima (artigos 40.°, n.° 1, do Código Penal e 18.°, n.° 2, da Constituição).

No plano das sanções, a crítica segundo a qual a distinção entre penas e coimas é formal e contraria o senso comum (por se tratar de realidades materialmente idênticas) também não será decisiva desde que se consiga estabelecer um espaço de reserva do Direito Penal. Esse espaço, no que respeita às pessoas singulares, é fornecido pela pena de prisão. Com efeito, por mais desejável que seja criar alternativas a esta pena, ela ainda constitui hoje o *ex libris* do Direito Penal, explicando todo o conjunto de princípios restritivos e garantias de defesa que lhe estão associados. E até mesmo no âmbito da responsabilidade penal das pessoas colectivas se pode identificar uma pena que não deve ser admitida no Direito de Mera Ordenação Social: trata-se da pena de dissolução, verdadeira pena de morte da pessoa colectiva, não proibida pela Constituição que apenas proscreve a pena de morte propriamente dita (artigo 24.°, n.° 2). De facto, esta pena consubstancia uma limitação de tal maneira grave ao direito de associação (artigo 46.° da Constituição) que não se crê ser possível deixar a sua aplicação a autoridades administrativas.

Encarado de início como um fenómeno estritamente germânico, o Direito de Mera Ordenação Social foi acolhido em Portugal em 1979, por influência

[6] K. AMELUNG, *Rechtsgüterschutz und Schutz der Gesellschaft*, 1972, p. 291 e ss. O autor refere a existência de normas que as pessoas interiorizam, independentemente do conhecimento da lei, no processo de socialização, a par de normas de criação legal propriamente dita (que englobarão a mera ordenação social).

[7] EDUARDO CORREIA, "Direito Penal e Direito de Mera Ordenação Social", *Boletim da Faculdade de Direito da Universidade de Coimbra*, XLIX (1973), pp. 257-281, e *Direito Penal Económico e Europeu...*, *op. cit.*, pp. 3-18 (pp. 8-9), ainda remete para a ideia de mínimo ético o campo de intervenção penal.

[8] FIGUEIREDO DIAS, "O movimento da descriminalização e o ilícito de mera ordenação social", *Jornadas de Direito Criminal: O Novo Código Penal Português e Legislação Complementar*, C.E.J., I, 1983, pp. 317-336, e *Direito Penal Económico e Europeu...*, *op. cit.*, pp.19-33 (pp. 26-7), adverte que é a ausência de ressonância ética das condutas e não dos ilícitos de mera ordenação social que permite distinguir estes ilícitos dos crimes.

de Eduardo Correia, que, pela primeira vez, se referiu a ele na exposição de motivos do Anteprojecto de Parte Geral do Código Penal apresentado em 1963 e que desenvolveu as respectivas bases doutrinárias num artigo publicado em 1973, no Boletim da Faculdade de Direito da Universidade de Coimbra[9]. No plano normativo, foi o Decreto-Lei n.° 232/79, de 24 de Julho, que instituiu o ilícito de mera ordenação social. Presentemente, o regime geral deste ilícito, que se estende das infracções contra a economia e a saúde pública (Decreto-Lei n.° 28/84, de 20 de Janeiro) até ao consumo de estupefacientes e substâncias psicotrópicas (Lei n.° 30/2000, de 29 de Novembro), passando pelo relevantíssimo domínio das infracções ao Código da Estrada, continua a estar previsto no Decreto-Lei n.° 433/82, de 27 de Outubro (embora tal diploma tenha sido sujeito a sucessivas revisões[10]).

O Direito Penal português, que se baseava numa tripartição de ilícitos penais semelhante à da lei penal francesa (com a distinção entre crimes, delitos e contravenções, por ordem de gravidade decrescente), quase erradicou, num processo paulatino que se estendeu por duas décadas, as contravenções. Por último, o actual Governo português comprometeu-se, no seu Programa, a substituir as contravenções residuais ainda vigentes por contra-ordenações, em homenagem a uma política de descriminalização das bagatelas penais e de descongestionamento dos tribunais.

2. A segunda grande tendência que se registou no pós-guerra, de sinal contrário ao movimento descriminalizador, conduziu à criação de um Direito Penal Secundário, de que é parte integrante e traço matricial o Direito Penal Económico.

Na realidade, o Direito Penal Secundário encontra as suas raízes profundas na doutrina do Direito Penal de Polícia de Feuerbach e na doutrina do Direito Penal Administrativo de Goldschmidt e Wolf, desenvolvidas ao longo dos séculos XVIII, XIX e XX. Mais recentemente, na Alemanha, foi a *Wirtschaftsstrafgesetz* de 1949 (lei penal da economia) que introduziu, no pós-guerra, o Direito Penal Secundário[11].

Em Portugal, foi o Decreto-Lei n.° 41204, de 24 de Julho de 1957, que, pela primeira vez, instituiu de forma sistemática o regime de infracções contra

[9] Eduardo Correia, "Código Penal. Projecto da Parte Geral", Separata do *B.M.J.*, n.°s 127 (1963), pp. 68-9, e *text. cit.*

[10] Cfr. Decretos-Leis n.°s 356/89, de 17 de Outubro, e 244/95, de 14 de Setembro.

[11] Cfr., sobre toda esta evolução, Costa Andrade, *text. cit.*, p. 79 e ss.

a saúde pública e economia nacional. Mas este diploma não impediu a proliferação legislativa nessa área, com especial incidência no período que se seguiu à revolução de 1974, durante o qual o poder político pretendeu a todo o custo evitar a fuga de capitais e a sabotagem económica. Esta lei viria a ser substituída pelo já citado Decreto-Lei n.° 28/84 que, no essencial, ainda está em vigor e prevê, em paralelo, os crimes e as contra-ordenações contra a saúde pública e a economia. De resto, a distinção entre uns e outras é árdua: assim, por exemplo, o abate de animais em locais não destinados ao efeito constitui crime, mas o abate em locais próprios sem respeitar as regras estabelecidas corresponde já a uma contra-ordenação.

Hoje, o Direito Penal Económico estende-se, em Portugal, como na generalidade dos países europeus, por uma vastidão de domínios que englobam, entre outros, os incêndios florestais, as infracções tributárias, as infracções contra a propriedade industrial e a caça [12].

3. Uma pergunta legítima, que se segue à identificação das duas orientações de sinal oposto a que fiz referência, indaga se o Direito de Mera Ordenação Social não bastaria para responder às infracções económicas. Afinal, a criação de um Direito Penal Económico não derivará de um certo dogmatismo moral, por um lado, e, por outro, da instrumentalização do Direito Penal pelo Estado para prosseguir fins políticos, económicos e sociais que deveriam ser alcançados por outros meios? A própria diversidade de nomes a que se recorre para referir este sub-ramo do Direito Penal – que vai do sugestivo *white collar crime* da criminologia[13] ao respeitável *Droit pénal des affaires* de Delmas-Marty [14], passando pelo anódino Direito Penal Económico – não comprova o seu artificialismo?

[12] Ver, em matéria de incêndios florestais, a Lei n.° 19/86, cuja vigência, aliás, é controversa (ante o disposto no artigo 272.° do Código Penal de 1995). O regime geral das infracções tributárias está contido na Lei n.° 15/2001, de 5 de Junho. As infracções contra a propriedade industrial estão tipificadas no Decreto-Lei n.° 36/2003, de 18 de Outubro. A Lei (da Caça) n.° 173/99, de 21 de Setembro, contempla, nos artigos 28.° e seguintes, um crime contra o ambiente (preservação da fauna e das espécies cinegéticas), mas também crimes de exercício perigoso da caça e de exercício da caça sob a influência do álcool, flagrantemente inspirados nos crimes de condução perigosa de veículo rodoviário (perigo concreto) e de condução de veículo em estado de embriaguez (perigo abstracto), previstos nos artigos 291.° e 292.°, respectivamente, do Código Penal, e crimes de falta de habilitação para o exercício da caça e de desobediência.

[13] Cfr. Figueiredo Dias e Costa Andrade, *Criminologia. O Homem Delinquente e a Sociedade Criminógena*, 1992 (reimp.), p. 76 e ss.

[14] Delmas-Marty, *Droit pénal des affaires*, 1973.

A pergunta é reforçada, aliás, pela natureza liberal do nosso Direito Penal. Em termos sistemáticos, o Código Penal português prevê em primeiro lugar os crimes contra as pessoas, a começar pelo homicídio, e só depois, sucessivamente, os crimes contra o património, contra a paz, contra a sociedade e contra o Estado. Esta ordenação é quase a oposta à do Código Napoleão e à do Código Penal português de 1852/86, que apresentava, em relação ao referente francês, a particularidade de consagrar à cabeça, antes ainda dos crimes contra o Estado, os crimes contra a religião.

Todavia, algumas infracções económicas, pela sua gravidade, dimensão e consequências, são susceptíveis de pôr em causa o próprio Estado de direito democrático. Na sua defesa da democracia através do pluralismo, Michael Walzer previne que a justiça é ameaçada quando o critério de distribuição de um determinado sistema (ou área, para utilizar uma linguagem não comprometida com o funcionalismo) invade outros sistemas [15]. Assim, a invasão dos circuitos de decisão política – ou desportiva, por exemplo – por critérios económicos, impostos por comportamentos desviantes, põe em causa a própria democracia.

Mas, para além da defesa do Estado de direito democrático – e, antes disso, da seriedade ou da confiança na Administração, que, abstraindo da natureza do regime político, explica o profundo lastro histórico de crimes como a corrupção [16] –, a consagração de crimes económicos é hoje reclamada com veemência pela necessidade de tutelar bens jurídicos supra-individuais da maior importância: o ambiente e a saúde pública, para além da justiça fiscal e da liberdade do mercado, incluem-se nesse domínio, bastando recordar, para compreender a sua importância decisiva, as recentes catástrofes ambientais e epidemias como a SIDA, a BSE e a gripe das aves.

4. Reconhecendo a necessidade político-criminal de um Direito Penal Económico – que constitui parte importante do Direito Penal Secundário, embora não o esgote –, cabe perguntar quais são as características desse subramo do Direito Penal.

É claro que ele se distingue, em primeiro lugar, pela natureza dos bens jurídicos protegidos. Depois, deve observar-se que ele costuma estar previsto na legislação avulsa. Mas esta regra comporta excepções: crimes como a corrupção,

[15] Michael Walzer, *Spheres of Justice. A Defence of Pluralism & Equality*, 1982, pp. 10-13.

[16] Sobre o crime de corrupção em geral, ver os comentários de A. M. Almeida Costa aos artigos 372.° a 374.° no *Comentário Conimbricense do Código Penal, Parte Especial*, tomo III, artigos 308.° a 386.°, p. 654 e ss.

o peculato e o próprio tráfico de influência estão tipificados no Código Penal, dada a sua sedimentação histórica, estabilidade dogmática ou gravidade relativa.

Porém, o que na verdade se pergunta é se é possível reconhecer ao Direito Penal Económico certos traços dogmáticos distintivos [17], que permitam até esboçar orientações político-criminais para o futuro. E é possível, com efeito, assinalar algumas características, por exemplo, em matéria de comparticipação criminosa, imputação objectiva, dolo e erro, causas de justificação e de desculpa e responsabilidade das pessoas colectivas.

Em matéria de comparticipação criminosa, o legislador consagra, no Direito Penal Económico e no Direito Penal Secundário em geral, conceitos muito abrangentes de autoria e acção típica, que tendem a anular, na prática, as categorias de instigador e de cúmplice (ou seja, a autonomia dos participantes em sentido estrito). Um exemplo muito claro pode ser dado em matéria de tráfico de droga, no âmbito do qual o legislador prevê um leque tão vasto de condutas que não é fácil imaginar um instigador ou um cúmplice do crime [18].

No domínio da imputação objectiva, observa-se que é frequente recorrer a crimes de perigo, antecipando-se a tutela do bem jurídico e dispensando-se a verificação do dano. Mas, para além disso, a imputação sugere muitas vezes a substituição de critérios baseados ainda numa ideia de causalidade naturalística (próprios de muitos crimes do Direito Penal de Justiça, como o homicídio e as ofensas à integridade física) por critérios de tipo normativo, como o de risco [19].

No plano do dolo e do erro, os crimes económicos justificam duas reflexões especiais. A primeira resulta do recurso frequente a elementos normativos do tipo na descrição destes crimes. Assim, para que o agente actue com dolo, apenas se requer o conhecimento do significado, na sua esfera de leigo (e não um conhecimento exacto fundado em percepções sensoriais), de conceitos como "contrafacção ou depreciação de produto" ou "aditivo alimentar" [20]. A segunda

[17] Ver Figueiredo Dias, "Para uma dogmática do direito penal secundário", *R..L.J*, ano 116.° (1983-1984), pp. 263 e ss., e ano 117.° (1984-1985), p. 7 e ss., e *Direito Penal Económico e Europeu...*, *op. cit.*, pp. 35-74, e Faria Costa, *Direito Penal Económico*, 2003, p. 99 e ss.

[18] Cfr. o artigo 21.°, n.° 1, do Decreto-Lei n.° 15/93, de 22 de Janeiro.

[19] Vejam-se, por exemplo, os crimes previstos nos artigos 321.° e seguintes do já citado Decreto-Lei n.° 36/2003, os quais prevêem infracções contra a propriedade industrial que incluem a violação do exclusivo da patente, o uso ilegal de marca e a violação de denominação de origem.

[20] Cfr. artigos 23.° e 24.° do citado Decreto-Lei n.° 28/84 (Infracções contra a Economia e a Saúde Pública), que prevêem, respectivamente, os crimes de fraude sobre mercadorias e contra a genuinidade, qualidade ou composição de géneros alimentícios e aditivos alimentares.

assenta na ausência de ressonância ética de muitas condutas contempladas pelo Direito Penal Económico, a qual permite aplicar o regime de exclusão do dolo previsto no n.° 1 do artigo 16.° do Código Penal, que se refere a "proibições cujo conhecimento é razoavelmente indispensável à tomada de consciência da ilicitude" [21]. A consequência deste regime pode ser a impunidade, tendo em conta que os crimes do Direito Penal Económico não são, em regra, puníveis na forma negligente.

No contexto das causas de exclusão da ilicitude, é de sublinhar a renitência com que a jurisprudência encara a possibilidade de justificar a conduta do agente não apenas por legítima defesa mas ainda ao abrigo do direito de necessidade. Não tem tido sucesso, por exemplo, a invocação do direito de necessidade ou do conflito de deveres por empresários que cometem o crime de abuso de confiança fiscal ou contra a segurança social para, alegadamente, pagarem retribuições aos trabalhadores. Nem mesmo a tentativa de recorrer ao estado desculpante para eximir estes agentes de responsabilidade penal se tem revelado proveitosa [22].

Por fim, ao contrário do que sucede no Direito Penal de Justiça, em que a responsabilidade penal das pessoas colectivas é considerada excepcional [23], por razões que encontram a sua origem em concepções de culpa de índole psicológica ou baseadas no livre arbítrio, no Direito Penal Secundário consagra-se com generosidade a responsabilidade penal das pessoas colectivas (sempre sem prejuízo, claro está, da concomitante responsabilidade penal das pessoas singulares [24]). Esta solução é imposta pela necessidade de evitar que o crime constitua uma actividade vantajosa, no âmbito da qual a punição de pessoas singulares surja como um risco empresarial suportável.

[21] Norma cuja introdução na Ordem Jurídica portuguesa, em ruptura com o velho dogma da irrelevância do "erro de Direito", foi determinada pela obra de FIGUEIREDO DIAS, *O Problema da Consciência da Ilicitude em Direito Penal*, 2.ª ed., 1978. Sobre a aplicabilidade do regime em Direito Penal Económico, ver FARIA COSTA, *ob. cit.*, pp. 123-125.

[22] Vejam-se, entre outros, os Acórdãos do S.T.J. de 13 de Dezembro de 2001 (proc. n.° 2448/01) e de 18 de Junho de 2003 (proc. n.° 3723/02), consultável em www.dgsi.pt, que recusam a justificação ou a desculpa do crime de abuso de confiança, por direito de necessidade, conflito de deveres ou estado de necessidade.

[23] Cfr. artigo 11.° do Código Penal.

[24] É o que determina, por exemplo, o n.° 3 do artigo 3.° do citado Decreto-Lei n.° 28/84 (Infracções contra a Economia e a Saúde Pública).

5. Se podemos aceitar, com relativa pacificidade, esta caracterização do Direito Penal Económico e do Direito Penal Secundário em geral, hoje coloca-se uma questão mais perturbante a propósito desses sub-ramos do Direito Penal: como é sabido, nas últimas décadas – a partir dos anos oitenta do século passado –, tem vindo a ser desenvolvido um "Direito Penal de primeira velocidade" (um "Direito Penal do inimigo", para utilizar a controversa expressão de Jakobs[25]), que engloba vários institutos de Direito Penal substantivo e adjectivo mais severos, eficazes e céleres do que aqueles que caracterizam o Direito Penal clássico.

Os conceitos abrangentes de autoria e actos executivos, a previsão de crimes de perigo abstracto, a punição dos actos preparatórios, a responsabilidade penal das pessoas colectivas[26], as acções encobertas[27], a perda de bens cuja proveniência seja inexplicável[28], a protecção de testemunhas[29] e a quebra dos sigi-

[25] Cfr. G. Jakobs, "Das selbsverständnis der Strafrechtswissenschaft vor den Herausforderung der Gegenwart", *Die deutsche Strafrechtwissenschaft vor der Jahrtausende* (org. Eser e Hassemer), 2000, pp. 47-57.

[26] A responsabilidade penal das pessoas colectivas consagrada para o crime de terrorismo pela Lei n.° 52/2003, de 22 de Agosto, na sequência da aprovação da Decisão Quadro n.° 2002/475/JAI, do Conselho, de 13 de Junho.

[27] Tendo começado por ser autorizadas apenas para o tráfico de droga, as acções encobertas são hoje previstas, pela Lei n.° 101/2001, de 25 de Agosto, no âmbito do inquérito e do "pré-inquérito", em relação a um vasto elenco de crimes que inclui, para além de outros crimes graves, violentos ou "organizados", o branqueamento, a corrupção, o peculato, a participação económica em negócio, o tráfico de influência, a fraude na obtenção ou desvio de subsídio ou subvenção, as infracções económico-financeiras cometidas de forma organizada ou com recurso à tecnologia informática, as infracções económico-financeiras de dimensão internacional ou transnacional, a contrafacção de moeda ou títulos e os crimes relativos ao mercado de valores mobiliários. Ver, sobre o regime das acções encobertas, o que escrevi em "O 'agente encoberto' na Ordem Jurídica portuguesa", *Medidas de Combate à Criminalidade Organizada e Económico-Financeira*, C.E.J., 2004, pp. 11-41.

[28] A Lei n.° 5/2002, de 11 de Janeiro, prevê que, no caso de condenação por crimes de tráfico de droga, terrorismo e organizações terroristas, tráfico de armas, corrupção passiva e peculato, branqueamento de capitais, associação criminosa, contrabando, tráfico e viciação de veículos furtados, lenocínio e lenocínio e tráfico de menores e contrafacção de moeda e de títulos equiparados, será perdida a favor do Estado, por se presumir resultante da actividade criminosa a diferença entre o valor do património do arguido e aquele que seja congruente com o seu rendimento lícito. Este regime é ainda compatível com a presunção de inocência, consagrada no n.° 2 do artigo 32.° da Constituição, na medida em que a condenação penal não assenta em nenhuma presunção ou "inversão do ónus da prova". A perda de bens constitui apenas uma consequência da condenação assente numa presunção que cabe ao arguido afastar. É claro que uma presunção que fundamentasse a própria condenação penal seria materialmente inconstitucional. Por seu

los bancário e fiscal[30] constituem alguns dos meios privilegiados de que os Estados europeus, incluindo Portugal, se têm prevalecido para lutar contra o terrorismo e a criminalidade organizada (a que também se chama, com alguma fluidez terminológica, criminalidade altamente organizada ou criminalidade organizada transnacional).

Na Ordem Jurídica portuguesa, o Código de Processo Penal contém, logo ao nível de definições básicas, uma noção de terrorismo, criminalidade violenta ou altamente organizada[31]. Todavia essa noção é muito ampla, abrangendo, por exemplo, a trivial ofensa à integridade física simples. Por seu turno, a legislação extravagante consagra elencos de crimes que vão variando de caso para caso. Deste modo, no âmbito do combate à criminalidade económica e financeira,

turno, uma solução como o crime de "riqueza injustificada", previsto no artigo 28.° da Lei n.° 11/2003, de 28 de Julho, na Região Administrativa Especial (da República Popular da China) de Macau, parece uma forma engenhosa de iludir a presunção de inocência, para além de se mostrar dificilmente conciliável com um Direito Penal do *facto*. Na verdade, a norma (apenas aplicável a titulares de cargos públicos e trabalhadores da Administração Pública, obrigados a apresentarem declarações de rendimentos e interesses patrimoniais) pune com pena de prisão até três anos e com multa até 360 dias quem, por si ou por interposta pessoa, esteja na posse de património ou rendimentos anormalmente superiores aos indicados nas declarações. Esta solução é orientada para o combate à corrupção e explica-se pela circunstância de este ser um "crime sem vítima", cuja prova é da maior dificuldade. Todavia, a única forma de conciliar o regime com os princípios constitucionais de direito penal será entender que ela tipifica uma espécie de crime de falsas declarações. Assim, na difícil luta contra o crime económico, seguir-se-á o método usado conta Al Capone, punindo um delito secundário de forma instrumental. De todo o modo, trata-se de uma solução restrita, que não abarca os casos em que não seja exigível declaração de rendimentos e interesses patrimoniais.

[29] A Lei n.° 93/99, de 14 de Julho, contempla os regimes de ocultação e teleconferência, reserva do conhecimento da identidade da testemunha, medidas e programas especiais de segurança e o reconhecimento de testemunhas especialmente vulneráveis. A reserva do conhecimento da identidade, dada a sua conflitualidade com o princípio do contraditório, é aplicável apenas nos casos de tráfico de pessoas, associação criminosa, terrorismo e organizações terroristas e associações criminosas dedicadas ao tráfico de droga e não pode constituir fundamento exclusivo ou decisivo da condenação – o que há-de significar que não pode constituir, pelo menos no termo do julgamento, *conditio sine qua non* da condenação. A referida lei foi regulada pelo Decreto-Lei n.° 190/2003, de 22 de Agosto.

[30] É a citada Lei n.° 5/2002 que prevê também a quebra do segredo bancário e fiscal nas fases de inquérito, instrução e julgamento, "se houver razões para crer que as respectivas informações têm interesse para a descoberta da verdade". Mas a quebra depende sempre de despacho fundamentado da autoridade judiciária competente (o Ministério Público, durante o inquérito; o juiz, nas restantes fases do processo) – cfr. artigo 2.°, n.°s 1 e 2.

[31] Artigo 1.°, n.° 2.

da protecção de testemunhas ou das acções encobertas, vai-se alterando, por vezes sem razão plausível, o rol de crimes considerados mais graves. Por fim, a própria Constituição, que já introduzira estes conceitos a propósito do tribunal do júri [32], acolheu-os para admitir, excepcionalmente, a extradição de cidadãos nacionais e as buscas domiciliárias nocturnas [33], mas nem por isso os delimita ou utiliza com uniformidade.

Mas, para além desta flutuação conceptual, questiona-se ainda se é legitimo aplicar a toda a criminalidade económica o regime do terrorismo e da crimi-

[32] Na sequência da experiência terrorista "doméstica", que se estendeu até meados dos anos oitenta (quando cessou a actividade das F.P. 25 de Abril), a segunda revisão constitucional (Lei Constitucional n.° 1/89, de 8 de Junho) introduziu pela primeira vez o termo "terrorismo" no artigo 210.ª, n.° 1 (actual artigo 207.°, n.° 1), afastando a possibilidade de o júri intervir no julgamento dos crimes de terrorismo. A quarta revisão constitucional (Lei Constitucional n.° 1/97, de 20 de Setembro) estendeu a proibição do júri à criminalidade altamente organizada. Em ambos os casos pretende evitar-se que cidadãos comuns sejam sujeitos a ameaças e coacções inerentes a estes crimes, o que poderia pôr em causa a realização de justiça e constituiria um risco injusto para pessoas que não são profissionais do foro.

[33] Cfr. os artigos 33.°, n.° 3, e 34.°, n.° 3, respectivamente. A primeira norma, introduzida pela quarta revisão constitucional (Lei Constitucional n.° 1/97, de 20 de Setembro), prescreve que "A extradição de cidadãos portugueses do território nacional só é admitida, em condições de reciprocidade estabelecidas em convenção internacional, nos casos de terrorismo e de criminalidade internacional organizada, e desde que a ordem jurídica do Estado requisitante consagre garantias de um processo justo e equitativo", abrindo uma brecha na proibição, até então absoluta, de extradição de cidadãos nacionais, em nome da cooperação internacional. A segunda norma, resultante da quinta revisão constitucional (Lei Constitucional n.° 1/2001, de 12 de Dezembro), foi ditada pela necessidade de reforçar os meios de combate ao crime, contemplando excepções à inviolabilidade do domicílio durante a noite: "Ninguém pode entrar durante a noite no domicílio de qualquer pessoa sem o seu consentimento, salvo em situação de flagrante delito ou mediante autorização judicial em casos de criminalidade especialmente violenta ou altamente organizada, incluindo o terrorismo e o tráfico de pessoas, de armas e de estupefacientes, nos termos previstos na lei". Antes, a Constituição proibia, sem excepção, a entrada não autorizada no domicílio de qualquer pessoa durante a noite, o que se explicava devido às buscas e detenções que a polícia política levava a cabo, antes de 1974, durante a noite. Neste caso, a revisão constitucional acolheu críticas que denunciavam o absurdo de não ser possível intervir mesmo em casos de flagrante delito. Todavia, estas críticas assentam numa imprecisão e suscitam um reparo. A imprecisão deriva de ser sempre possível entrar no domicílio alheio, também durante a noite, nas situações de legítima defesa, direito de necessidade e consentimento presumido. O reparo assinala que a amplitude do conceito de flagrante delito – que abarca o quase flagrante delito e a presunção de flagrante delito e respeita a quaisquer crimes – não exclui abusos. De qualquer modo, é curioso assinalar que a necessidade político-criminal que conduziu à revisão constitucional não se concretizou numa alteração do Código de Processo Penal: ou seja, tratou-se, afinal, de uma modificação inscrita no plano do Direito Penal simbólico.

nalidade altamente organizada. Na verdade, o Direito Penal Económico e o Direito Penal Secundário no seu todo começaram por constituir um "Direito Penal de segunda velocidade", aparentemente menos grave do que o Direito Penal Primário ou de Justiça (o Direito Penal dos homicídios, violações, sequestros, roubos e todos aqueles crimes que contribuem para uma espécie de definição material, implícita na sistemática dos códigos penais e decorrente da exigência de correspondência material entre eles e a ordem axiológica constitucional). Ter-se-á tornado hoje o Direito Penal Primário ou de Justiça, pelo contrário, um Direito Penal de segunda classe?

Fenómenos terroristas como os que presenciámos, num passado recente, em Nova Iorque, Madrid ou Londres justificam cabalmente a criação de institutos mais severos, eficazes e expeditos para prevenir, investigar e sancionar certos crimes. No entanto, há um núcleo essencial de direitos, liberdades e garantias que não pode ser afectado nesta luta contra o crime, sob pena de descaracterização do Estado de direito democrático. A presunção de inocência, o direito de ser representado por advogado, o direito de recurso, a tortura e a proibição da pena de morte, para dar exemplos claros, inserem-se neste núcleo intangível.

A grande vantagem estratégica do Estado de direito democrático na luta contra o terrorismo e a criminalidade organizada advém da sua superioridade ético-política[34]. A necessidade de respeitar regras, que circunstancialmente é tida como desvantagem, acaba por se tornar um trunfo decisivo Como assinala Fernanda Palma, a ideia de um Direito Penal do inimigo é insustentável por pressupor que o Estado de direito tem legitimidade para punir aqueles que exclui do seu próprio âmbito e por admitir, tendencialmente, a ausência de limites quanto a certos crimes[35].

6. Admitindo-se, todavia, que o terrorismo e a criminalidade altamente organizada requerem a aplicação de certos institutos especiais, pergunta-se se toda a criminalidade económica, só parte dela ou até nenhuma merece ser incluída nesse âmbito. A tal propósito, julgo que devemos fazer a distinção que me parece valer para todo o Direito Penal e permite distinguir três níveis de gravidade: o Direito Penal do terrorismo e da criminalidade organizada, o

[34] Ver, sobre a resposta do Estado de direito democrático ao terrorismo, o que escrevi em "Terrorismo e insegurança. A resposta portuguesa", *R.M.P.*, n.º 98 (2004), p. 77 e ss.

[35] Afirma a autora, de modo incisivo, que "...qualquer Ordem Jurídica concreta, exactamente por pretender ser Direito, não pode conceber uma qualquer pessoa como seu inimigo, sob pena de deixar de ser, quanto a essa pessoa, Direito". Cfr. FERNANDA PALMA, *O Princípio da Desculpa em Direito Penal*, 2005, pp. 227-8.

Direito Penal Primário ou de Justiça e o Direito Penal Secundário (entendendo-se que, neste último, a pena de prisão, por exemplo, deve ter uma aplicabilidade excepcional).

Desta sorte, há crimes económicos que devem ser incluídos no primeiro nível. É o que sucede, de forma notória, com crimes de financiamento do terrorismo, branqueamento ligado ao tráfico de droga ou corrupção no aparelho de Estado. Nestes exemplos, estão em causa condutas que põem em causa bens jurídicos de dignidade idêntica à dos protegidos pelas incriminações do terrorismo e da criminalidade organizada. Outros crimes económicos devem ser integrados no Direito Penal de Justiça. Será o caso, em geral, da corrupção e do peculato, sedimentados durante séculos na nossa consciência ético-jurídica e tradicionalmente inseridos nos códigos penais. Por fim, há situações que reclamam um tratamento menos severo e se enquadram no Direito Penal Secundário. Para recorrer a um exemplo expressivo, pense-se no abate de um porco, fora do matadouro, no decurso de uma festa de aldeia[36].

7. Todavia, quando agora se fala em Direito Penal Económico, sobretudo no contexto da União Europeia e da cooperação internacional, tem-se em mente a criminalidade mais grave, que reclama a aplicação dos instrumentos previstos para o terrorismo e a criminalidade organizada. Neste contexto, quais são os grandes desafios que se colocam hoje aos Estados democráticos?

Em primeiro lugar, à semelhança do que tem vindo a suceder em matéria de terrorismo, é desejável que a comunidade internacional tente elaborar um conceito de criminalidade organizada e, dentro deste, um conceito de criminalidade económica organizada. É obvio que não se trata de um simples esforço teorético, mas antes de um conceito funcional, orientado teleologicamente, que permita um combate à criminalidade mais grave à escala global.

Em segundo lugar, e afinal com o mesmo objectivo, parece necessário criar, sobretudo no plano processual, um conjunto de regimes aceites pela generalidade dos Estados, em matéria de intercepção de comunicações, acções encobertas, protecção de testemunhas e perda de bens, entre outros. Sem este denominador comum, para além de se correr o risco óbvio da ineficácia, as proibições de prova podem conduzir ao fracasso de processos da maior importância.

[36] Abstraindo de uma eventual restrição típica em nome de um critério de adequação social ou de uma hipotética justificação, o facto corresponde a um crime tipificado na alínea *b*) do n.° 1 do artigo 22.° do citado Decreto-Lei n.° 28/84.

Em terceiro lugar, seria útil aprofundar um princípio de aproveitamento de actos e fases processuais na cooperação policial e judiciária internacional. Tem-se vindo a referir com insistência, a propósito do combate ao terrorismo, a necessidade de as provas serem transmitidas e aceites entre autoridades de diferentes Estados. Este impulso merece um enquadramento mais vasto no contexto do referido aproveitamento de actos ou fases processuais.

Em quarto lugar, deve ser sublinhada a importância da cooperação entre os serviços de informações e entre estes e os órgãos de polícia criminal. Situando-se a actividade dos serviços de informações numa fase prévia em relação à investigação criminal, tal actividade pode antecipar fenómenos especialmente ofensivos do Estado de direito democrático. Acresce que o fim da guerra fria criou na generalidade dos serviços de informações uma apetência para se dedicarem à prevenção do terrorismo e da criminalidade organizada, dado o decréscimo de importância relativa da espionagem. À escala da União Europeia, esta orientação deveria ser assumida por uma entidade cooperativa que não eliminasse a autonomia dos serviços de informações de cada Estado membro: uma "Eurintel" ou "Eurinfor" que funcione, no plano da "inteligência", como uma estrutura idêntica à Europol.

Em quinto e último lugar, os sistemas de investigação criminal e judicial têm de se reapetrechar para conseguirem investigar, perseguir e julgar crimes de elevada complexidade técnico-financeira. A preparação predominantemente jurídica dos magistrados não lhes permite compreender sempre os meandros de "megaprocessos" de elevada complexidade. Para além do reforço da formação e da contratação de assessores especializados, não é de excluir, neste domínio, a criação de tribunais especializados.

O tribunal do júri. Breves considerações críticas

DR. JOSÉ MANUEL VILALONGA

SUMÁRIO: *1. Introdução histórica. 2. O regime actual. 3. A função do jurado. 4. Perspectivas sobre o tribunal do júri. 5. O júri e a função de julgar num Estado de direito democrático. 6. Nota conclusiva.*

1. **Introdução histórica**

O tribunal do júri constitui (é a justificação tradicionalmente invocada) uma manifestação da soberania popular (expressão da democracia) [1] e tem consagração constitucional, pode dizer-se, desde a Constituição de 1822 (ainda que não sob a designação de júri).

Com efeito, a Constituição de 1822 determinava, no artigo 177.°, que "[h]averá *Juízes de Facto* assim nas causas crimes como nas cíveis, nos casos, e pelo modo, que os códigos determinarem", competindo "desde já" (fórmula do mesmo artigo 177.°) a estes juízes o conhecimento dos "delictos de abuso da liberdade de imprensa". De acordo com o artigo 178.°, os *Juízes de Facto* eram eleitos "directamente pelos povos", formando-se em cada distrito listas de pessoas que tivessem "as qualidades legaes". Os *Juízes de Facto* julgavam a questão de facto, competindo aos Juízes letrados de primeira instância decidir de direito,

[1] Cf. JOSÉ DA COSTA PIMENTA, *Código de Processo Penal Anotado*, 1987, anotação ao artigo 13.°, p. 84. Cf., também, JOSÉ ANTÓNIO BARREIROS, *Processo Penal I*, 1981, p. 258 e ss., de onde constam várias referências bibliográficas, nomeadamente na nota 11. Sobre a história do tribunal do júri no sistema português, cf. ainda M. SIMAS SANTOS e M. LEAL-HENRIQUES, *Código de Processo Penal Anotado*, I Volume, 1999, 2.ª ed., anotação ao artigo 13.°, p. 126 e ss.

nos termos do artigo 179.°. Das decisões dos *Juízes de Facto* cabia recurso para o tribunal da relação "só para efeito de se tomar novo conhecimento e decisão no mesmo ou em diverso conselho de Juízes de Facto nos casos, e pela forma que a lei expressamente declarar" (artigo 189.°).

A figura dos *Juízes de Facto*, na medida em que implicava a participação de leigos no exercício da função jurisdicional, constituiu uma forma (mais ou menos) remota da instituição do tribunal do júri[2].

No entanto, foi a Carta Constitucional de 29 de Abril de 1826 que instituiu a figura dos jurados, jurados que, de acordo com o artigo 118.°, compunham o Poder Judicial[3], e que, nos termos do artigo 119.°, se pronunciavam sobre a matéria de facto, competindo porém aos juízes aplicar a lei.

A Constituição de 1838, no artigo 123.°, § 1.°, determinava que "[h]averá Jurados assim no cível como no crime, nos casos e pelo modo que a Lei determinar".

A Constituição de 1911, no artigo 58.°, determinava a manutenção da instituição do júri, e, no artigo 59.°, consagrava a obrigatoriedade da intervenção do júri em matéria criminal, quando ao crime coubesse pena mais grave do que prisão correccional e quando os crimes fossem de origem ou de carácter político. A intervenção do júri em matéria civil e comercial era facultativa.

A Constituição de 1933 não consagrava a figura do júri[4].

A Constituição de 1976, na redacção em vigor[5], estabelece, no n.° 1 do artigo 207.°, que o "júri, nos casos e com a composição que a lei fixar, intervém no julgamento dos crimes graves, salvo os de terrorismo e os de criminalidade altamente organizada, designadamente quando a acusação ou a defesa o requeiram"[6].

No plano infraconstitucional, e agora apenas reportando ao período posterior a 25 de Abril de 1974, o Decreto-Lei n.° 605/75, de 3 de Novembro, procedeu à alteração do Código de Processo Penal de 1929, consagrando o regime da intervenção do júri. De acordo com este diploma, o júri apenas decidia

[2] Neste sentido, cf. Germano Marques da Silva, *Curso de Processo Penal*, I, 2000, p. 177, nota 3.

[3] A instituição do tribunal com jurados tinha lugar tanto no cível como no crime nos casos e do modo previsto na lei.

[4] Como se verá adiante, a esta omissão não será porventura alheia a natureza autoritária do regime então instituído.

[5] O texto reporta-se à sétima Revisão Constitucional.

[6] As restrições à participação do júri foram adicionadas sucessivamente. Na Revisão Constitucional de 1989 foi introduzida a limitação relativa aos crimes de terrorismo e na Revisão Constitucional de 1997 foi introduzida a limitação relativa à criminalidade altamente organizada.

sobre a matéria de facto (cf., em particular, os artigos 505.° e 506.° do Código de Processo Penal de 1929, com a redacção do referido Decreto-Lei n.° 605/75) e sobre a fixação da pena (cf. artigo 520.° do mesmo Código).

No entanto, a Lei Orgânica dos Tribunais Judiciais, de 6 de Dezembro de 1977 (Lei n.° 82/77, de 6 de Dezembro), determinou que o júri apenas teria intervenção no julgamento da matéria de facto (artigo 53.°, n.° 2) [7].

Esta foi, em linhas muito breves, a evolução geral do instituto do júri em Portugal. Evolução que oscilou entre a consagração e a não consagração, entre a atribuição de poderes para conhecer de facto e de direito e a atribuição de poderes para o conhecimento apenas da questão de facto [8].

2. **O regime actual**

Actualmente, o júri tem intervenção, a requerimento do Ministério Público, do assistente ou do arguido, para julgar os crimes previstos no título III e no capítulo I do título V do livro II do Código Penal (artigo 13.°, n.° 1, do Código de Processo Penal).

O título III do livro II do Código Penal (artigos 236.° a 346.°) refere-se aos crimes contra a paz, a identidade cultural e a integridade pessoal.

Os artigos 236.° e 238.° do Código Penal, relativos aos crimes contra a paz, foram revogados pela Lei n.° 31/2004, de 22 de Julho, relativa às violações do direito internacional humanitário. O mesmo diploma revogou ainda os artigos 239.°, 241.° e 242.° do Código Penal, relativos a crimes contra a identidade cultural e integridade pessoal [9]. Por seu turno, o artigo 237.° do Código Penal foi revogado pela Lei n.° 100/2003, de 15 de Novembro, que aprovou o Código de Justiça Militar [10]. Uma vez que o Código de Processo Penal não foi alterado, as dúvidas interpretativas avultam, nomeadamente a de saber se deverá considerar-se derrogado o artigo 13.°, n.° 1, do Código de Processo Penal, na

[7] De acordo com este diploma, o júri era constituído pelos juízes que compõem o tribunal colectivo e por oito jurados (artigo 52.°) e competia ao júri o julgamento dos crimes a que correspondesse processo de querela, desde que a intervenção fosse requerida pelo Ministério Público, pelo assistente ou pelo arguido (artigo 53.°, n.° 1).

[8] Refira-se também a oscilação entre a consagração do júri no cível e no criminal e a consagração de tal tribunal só nas questões penais.

[9] Os referidos artigos 236.°, 238.°, 239.°, 241.° e 242.° foram revogados pelo artigo 3.° da referida Lei.

[10] Artigo 2.°, n.° 3, da Lei n.° 100/2003, de 15 de Novembro.

parte em que refere o título III do livro II do Código Penal, ou se, diversamente, tal referência deve ser entendida como feita para as disposições correspondentes aos artigos revogados constantes da Lei n.° 31/2004, de 22 de Julho, e do Código de Justiça Militar.

O capítulo I do título V do Código Penal (artigos 308.° a 346.°) contém os crimes contra a segurança do Estado. Os artigos 309.° a 315.° foram também revogados pela Lei n.° 100/2003, de 15 de Novembro[11]. As mesmas dúvidas anteriormente indicadas (as relativas ao sentido da referência ao título III do livro II do Código Penal) surgem a propósito da menção a tais preceitos constante do n.° 1 do artigo 13.° do Código de Processo Penal.

A intervenção do júri tem ainda lugar, a requerimento do Ministério Público, do arguido ou do assistente [12], para julgar processos que, não devendo

[11] A revogação foi realizada pelo mesmo artigo 2.°, n.° 3.

[12] A possibilidade de ser requerida a intervenção do júri pode suscitar dificuldades de articulação com outros preceitos relativos à determinação da competência material do tribunal criminal. Pense-se num processo no qual é investigado um crime de roubo, previsto no artigo 210.°, n.° 2, do Código Penal, cuja penalidade vai dos três anos de prisão até aos quinze anos de prisão. Como a pena abstractamente aplicável é superior a oito anos, a intervenção do júri pode, à partida, ser requerida. Mas como, por outro lado, o limite mínimo da pena a aplicar é inferior a cinco anos, pode igualmente ter lugar o requerimento a que se reporta o n.° 3 do artigo 16.° do Código de Processo Penal (requerimento do Ministério Público para julgamento em tribunal singular). Deste modo, configure-se a situação em que o Ministério Público, na acusação, requer a intervenção do tribunal singular, ao abrigo do artigo 16.°, n.° 3, do Código de Processo Penal; por seu turno, o arguido, no prazo do requerimento para abertura da instrução (20 dias a contar da notificação da acusação – artigo 287.°, n.° 1, do Código de Processo Penal) requer a intervenção do júri. Note-se que este requerimento pode ter lugar por iniciativa do assistente, o que ocorrerá no prazo para a dedução da acusação, conjuntamente com esta (até 10 dias após a notificação da acusação do Ministério Público – artigo 284.°, n.° 1, do Código de Processo Penal). A solução da questão colocada pode naturalmente passar pela interpretação do segmento do artigo 13.°, n.° 2, do Código de Processo Penal, quando ressalva os casos que não devam ser julgados pelo tribunal singular. Porém, esta referência aos casos da competência do tribunal singular deve ser entendida como referência à competência abstractamente definida e não à competência concretamente determinada pelo Ministério Público. Assim, e excluindo a possibilidade de resolver a questão pelo disposto no n.° 1 do artigo 16.° do Código de Processo Penal, já que também não é o caso de se tratar de processos da competência de tribunais de outra espécie, deve considerar-se que o requerimento do arguido deve prevalecer sobre o do Ministério Público, uma vez que está em causa a definição da estratégia da defesa (artigo 32.°, n.° 1, da Constituição). Já se o requerimento para a intervenção do júri for apresentado pelo assistente, então, dada a posição deste sujeito processual (colaborador do Ministério Público, nos termos do artigo 69.°, n.° 1, do Código de Processo Penal), deverá prevalecer o requerimento do Ministério Público, apresentado ao abrigo do artigo 16.°, n.° 3, do Código de Processo Penal.

ser julgados pelo tribunal singular [13], respeitarem a crimes cuja pena máxima abstractamente aplicável for superior a oito anos de prisão.

A Lei de Organização e Funcionamento dos Tribunais Judiciais [14] refere-se ao tribunal do júri nos artigos 110.° e 111.°. O n.° 1 do artigo 110.° determina a composição do júri, remetendo o n.° 2 para "lei própria" a regulamentação do número, recrutamento e selecção dos jurados. O artigo 111.° determina, no n.° 1, que compete ao tribunal do júri julgar os crimes a que se refere o artigo 13.° do Código de Processo Penal, salvo se tiverem por objecto crimes de terrorismo [15] ou crimes que se enquadrem no conceito de "criminalidade altamente organizada" [16]. O n.° 2 estabelece que a intervenção do júri no julgamento "é definida pela lei de processo".

O regime do júri consta do Decreto-Lei n.° 387-A/87, de 29 de Dezembro.

O n.° 1 do artigo 1.° [17] estabelece que o júri é composto por três juízes e por quatro jurados efectivos e quatro suplentes. Os jurados não podem ser, entre o mais, juízes ou magistrados do Ministério Público, membros dos conselhos superiores da magistratura, do Ministério Público ou dos tribunais administrativos e fiscais, advogados ou solicitadores ou docentes das faculdades de direito (cf. o artigo 4.°).

De acordo com o n.° 2 do artigo 2.° "[o] júri intervém na decisão das questões da culpabilidade e da determinação da sanção". Por seu turno, o n.° 1 do artigo 14.° estabelece que "[o]s jurados decidem apenas segundo a lei e o direito e não estão sujeitos a ordens ou instruções".

Do regime legal cujas linhas gerais se acaba de explicitar resulta que o tribunal do júri intervém no julgamento de questões criminais particularmente graves, decide a questão de facto e a questão de direito, é composto maioritariamente por elementos sem formação jurídica (os 4 jurados) [18] e a suas decisões estão subordinadas à lei e ao direito.

[13] A competência do tribunal singular consta do artigo 16.° do Código de Processo Penal.

[14] Lei n.° 3/99, de 13 de Janeiro.

[15] Cf. a Lei n.° 52/2003, de 22 de Agosto, relativa ao combate ao terrorismo.

[16] Cf. o n.° 2 do artigo 1.° do Código de Processo Penal, que indica o que se deve considerar como casos de terrorismo e de criminalidade altamente organizada, para efeitos do disposto no Código. Cf., também, a Lei n.° 5/2002, de 11 de Janeiro, relativa às medidas de combate à criminalidade organizada e económico-financeira.

[17] A referência que se fizer no texto a um artigo sem indicação do respectivo diploma deve entender-se como referência aos artigos do Decreto-Lei n.° 387-A/87, de 29 de Dezembro.

[18] Embora a formação jurídica, por si só (licenciatura em direito), não conste do elenco das incompatibilidades do artigo 4.°, do Decreto-Lei n.° 387-A/87, de 29 de Dezembro, a abran-

Verifica-se, portanto, uma influência determinante e abrangente dos jurados na composição e no funcionamento do júri. Nem sempre foi assim, como foi realçado nas breves linhas dedicadas aos textos constitucionais anteriores ao agora em vigor. Porém, o regime vigente consagra a solução mais *expansionista*, no que à relevância dos jurados na composição do tribunal do júri respeita. Na verdade, a actuação dos jurados no contexto do tribunal do júri não tem qualquer limitação sendo mesmo, pode dizer-se, equiparada à dos juízes.

Inquirir-se-á, nas genéricas considerações que se seguem, a legitimidade e a adequação, numa óptica de política legislativa, da solução consagrada.

3. **A função do jurado**

Mas comece-se a inquirição anunciada pela explicitação da tarefa a que os jurados são chamados no contexto do tribunal do júri.

Como se referiu, o júri intervém na decisão das questões da culpabilidade e da determinação da sanção.

Assim, o júri delibera sobre a ocorrência dos factos relevantes para saber se se verificam os elementos constitutivos do tipo de crime, se o arguido praticou o crime ou nele participou, se o arguido actuou com culpa, se se verifica alguma causa que exclua a ilicitude do facto e se se verifica qualquer outro pressuposto de que a lei faça depender a punibilidade do agente ou a aplicação de uma medida de segurança. Isto quanto à apreciação dos factos relevantes para a determinação da responsabilidade penal. Depois de apreciar os factos, o júri delibera sobre todas as questões de direito suscitadas pelos factos julgados. Esta actividade decisória insere-se na apreciação da questão da culpabilidade, e a ela se refere o artigo 368.° do Código de Processo Penal.

Apreciada a questão da culpabilidade e tendo o júri concluído pela aplicação de uma pena ou de uma medida de segurança ao arguido, o tribunal delibera e vota sobre a espécie e a medida da sanção a aplicar. Tenha-se presente que a medida da pena, dentro dos limites definidos na lei, é feita, nos termos do artigo 71.° do Código Penal, em função da culpa do agente e das finalidades de prevenção, devendo o tribunal atender a todas as circunstâncias que, não fazendo parte do tipo de crime, depuserem a favor do agente ou contra ele, nomeadamente o grau de ilicitude do facto, o modo de execução deste e a gra-

gência das profissões jurídicas mencionadas inviabiliza na prática a selecção de um jurado licenciado em direito.

vidade das suas consequências, bem como o grau de violação dos deveres impostos ao agente, a intensidade do dolo ou da negligência, os sentimentos manifestados no cometimento do crime, a conduta do agente anterior e posterior ao facto, ou a falta de preparação para manter uma conduta lícita, manifestada no facto, quando essa falta deva ser censurada através da aplicação da pena, entre outras circunstâncias que podem igualmente ser ponderadas. Realce-se ainda, neste contexto, que, de acordo com o artigo 70.° do Código Penal, se ao crime forem aplicáveis, em alternativa, pena privativa e pena não privativa da liberdade, o tribunal preferirá a segunda sempre que esta realizar de forma adequada e suficiente as finalidades da punição. As finalidades da punição são, por seu turno, e nos termos do artigo 40.° do Código Penal, a protecção de bens jurídicos e a reintegração do agente na sociedade, sendo que em caso algum a pena poderá ultrapassar os limites da culpa e as medidas de segurança devem ser proporcionais à gravidade do facto e à perigosidade do agente.

Estas são, em linhas muito gerais, as ponderações que o tribunal, e portanto o tribunal do júri, tem de realizar na decisão judicial de um caso penal. Note-se que a descrição sumária a que se procedeu remete, a par e passo, para conceitos dogmáticos, noções jurídicas, critérios normativos que, na sua globalidade, constituem (integram) a teoria geral da infracção. Em face da composição do tribunal do júri (como se viu, três juízes e quatro jurados efectivos mais quatro jurados suplentes), pode a sorte de qualquer uma das questões enunciadas ser determinada em função do voto de sujeitos sem qualquer formação científica ou mesmo técnica.

É verdade que constitui valor com dignidade constitucional a participação dos cidadãos no tribunal do júri [19]. Mas que factor de legitimação subjaz a uma tal solução? Fará sentido numa sociedade hodierna na qual vigora um Estado de direito democrático uma tal forma de participação popular na administração da justiça? São modos diversos de formular a questão enunciada no final do ponto 2, questão que agora se retoma.

4. **Perspectivas sobre o tribunal do júri**

A participação directa dos cidadãos na função jurisdicional constituiu historicamente, entre o mais, um importante marco da afirmação da soberania popular, já que "a exigência da intervenção do tribunal do júri assenta em que

[19] Cf. o já mencionado artigo 207.° da Constituição.

a participação dos jurados no julgamento constitui a mais avançada expressão da *democracia*" [20].

José da Costa Pimenta [21] faz um levantamento das "vantagens" e dos "inconvenientes" que tradicionalmente são apontados à instituição do tribunal do júri.

Do lado das "vantagens", conta-se a independência política dos jurados, o contacto com a opinião pública e o sentido das realidades humanas, o controlo sobre a valoração das provas e a prestação de uma maior atenção ao desenrolar da audiência, "em contraste com os juízes profissionais que, algumas vezes, se deixam *embalar* pela rotina" [22].

Quanto aos "inconvenientes", invoca-se a influenciabilidade dos jurados, já que "no momento em que julgam, são influenciados pelos seus hábitos profissionais, pelo seu nível social, pelas campanhas de imprensa (...), pelos incidentes no decorrer da audiência (...), pelo aparato, enfim, da sala de audiências e da justiça criminal". Daí resultar "uma justiça arbitrária, porque *sentimental*, e quase sempre *indulgente*" [23]. Invoca-se, por outro lado, o modo de recrutamento como factor de crítica do tribunal do júri, já que "não raro os jurados seriam *escolhidos a dedo*, ou seja, segundo critérios de oportunidade política", o que origina uma justiça politicamente obediente e "*ideológica*"[24]. E é invocada, por último, como crítica ao tribunal do júri, a incompetência dos jurados para apreciar quer as questões de facto quer as questões de direito pertinentes para o julgamento da questão criminal [25].

No que respeita ao elenco das "vantagens" do tribunal do júri, cabe realçar que tão politicamente independentes quanto os jurados são os juízes. Dir-se-ia mesmo que os juízes, porque profissionais com um estatuto próprio (v. artigos 203.° e 215.° e ss. da Constituição), do qual avulta precisamente a sua independência (independência *tout court*, mas também, como é natural, independência política) não podem ser comparados (muito menos *inferiorizados*) com (em relação a) outros sujeitos que episodicamente são chamados a colaborar na administração da justiça. Aquilo que consubstancia fundamento de procedimento disciplinar (e até, no limite, fundamento de procedimento criminal) [26] não pode, no plano de uma argumentação racional, transfigurar-se em regra.

[20] José da Costa Pimenta, *Código de Processo Penal Anotado*, 1987, anotação ao artigo 13.°, p. 84.

[21] Ob. cit., p. 83 e ss.

[22] Ob. cit., p. 84.

[23] Ob. cit., pp. 83 e 84.

[24] Ob. cit., p. 84.

[25] Ob. e loc. cits.

[26] Pensa-se numa situação de falta de independência do juiz.

E igualmente não se vislumbra em que medida os juízes tenham a sua capacidade de contacto com a opinião pública ou o seu sentido das realidades humanas diminuídos relativamente aos demais cidadãos. Na verdade, o estatuto de juiz não inviabiliza a inserção do indivíduo na sociedade, inserção que naturalmente confere esses contactos com a opinião pública e com as realidades humanas.

Quanto ao controlo das provas, cabe realçar que essa é, por excelência, uma das dimensões da actividade do juiz que será exercida, crê-se, genericamente do modo mais adequado. Ao que acresce a circunstância de a apreciação da prova, para efeito de uma condenação, em particular de uma condenação pela prática de um crime, não constituir uma actividade cujo exercício decorra de algo inato a qualquer indivíduo[27]. Na verdade, uma valoração adequada da prova muitas vezes tem de neutralizar convicções e juízos prévios naturais, neutralização que a formação jurídica (e, nomeadamente, a formação dos magistrados) facilita[28].

Quanto à maior atenção que os jurados prestam, ou podem prestar, ao desenrolar da audiência, mais uma vez não se identifica que o incumprimento dos deveres funcionais que sobre os magistrados impendem (incumprimento que, a ocorrer, se pretende isolado e residual) possa generalizar-se, de modo a permitir uma qualquer comparação com os jurados.

As "vantagens" do tribunal do júri reconduzem-se, assim, a uma afirmação genérica de maior democratização da actividade de julgar. A esta virtualidade do júri se refere desenvolvidamente José Ángel Marín Gámez[29], sublinhando este Autor a participação dos cidadãos na administração da justiça como factor de reforço da cidadania democrática e de interesse geral da comunidade pela

[27] Afasta-se, assim, a ideia segundo a qual o jurado deve decidir segundo a sua consciência, entendida esta como convicção pessoal, permeável a toda a sorte de pré-juízos, de conhecimentos próprios ou de entendimentos prévios. Cf., quanto ao sentido da decisão do jurado, JUAN IGARTUA SALAVERRÍA, *La Motivación de las Sentencias, Imperativo Constitucional*, 2003, p. 211 e ss.

[28] Pense-se, exemplificativamente, na situação em que a prova (umas escutas telefónicas, por hipótese), absolutamente concludente quanto à identificação dos autores do crime, tem de ser declarada nula, não existindo outra prova no processo. A absolvição impõe-se, sem margem para dúvidas, do ponto de vista processual. No entanto, a convicção íntima (humana) do julgador forma-se no sentido da condenação. Este dilema é mais facilmente superado por quem compreende o sentido do regime das nulidades da prova, matéria dificilmente apreensível por leigos.

[29] *Ocho Años del Tribunal del Jurado*, "Revista de Derecho Político", número monográfico, *Balance de la Constitución en su XXV Aniversario*, Madrid 2003-2004, n.ºs 58-59, p. 687 e ss., em especial p. 691 e ss.

coisa pública[30], realçando, por outro lado, que nos períodos autoritários a instituição do júri sofreu significativos recuos (de resto, isso mesmo aconteceu em Portugal, com a Constituição de 1933 – cf. supra, ponto 1).

É um facto que a instituição do tribunal do júri reforça a cidadania, induz o interesse pelas questões públicas e constitui um indício de democraticidade do sistema. Certo é, porém, que não basta a consagração do tribunal do júri para que se afirme o regime democrático, nem um regime democrático se encontra vinculado à consagração ampla do tribunal do júri[31]. E, sobretudo, a participação de leigos na administração da justiça não pode significar uma menor exigência em relação à adequação técnica e até científica da função jurisdicional. A esta questão voltar-se-á adiante.

Deste modo, a afirmação segundo a qual a participação dos jurados nos julgamentos consubstancia um incremento da democraticidade do regime tem de ser testada, o que implica a averiguação do que deve ser o seu real conteúdo.

Mencione-se, ainda, que José da Costa Pimenta parece ver no dever de motivar as sentenças um "controlo eficaz" da actividade dos jurados[32]. Na verdade, o dever de motivar as decisões judiciais constitui um inarredável factor de controlo da actividade jurisdicional num Estado de direito democrático. No entanto, a motivação das decisões implica um domínio do direito, para além de outros campos relevantes, que não se encontra ao alcance dos leigos. Note-se, nesse sentido, que votos de vencido quanto às questões de direito só podem ser subscritos pelos juízes que integram o tribunal do júri (não pelos jurados), nos termos do n.° 2 do artigo 372.° do Código de Processo Penal, sendo certo que os jurados votam, como já se salientou, as questões de direito. E no que respeita à motivação das decisões pelos jurados, lembre-se o que escreve Juan Igartua Salaverría[33], quando refere "uma tarefa de cumprimento quase impossível" ou "uma exigência indevida", precisamente por causa da falta de preparação científica e técnica dos jurados.

[30] Tenha-se, no entanto, presente a existência de estudos nos Estados Unidos da América, ou pelo menos de uma certa intuição, segundo os quais (a qual), pensando os americanos que as listas às quais as entidades oficiais recorrem para recrutar os jurados são as do recenseamento eleitoral, verifica-se uma significativa percentagem de *fuga* ao recenseamento eleitoral precisamente para evitar o dever de participar em julgamentos (cf. J. Eric Oliver e Raymond E. Wolfinger, *Jury aversion and voter registragion*, "American Political Science Review", 1999, volume 93, n.° 1, p. 147 e ss.).

[31] José Ángel Marín Gámez não deixa de o salientar na obra e no local citados.

[32] José da Costa Pimenta, *Código de Processo Penal Anotado*, 1987, anotação ao artigo 13.°, p. 84.

[33] *La Motivación de las Sentencias, Imperativo Constitucional*, 2003, p. 213 e ss.

É ainda identificada na literatura americana, como argumento a favor do júri, o denominado teorema de Condorcet sobre o júri (*Condorcet jury theorem*)[34], segundo o qual um grupo de pessoas proferirá uma melhor decisão do que apenas uma pessoa. Esta teoria assume que as várias pessoas que integram o júri fazem uso das suas perspectivas pessoais, dos seus conhecimentos, das suas competências próprias para apreciar a prova, o que origina, crê-se, uma melhor apreciação, ou seja, uma melhor decisão.

Este tipo de perspectiva faz apelo a uma, pode chamar-se, *racionalidade do aleatório*. Trata-se de *acreditar*, ainda que com fundamento estatístico (sempre contingente), que o conjunto de pessoas seleccionado para um determinado processo vai, em função das suas idiossincrasias existenciais, em conjunto (conjugadas essas idiossincrasias), proferir uma decisão cuja principal preocupação será a de não condenar um inocente[35]. Esta *racionalidade do aleatório* prescinde, porém, do estabelecimento de regras objectivas a aplicar à actividade de julgar, regras que, realce-se, permitem o controlo em sede de recurso da decisão a proferir, aceitando tal perspectiva um momento do julgamento no qual a função jurisdicional *cai à rua*, sendo, momentaneamente, devolvida materialmente aos cidadãos que decidem de acordo com um certo *sentir popular* ou *bom-senso* geral, respeitado porque expressão da democrática participação dos cidadãos na actividade de julgar, mas substancialmente insindicável e, sobretudo, de contornos (em termos de critérios decisórios) dificilmente apreensíveis. Já para não mencionar a relevância que o processo de selecção dos jurados assume então neste contexto, verdadeira *roleta russa* determinante do desfecho do processo.

Não se nega que os juízes têm igualmente idiossincrasias que se reflectem (podem reflectir) nas decisões que proferem. No entanto, a sujeição a critérios objectivos, quer na apreciação da prova, quer na decisão de direito (critérios, note-se, utilizados por *agentes* com formação adequada à função exercida), confere uma maior possibilidade de controlo racional (jurídico) em sede de recurso, potenciando a despistagem da *dimensão subjectiva* (para lá dos eventuais erros de decisão) que pode contaminar as decisões judiciais.

Ao que acresce a possibilidade de utilização de estratégias de votação por parte dos jurados, o que permeabiliza o processo penal a critérios decisórios

[34] Cf., com vasta indicação bibliográfica, Timothy Feddersen e Wolfgang Pesendorfer, *Convicting the innocent: the inferiority of unanimous jury veredicts under strategic voting*, "American Political Science Review", 1998, volume 92, n.° 1, p. 23 e ss.

[35] Cf. Timothy Feddersen e Wolfgang Pesendorfer, ob. cit., p. 23.

porventura ilegítimos ou irracionais, seguramente sem cobertura legal, originando até a aparente perversão de a regra da unanimidade ser potenciadora de condenações de inocentes [36].

No que respeita às "desvantagens" do tribunal do júri, cabe realçar que a invocação de um deficiente recrutamento dos jurados não colhe, em face do quadro legal actualmente em vigor, já que o regime constante do Decreto-Lei n.° 387-A/87, de 29 de Dezembro [37], assegura, de modo eficaz, um nível de objectividade e de imparcialidade na escolha dos indivíduos chamados a exercer a função de jurado.

Em relação às aludidas influenciabilidade e falta de preparação técnica para o exercício da função de julgar, outro tipo de considerações importa tecer.

5. O júri e a função de julgar num Estado de direito democrático

Já se referiu, ainda que por outras palavras: o tribunal do júri é uma instituição que historicamente foi aclamada como "um palácio da liberdade, [bem como] a maior garantia da liberdade que até agora se tem inventado" [38]. Compreende-se a *euforia* historicamente localizada, uma vez que se tratava, em outros tempos, da afirmação da soberania popular, da liberdade e da devolução do poder ao povo (ou, antes, do reconhecimento desse poder).

Actualmente, num Estado de direito democrático moderno, tais razões perdem força em face de várias circunstâncias.

[36] Cf., ensaiando uma demonstração técnica de tal possibilidade, TIMOTHY FEDDERSEN e WOLFGANG PESENDORFER, ob. cit. 23 e ss. Cf., no entanto, a demonstração da perspectiva contrária feita por PETER J. COUGHLAN, *In defense of unanimous jury veredicts: mistrials, communication, and strategic voting*, "American Political Science Review", 2000, volume 94, n.° 2, p. 375 e ss. Cf., também, DINO GERARDI, *Jury veredicts and preference diversity*, "American Political Science Review", 2000, volume 94, n.° 2, p. 395 e ss., realçando a relevância de júris numerosos e defendendo igualmente a relevância da regra da unanimidade (sobretudo quando utilizada por júris numerosos). Cf., por último, SERENA GUARNASCHELLI, RICHARD D. MCKELVEY e THOMAS R. PALFREY, *An experimental study of jury decision rules*, "American Political Science Review", 2000, volume 94, n.° 2, p. 407 e ss., onde os Autores procedem a uma análise do comportamento dos sujeitos no tribunal do júri, concluindo também no sentido da relevância da regra da unanimidade para evitar erros de julgamento e condenações de inocentes.

[37] Nomeadamente dos artigos 8.° a 13.°.

[38] ANTÓNIO MACIEIRA, *Do Júri Criminal*, Lisboa, 1914, p. 30, *apud* GERMANO MARQUES DA SILVA, *Curso de Processo Penal*, I, 2000, p. 177, nota 13.

Tem-se presente que um dos perigos da democracia é a confiança na irreversibilidade das suas conquistas, afrouxando-se insidiosamente, em face de um *amolecimento* perante as ameaças, os mecanismos de garantia dos direitos inerentes ao sistema democrático[39].

Porém, os mecanismos de controlo de um sistema democrático têm uma outra dimensão: separação de poderes, articulação dos poderes e das competências dos órgãos do Estado, definição constitucional de competências, entre outros aspectos. O controlo da democracia não passa pois, nem principal nem necessariamente, pelos termos da consagração do regime do júri. Aliás, a participação popular no processo penal pode assumir outras formas, porventura mais eficazes, como o alargamento da legitimidade para a constituição de assistente [o que já acontece, por exemplo, no elenco de crimes constante do artigo 68.°, n.° 1, alínea *e*), do Código de Processo Penal]. Realce-se, neste contexto, a falta de tradição no sistema nacional do funcionamento do tribunal do júri. Com efeito, são poucos os casos em que a intervenção do júri foi requerida, ao que acresce a intuição de que quando tal requerimento tem lugar a finalidade que norteia a iniciativa não tem significativa conexão com a pretensão de tornar mais democrático o funcionamento do sistema judicial mas antes com a concretização de estratégias processuais às quais a lei não pode dar cobertura expressa[40]. Em países onde a tradição existe, não obstante os problemas que o instituto possa levantar[41], a crítica enfrenta maiores dificuldades, em face do enraizamento social efectivo que então se verifica. Note-se igualmente que nesses países a comunidade está (pode estar) mobilizada para o exercício da função de jurado, o que origina (admite-se, o que não significa ser desnecessária a respectiva

39 Sobre os perigos que podem ameaçar a democracia e a própria liberdade, cf. JOHN STUART MILL, *On Liberty*, 1859, edição de Elizabeth Raraport, 1978, em especial o capítulo I (*Introductory*).

40 Pense-se no requerimento da intervenção do júri apresentado pela acusação num caso susceptível de acompanhamento mediático, nomeadamente por força do carácter hediondo dos factos investigados, mas em cujo processo a prova conseguida não é segura; mas pense-se, também, no requerimento pela defesa da intervenção do júri num caso susceptível de compreender forte empatia popular com o arguido. A aposta no maior grau de influenciabilidade dos jurados (ainda que, concretamente, tal influenciabilidade não exista) pode pois constituir a razão do requerimento da intervenção do júri, nuns casos para suprir deficiências da investigação, noutros para aproveitar sentimentos de compreensão social (sem repercussão no regime legal) dos factos investigados. Note-se que, quanto a este último aspecto (o relativo ao aproveitamento da compreensão social dos factos), o regime legal pode dar resposta adequada, nomeadamente através dos mecanismos de desculpa (cf., sobre o tema, a recente obra de MARIA FERNANDA PALMA, *O princípio da desculpa em direito penal*, 2005).

41 Cf. a bibliografia norte-americana citada supra (nota 36).

demonstração – sempre a cargo dos defensores do júri) uma cultura específica que confere (pode conferir) maior racionalidade (?) ao sistema. Já em sistemas como o nacional, o instituto do júri assume fundamentalmente um carácter simbólico, no momento da sua consagração legal, e constitui factor de uma certa perturbação do sistema, no momento da sua concretização (funcionamento).

E haverá razões para o aludido simbolismo?

A resposta não pode deixar de ser afirmativa. Na verdade, a já mencionada democraticidade do sistema, bem como a também já mencionada relevância da participação popular na função jurisdicional legitimam a solução consagrada no artigo 207.° da Constituição.

No entanto, a concretização de tal desígnio (o da participação popular no sistema judicial) pode assumir várias modalidades. A opção do legislador infraconstitucional nacional foi maximalista, conferindo, como se viu, ao júri (aos jurados) poderes para decidir de facto e de direito.

Ora, num Estado de direito democrático e, acrescenta-se, moderno (ou, se se preferir, pós-moderno) o direito de acesso ao direito e aos tribunais (artigo 20.° da Constituição) não pode ser *cego* [42], isto é (dito de outro modo), não se pretende que o resultado desse acesso seja alheio ao funcionamento (concretização) de critérios objectivos, racionais e sindicáveis, identificáveis com os valores caracterizadores do quadro axiológico que a sociedade vivifica. Não se nega uma certa racionalidade ao funcionamento do tribunal do júri. Mas, como se referiu, trata-se da *racionalidade do aleatório*, trata-se do apelo ao sentir comum da comunidade, que tem tanto de insondável como de inconstante.

A complexização das relações sociais, acompanhada pelo afinamento dos critérios jurídicos que regulam essas relações, aos quais se junta uma exigência acrescida de adequação do funcionamento do aparelho judicial, reclamam uma qualidade da função jurisdicional que só é conseguida (na medida em que pode ser conseguida) através da formação das magistraturas (ao que não pode ser alheio, desde logo, o processo de selecção dos candidatos a magistrados), do acompanhamento da sua actividade, da possibilidade de sindicar os resultados dessa actividade e de uma elevação genérica da função de julgar (na qual se devem envolver várias entidades bem como os próprios magistrados).

A democratização por via popular da função jurisdicional traduzida na atribuição de competência para decidir questões de direito a leigos prescinde da

[42] Não se pretende negar a simbologia da venda nos olhos da justiça, já que aqui, nesta imagem, o que está em causa é a imparcialidade do julgador. No texto, a *cegueira* tem outro significado, como se explicita de seguida.

qualidade técnica (utilize-se esta fórmula) que as decisões dos tribunais devem apresentar[43].

É que determinadas funções do Estado requerem preparação específica que não se confunde com o bom-senso ou com as qualidades individuais que cada cidadão detém (ou pode deter). Não se deve, pois, entender como *deficit* democrático o reconhecimento de tais competências a corpos de *funcionários* superiormente preparados. Trata-se daquilo a que se pode chamar uma delegação do poder: atribuição de um poder, por quem originariamente o detém, a alguém que o exercerá por força da (e de acordo com a) sua competência específica. Tal perspectiva faz impender sobre os *juízes de carreira* uma responsabilidade pesada, é um facto. Mas a ela não podem fugir nem o Estado nem os próprios magistrados, em face do poder que lhes é conferido. Está em causa a confiança no sistema judicial, bem como o próprio direito de acesso aos tribunais, perspectivado como direito à aplicação da lei (utilize-se esta fórmula simplificadora por facilidade de expressão) de modo adequado, e não como um *jogo* de desfecho imprevisível.

A solução dos problemas que efectivamente existem (admite-se) não pode traduzir-se num diluir da responsabilidade de julgar (de julgar bem) no seio da comunidade, com o inerente comprometimento da concretização de critérios objectivos no funcionamento do sistema judicial.

É inegável a falta de preparação científica e técnica dos jurados. Com efeito, estes não têm formação jurídica (não têm de ter e tendencialmente não – nunca – têm). Este factor não pode ser considerado, num Estado de direito democrático, uma mais-valia. Várias incompetências, ainda que diversas e numerosas, só por acaso originarão uma decisão competente. E o acaso não pode ser o critério norteador da função jurisdicional. Note-se que a própria Constituição assume limitações ao tribunal do júri, restringindo (restrição que ocorreu faseadamente – Revisão Constitucional de 1989 e Revisão Constitucional de 1997[44]) a sua actividade, já que exclui da sua competência o terrorismo e a criminalidade altamente organizada (artigo 207.°, n.° 1, da Constituição), como que, também, *desconfiando* da competência da instituição do júri.

O funcionamento do tribunal do júri introduz necessariamente um momento de sentimento popular, com o que tem de emotivo, de subjectivo e até

[43] A legitimidade democrática dos juízes deve passar por mecanismos de controlo eficazes, cuja composição e funcionamento não cabe agora discutir. Apenas se afasta no texto a perspectiva que pretende ver na participação dos jurados um elemento legitimador da função de julgar.
[44] Ver nota 6.

de irracional (que, sendo inato ao indivíduo, é – pode ser – minimizado ou contrariado pela formação jurídica e pela formação específica dos magistrados) que não merece forte aplauso.

Não se nega, contudo, a relevância do júri. Entende-se, porém, que o seu âmbito deve ser restringido. Nomeadamente, no que respeita aos poderes de cognição. Na verdade, dificilmente se vislumbra a razoabilidade de atribuir a leigos a competência para decidir questões jurídicas tão complexas quanto o são as que integram a teoria geral da infracção. Veja-se a distinção entre dolo eventual e negligência consciente, ou entre excesso de legítima defesa esténico e asténico, ou mesmo entre causas de justificação e causas de desculpa, ou ainda entre erro moral e erro intelectual, e os exemplos podem multiplicar-se quase ilimitadamente. A aceitação da decisão por uma composição maioritária de leigos só pode significar uma erosão da qualidade científica da decisão a proferir o que manifestamente não pode ser um desiderato do sistema penal, nem mesmo constituir o *preço a pagar* por um simbolismo democrático que hodiernamente não se justifica no sistema nacional.

De resto, veja-se, por contraste, o controlo, desde logo constitucional, do referendo (artigos 115.° e 223.° da Constituição), instrumento paradigmático da participação dos cidadãos nas questões públicas. Mal se compreende a amplitude conferida aos cidadãos leigos para decidir de acordo com a lei e com o direito as questões penais: *dever de cumprimento manifestamente inviável* ou, quando muito (numa perspectiva optimista), *de cumprimento casual*.

Quanto à influenciabilidade, intuitivamente se admite que os jurados são mais permeáveis quando comparados com os magistrados. Influenciabilidade aqui no sentido de acolher, na formação da convicção, factores que são alheios a uma racional função de julgar segundo a lei e o direito. Com efeito, a formação jurídica, aliada à formação específica dos magistrados, produz um efeito neutralizador (na medida do possível) da receptividade a pressões sociais que naturalmente induzem a formação da convicção num determinado sentido. A ausência de tal formação deixa, de novo, espaço para o acaso, valendo mais uma vez o que se deixou dito supra acerca dessa álea na função jurisdicional.

Ao que acresce o carácter duvidoso da possibilidade de recurso em matéria de facto das decisões do tribunal do júri, uma vez que, de acordo com o artigo 432.°, alínea *c*), do Código de Processo Penal, de tais decisões recorre-se para o Supremo Tribunal de Justiça, que, nos termos do artigo 434.° do Código de Processo Penal, conhece fundamentalmente de direito [45].

[45] Cf., sobre o assunto, defendendo a recorribilidade quanto à questão de facto, José Manuel

E também não constitui argumento legitimador do tribunal do júri a afirmação segundo a qual a possibilidade de recurso em matéria de direito (recurso para o Supremo Tribunal de Justiça – ver artigos 432.° e 434.° do Código de Processo Penal) poderá corrigir eventuais (ou antes, naturais) deficiências que a decisão do júri apresente. Com efeito, se é verdade que assim sucederá, não se vislumbra fundamento ou razão para depreciar a decisão da 1.ª instância, introduzindo deliberada e gratuitamente factores de perturbação no processo decisório, confiando na correcção dos seus efeitos em sede de recurso.

Por último, não se afigura procedente invocar a favor da instituição do tribunal do júri experiências estrangeiras nas quais essa composição tem tradição. É inegável que no sistema português o tribunal do júri não tem tradição. Ora, a tradição de outros sistemas não tem de ser assimilada pelo processo penal português, sobretudo quando tal assimilação afronta a tradição nacional. De resto, a Constituição da República Portuguesa é clara na afirmação dos valores que estruturam o ordenamento jurídico vigente, *afrontando*, sempre que justificado, a *tradição* de outros sistemas. Veja-se, paradigmaticamente, a protecção da vida humana, com a inerente proscrição da pena de morte (artigo 24.° da Constituição), pena que é admitida e efectivamente aplicada pelos Estados Unidos da América (onde, como se sabe, o tribunal do júri é a regra)[46].

Há, portanto, que *levar a sério* a função jurisdicional, ou, se se quiser, a aplicação do direito, constituindo deficiente compreensão do verdadeiro sentido da função do julgador (que mais parecerá então um acto de fé ou mesmo uma convicção supersticiosa) aceitar que o desconhecimento jurídico possa constituir uma mais-valia ou um factor relevante para a decisão de questões jurídico-penais (tem-se fundamentalmente presente o poder do tribunal do júri de conhecer de questões de direito)[47]. Assim entender as coisas corresponde a considerar praticamente inútil toda a dogmática penal, que naturalmente não está ao alcance de leigos nem é apreendida em escassas horas de esclarecimento ministradas pelos juízes que integram o júri, ainda que tal explicação possa ser (e, acredita-se, seguramente será) de qualidade inquestionável.

VILALONGA, *Direito de recurso em processo penal*, "Jornadas de Direito Processual Penal e Direitos Fundamentais", 2004, p. 365 e ss., em particular pp. 378 e 379.

46 A invocação do exemplo da pena de morte apenas visa ilustrar que a afirmação dos valores de uma dada comunidade não tem de (não pode) ser seguidista, e demonstra que sistemas culturalmente (?), ou antes civilizacionalmente (?), próximos do nacional podem acolher soluções que se distanciam *antipodamente* no que respeita aos respectivos fundamentos axiológicos.

47 Permita-se o argumento algo absurdo que segue. Estranha área do conhecimento seria o direito ao admitir, no momento da sua concretização, a opinião de leigos – pense-se na medicina, na engenharia ou na própria gestão: os resultados seriam assustadores...

6. Nota conclusiva

Perpassa, nas linhas que agora se concluem, uma perspectiva radicalmente crítica do papel do tribunal do júri no sistema português. Na verdade, não se compreende que o simbolismo democrático possa constituir fundamento suficiente para justificar que o julgamento da questão penal (precipuamente da sua dimensão jurídica) seja realizado por uma composição formada maioritariamente por leigos. Traduz-se tal solução na atribuição de palco ao sentimento popular, ao senso comum e, no limite, às perspectivas que subjazem à justiça popular, perspectivas que só por acaso coincidirão com os critérios jurídicos (com o direito), e que, em muitos casos, têm de ser, por tais critérios, conformadas.

Carece pois da atenção do legislador a definição da amplitude dos poderes de cognição dos jurados (do júri). Realce-se que não se critica a solução constitucional. Na verdade, ela apenas afirma que "[o] júri, nos casos e com a composição que a lei fixar, intervém no julgamento dos crimes graves, salvo os de terrorismo e os de criminalidade altamente organizada, designadamente quando a acusação ou a defesa o requeiram". Não decorre da Constituição a consagração dos amplos poderes de cognição que o legislador infraconstitucional veio a atribuir ao tribunal do júri.

Admitindo-se, então (até por imperativo constitucional), a intervenção do tribunal do júri no processo penal, tal intervenção não deve ir além da participação dos jurados na apreciação da questão de facto (apreciação necessariamente orientada por magistrados). Com efeito, não se afigura nem justificado nem adequado que as questões de direito (em particular, como acontece no sistema nacional, nos crimes mais graves...!) sejam decididas por pessoas sem a necessária formação. É que incontornável parece ser a seguinte (aparentemente simples) constatação: a formação jurídica não pode ser dispensável quando está em causa precisamente o conhecimento... da questão jurídica.

Jurisprudência Anotada

Vacatio legis e prazo de impugnação contenciosa de acto administrativo sob a forma de decreto-lei

SUPREMO TRIBUNAL ADMINISTRATIVO
Acórdão de 23 de Setembro de 2004
Recurso n.° 731/03-11 – 1.ª Subsecção da Secção do Contencioso Administrativo

Acordam na Secção de Contencioso Administrativo do Supremo Tribunal Administrativo:

I. **Relatório**

A Associação dos Concessionários de Bingo, Saviotti – Empreendimentos Turísticos, S.A., Jardim Zoológico e de Aclimação em Portugal, S.A., Sporting Clube de Portugal, todos com melhor identificação nos autos, vieram "intentar e fazer seguir um *recurso contencioso de anulação* do acto administrativo do Conselho de Ministros constante do Decreto-Lei n.° 15/2003, de 30 de Janeiro, designadamente dos seus artigos 1.° e 2.°, que autoriza a exploração de jogos de fortuna ou azar em dois casinos, um situado no Estoril e outro em Lisboa, à Sociedade Estoril Sol (III), Turismo, Animação e Jogo, S.A., a qual é regulada pelo contrato de concessão celebrado entre o Estado e a Estoril Sol em 14 de Dezembro de 2001 com as necessárias adaptações constantes de aditamento a realizar àquele contrato, o que faz contra o Conselho de Ministros na qualidade de autoridade recorrida e contra a Estoril Sol, o Município de Lisboa, e o Instituto de Financiamento e Apoio ao Turismo", na qualidade de contra-interessados.

Alegaram, resumidamente, que o acto impugnado padecia dos seguintes vícios:

I – Vício de violação de lei por violação do artigo 3.°, n.°s 1 e 2, do Decreto-Lei n.° 422/89.
II – Vício de violação de lei por violação do disposto nos artigos 3.°, n.° 3 e 10, n.° 1 do Decreto-Lei n.° 422/89.
III – Vício de violação de lei por violação do artigo 8.° do Decreto-Lei n.° 422/89.
IV – Vício de violação de lei por inobservância do artigo 11.° da Lei de Defesa da Concorrência (Decreto-Lei n.° 371/93, de 20 de Outubro).
V – Violação do Direito Comunitário, designadamente dos artigos 87 e 12 do Tratado de Roma.
VI – Vício de forma por violação do artigo 10.°, n.° 1 do Decreto-Lei n.° 422/89
VII – Vício de forma por violação do disposto no artigo 9.°, n.° 1, alínea *c*) e do artigo 3.°, alínea *l*) do Decreto-Lei n.° 184/88 de *25* de Maio.
VIII – Vício de incompetência absoluta por violação do disposto no artigo 9.° do Decreto-Lei n.° 422/89.

A autoridade recorrida, pela mão do Primeiro-Ministro, veio responder ao recurso, defendendo a sua improcedência e suscitando as seguintes questões prévias:

A) Irrecorribilidade do acto;
B) Ilegitimidade dos recorrentes;
C) Extemporaneidade do recurso.

A Estoril Sol, e a Câmara Municipal de Lisboa adoptaram idênticas posições invocando as mesmas questões.

O Instituto de Financiamento e Apoio ao Turismo suscitou a sua própria ilegitimidade.

Por despacho de fls. 354, de 30.4.04, foi admitida como assistente, nos termos do artigo 49.° do RSTA, a "Promora – Actividades Turísticas, Promoção e Gestão de Empreendimentos, SA, sem prejuízo da apreciação da legitimidade das recorrentes, a efectuar posteriormente, que, a existir, asseguraria a sua.

Os recorrentes tiveram a oportunidade de se pronunciar.

Sobre as referidas questões a Magistrada do Ministério Público junto deste Tribunal emitiu o seguinte parecer:

"Compulsados os autos verifica-se que os recorrentes Associação dos Concessionários de Bingo, Saviotti – Empreendimentos Turísticos, SA, Jardim Zoológico e de Aclimação em Portugal e Sporting Clube de Portugal interpuseram, em 4.4.03 – conf. fls. 2 e 70 – recurso contencioso de anulação do '... acto administrativo do Conselho de Ministros constante do Decreto-Lei n.° 15/2003, de 30 de Janeiro, designadamente dos seus artigos 1 e 2, que autorizam a exploração de jogos de fortuna ou azar em dois casinos, um situado no Estoril e outro em Lisboa, à Sociedade Estoril Sol III, Turismo, Animação e Jogo, SA, – sic. fls. 2 – contra-interessada e recorrida particular (bem como o Município de Lisboa e o Instituto de Financiamento e Apoio ao Turismo).

Em 16.6.03 – cf. fls. 79 – a Promora veio requerer a sua admissão como assistente processual daquelas recorrentes.

A autoridade recorrida (o senhor Primeiro-Ministro), na sua resposta a fls. 93 e seguintes, veio suscitar várias questões prévias, nomeadamente, a irrecorribilidade do acto impugnado, a da ilegitimidade activa e a da intempestividade da interposição do recurso, sendo também manifestada a sua oposição ao pedido de assistência deduzido pela Promora – fls. 123 e seguintes.

A recorrida particular Estoril Sol III requer seja reconhecida a sua legitimidade e a sua admissão como contestante, as quais, pelas razões por ela invocadas a fls. 112 e 113, nada temos a opor.

Acompanhando a Entidade Recorrida, as recorridas Estoril Sol III e o Senhor Presidente da Câmara de Lisboa – conf. fls. 253 – suscitaram, com fundamentos idênticos, as questões da ilegitimidade de todos os recorrentes (o que inviabiliza a aceitação da Promora como assistente) a irrecorribilidade do acto e a da extemporaneidade da interposição do recurso.

O Instituto de Financiamento e Apoio ao Turismo, na sua resposta de fls. 243 e seguintes invoca a sua ilegitimidade que decorre, na sua tese, de natureza hipotética e indirecta do prejuízo causado com o provimento do recurso.

Afigura-se-nos que nenhuma das questões suscitadas deve proceder. Na verdade, e quanto à questão de irrecorribilidade do acto impugnado, também nós entendemos que o Decreto-Lei n.° 15/2003, de 30 de Janeiro, contém um verdadeiro acto administrativo, pois define uma situação jurídica administrativa concreta da qual é beneficiária a concessionária Estoril Sol III (e prejudicados todos os Recorrentes), que materializa uma autorização concedida à Estoril Sol para construir e instalar um casino em Lisboa. O acto contenciosamente impugnado apresenta-se pois como um acto constitutivo de direitos, materialmente definitivo. Encontra-se igualmente dotado de executividade, habilitando o Governo e a Estoril Sol a fixarem os termos de exploração do novo Casino de Lisboa, cujo cumprimento pode ser imposto coercivamente a terceiros que, se não o impugnarem, com ele se hão-de conformar.

Quanto à questão da ilegitimidade dos Recorrentes afigura-se-nos que devem ser considerados partes legítimas e, consequencialmente, admitir-se a Promora a intervir como assistente, notificando-se oportunamente, nos termos e para os efeitos do artigo 54.°, n.° 1, da L.P.T.A., pois que não havia sido ordenado o seu cumprimento relativamente aos demais Recorrentes aquando da dedução do pedido de assistência processual – pois todos detêm um interesse directo, pessoal e legítimo na anulação do acto recorrido. Nesta matéria subscrevemos as razões para tanto invocadas na resposta das fls. 317 e seguintes, que ilustram capazmente os benefícios que podem vir a obter com a destruição dos efeitos jurídicos do acto anulado.

A questão da extemporaneidade da interposição do presente recurso prende-se com a apreciação do seu mérito. Se o acto for declarado nulo, o recurso foi tempestivamente interposto. Se, após a apreciação e decisão das eventuais nulidades de que o acto contenciosamente impugnado possa padecer, subsistirem vícios geradores de mera anulabilidade, então o recurso deverá ser rejeitado, por extemporânea interposição: tal como defendem a Actividade Recorrida e as Recorridas Particulares, o termo inicial do prazo previsto nos artigos 28.° e 29.° ambos da L.P.T.A. reporta-se ao momento da publicação e não do início da vigência, pese embora o muito respeito que nos merece opinião contrária.

Por último resta afirmar o nosso desacordo com a pretendida ilegitimidade passiva invocada pelo Instituto Financeiro e de Apoio ao Turismo.

Acompanhando aqui também os Recorrentes afigura-se-nos manifesto que é ele um dos principais beneficiários directos das obrigações da concessionária caso se mantenha na ordem jurídica o acto contenciosamente impugnado (os indirectos seriam os indicados nas alíneas *a*), *b*), *c*) e *d*) do n.° 1 do artigo 4.° e das alíneas *a*) e *b*) do artigo 5.°, n.° 1, do Decreto-Lei citado). Tanto basta para que seja considerado parte legítima no presente recurso."

II. **Factos**

Matéria de facto que se fixa:

A – Na I Série-A do *Diário da República*, de 30 de Janeiro, foi publicado o Decreto-Lei n.° 15/2003, de 30 de Janeiro. Os seus artigos 1.° e 2.° têm o seguinte teor:

Artigo 1.° – Na zona de jogo do Estoril é autorizada a exploração de jogos de fortuna ou azar em dois casinos, um situado no Estoril outro em Lisboa.

Artigo 2.° – A exploração do casino de Lisboa é regulada pelo contrato de concessão, celebrado em 14 de Dezembro de 2001, entre o Governo Português e a Estoril Sol (III), Turismo, Animação e Jogo, SA, publicado no Diário da República, 3.ª série, n.° 27, de 1 de Fevereiro de 2002, com as necessárias adaptações, que constarão de aditamento àquele contrato, a formalizar no prazo de 180 dias a contar da data da entrada em vigor do presente diploma.

B – O presente recurso contencioso, que tem como objecto o acto administrativo contido na alínea A, deu entrada neste Tribunal no dia 7 de Abril de 2003.

Colhidos os vistos cumpre decidir.

III. **Direito**

1. Importa conhecer das diversas questões prévias colocadas pela autoridade recorrida e pelas recorridas particulares: a irrecorribilidade do acto, a ilegitimidade dos recorrentes e a extemporaneidade do recurso. O conhecimento dessas questões terá que obedecer a um qualquer critério, uma vez que a procedência de uma delas poderá prejudicar o conhecimento de uma ou das restantes. Haverá de iniciar-se a abordagem por uma ordem sequencial determinada pela lógica, pela ordem natural das coisas [1]. "Se nos ativermos à destrinça entre o direito ao recurso e o direito material à anulação do acto recorrido, impõe-se começar por indagar das condições de existência do próprio processo e, só depois, se for caso disso, das condições de procedibilidade ou pressupostos processuais, e finalmente das condições de procedência. Na hipótese vertente, tal entendimento conduz a que o conhecimento das questões prévias suscitadas se inicie pela verificação da existência do objecto do recurso, a que se seguirá, se for necessário, o da extemporaneidade, quer se considere como pressuposto processual ou condição de procedência". Trata-se de uma consequência imediata do disposto no artigo 46.°, n.° 1, do RSTA, segundo o qual "os recursos contenciosos podem ser interpostos pelos que tiverem interesse directo, pessoal e legítimo na anulação do acto administrativo".

[1] Acórdão STA de 1.6.95 no recurso 35993 (no mesmo sentido os acórdãos de 3.5.94 no recurso 31091, 19.10.95 no recurso 34201, de 5.12.01 no recurso 46678 e de 14.1.04 no recurso 1575/03).

2. Quanto à recorribilidade do acto importa verificar que os recorrentes vêm impugnar o acto administrativo contido nos artigos 1.° e 2.° do Decreto-Lei n.° 15/2003, de 30 de Janeiro, que autorizou a exploração de jogos de fortuna ou azar em dois casinos, um situado no Estoril – já em funcionamento há largos anos – e outro em Lisboa, à Sociedade Estoril Sol (III), Turismo, Animação e Jogo, S.A., a qual é regulada pelo contrato de concessão celebrado entre o Estado e a Estoril Sol em 14 de Dezembro de 2001 – que abrangia até aí, somente, o casino do Estoril – com as necessárias adaptações constantes de aditamento a realizar àquele contrato. A possibilidade de um acto administrativo integrar um acto legislativo – no caso um decreto-lei – é inquestionável, o que de resto as recorridas também não põem em causa. Ora, o artigo 2.°, sob a epígrafe de "Instalação de um casino em Lisboa", dispõe que "Na zona de jogo do Estoril é autorizada a exploração de jogos de fortuna e azar em dois casinos, um situado no Estoril e outro em Lisboa". O artigo 2.°, epigrafado de "Normas aplicáveis", estabelece que "A exploração do casino de Lisboa é regulada pelo contrato de concessão celebrado, em 14 de Dezembro de 2001, entre o Governo Português e a Estoril Sol (III), Turismo, Animação e Jogo, SA, publicado no Diário da República, 3.ª Série, n.° 27, de 1 de Fevereiro de 2002, com as necessárias adaptações, que constarão de aditamento àquele contrato, a formalizar no prazo de 180 dias a contar da data da entrada em vigor do presente diploma". Sabendo-se que a Estoril Sol é beneficiária da concessão da zona de jogo do Estoril, onde explora um casino, o que as disposições em causa determinaram foi, exclusivamente, a autorização para a abertura de um novo casino, agora em Lisboa mediante a extensão do contrato existente ao qual teriam, naturalmente, de ser aditadas novas regras decorrentes da existência de um novo espaço físico. Basicamente traduz-se num benefício, pese embora com condicionalismos ainda não conhecidos, concedido à Sociedade Estoril Sol.

Trata-se, assim, de um verdadeiro e típico acto administrativo já que encerra uma decisão (deliberação) de um órgão da Administração pública que, ao abrigo de normas de direito público, visa produzir efeitos numa situação individual e concreta (artigo 120.° do CPA). Integra-se na categoria dos actos administrativos permissivos [2] que são "os que facultam ou permitem a alguém a adopção de uma conduta que em princípio lhe está vedada". O próprio artigo 2.° fala em autorizar a exploração de jogos, a favor da Estoril Sol, sendo certo que as autorizações são actos administrativos comuns desta categoria. Portanto, o acto impugnado nos autos é um autêntico acto administrativo já que

[2] Marcelo Caetano, "Manual", I, 9.ª edição, 437.

se consubstancia numa deliberação do governo, que visou produzir efeitos numa situação individual e concreta – a exploração de um casino em Lisboa – ao abrigo de normas de direito público – o Decreto-Lei n.° 422/89, de 2 de Dezembro.

Improcede, assim, a questão da irrecorribilidade do acto.

3. Vejamos, agora, se o recurso é extemporâneo. Começamos pela extemporaneidade, porquanto a questão da legitimidade dos recorrentes só será de colocar em relação a recursos que sejam tempestivos.

Estamos perante um recurso contencioso interposto, em 7 de Abril de 2003, de um acto administrativo contido num decreto-lei publicado em 30 de Janeiro de 2003.

Sobre esta questão pronunciou-se o Pleno desta Secção no recurso 35705, de 3.4.01 (no seguimento do, também do Pleno, de 5.6.00 proferido no recurso 35702), com o seguinte discurso:

"Nos termos do n.° 3 do artigo 268.° CRP, *Os actos administrativos estão sujeitos a notificação aos interessados, na forma prevista na lei* (...)".

Disposição imperativa da Constituição, não permite outra leitura desviante da garantia pretendida, qual é do efectivo conhecimento, com as formalidades e cautelas da lei, das decisões que porventura alterem a situação jurídica do destinatário de um acto administrativo.

Por isso é que o n.° 1 do artigo 29.° da LPTA que estatui que o prazo para a interposição de recurso de acto expresso (anulável) se conta da respectiva notificação ou publicação quando esta seja imposta por lei, tem que ser restringido a uma leitura conforme à Constituição, que não pode deixar de ser a da notificação do acto, ainda que haja publicação dele, a menos que seja menos favorável para a publicação jurídica do interessado, o que acontecerá quando a publicação for posterior à notificação, então, só, a partir daquela o acto é eficaz.

Há que atender porém ao que obriga efectivamente a Constituição. Na verdade, o que o n.° 3 do artigo 268.° exige é a notificação aos interessados, ou seja, aos detentores de posições jurídicas, concretas ou difusas, de qualquer forma ameaçadas ou afectadas pelo acto. É o que decorre daquele normativo constitucional, combinado com o disposto nos artigos 52.°, 53.° e 66.° do Código do Procedimento Administrativo (CPA)".

E mais adiante:

"Nos termos n.° 1 do artigo 119.° CRP são publicados no jornal oficial, *Diário da República*, entre outros, os decretos-lei [al. *c*)] e, bem assim, as portarias [al. *h*)], acrescentando o n.° 2 que *A falta de publicidade dos actos previstos nas alíneas a) a h) do número anterior (...) implica a sua ineficácia jurídica.*

E se é verdade que a interpretação do artigo 29.°, n.° 1, da LPTA, em conformidade com o n.° 3 do artigo 268.° da CRP, implica que a publicação obrigatória não dispensa a obrigatoriedade da notificação individual aos interessados dos actos administrativos, para efeitos da contagem do prazo de interposição do recurso contencioso, também o é, porém, que em relação aos actos administrativos contidos em diploma legislativo, é sempre aplicável o regime de publicidade constitucionalmente determinado, não carecendo tais actos de notificação, pois em tais situações o prazo de interposição do recurso contencioso é alargado, podendo iniciar-se com a execução do acto ou com os actos de aplicação (acórdão STAP, de 5 de Junho de 2000, rec. 35702)".

Regressando ao caso dos autos, e para além do que ficou dito a propósito da publicação como forma de conferir eficácia aos actos legislativos – e seguramente com eles, aos actos administrativos por eles veiculados – terá necessariamente de concluir-se que não tendo havido um procedimento administrativo em que os recorrentes tivessem sido intervenientes, e muito menos fossem os seus destinatários, também inexistia a obrigação legal de os notificar (artigos 52.°, 53.°, 54.° e 66.° do CPA[3]).

Por outro lado, assim como o prazo de impugnação de um típico acto administrativo se conta a partir da data da sua *publicação* ou *notificação*, *independentemente da data em que começa a produzir os efeitos jurídicos nele contidos*, também o da impugnação contenciosa de um acto administrativo contido em diploma legislativo se conta a partir da data da sua publicação, independentemente de quaisquer factores que retardem a produção dos seus efeitos. É o que resulta, sem margem para dúvidas, do preceituado no artigo 29.°, n.° 1, da LPTA, onde se estatui que o "prazo para a interposição de recurso de acto expresso se conta da respectiva *notificação* ou *publicação*, quando esta seja imposta por lei". Assente que a eficácia de um acto administrativo apenas está dependente de um desses dois momentos, e não de um outro qualquer, somente haverá de averiguar-se qual deles ocorre no caso concreto. No caso dos autos, como se viu, só a publicação releva.

[3] Conf. o acórdão STA de 3.12.99 proferido no recurso 41377 em cujo sumário se pode ler que «"Interessado" para efeitos de notificação não é a mesma coisa que "interessado" para efeitos de legitimidade procedimental: o "interesse" afere-se em função dos "efeitos directos e concretos" da decisão.»

Ora, para além do vício de incompetência por falta de atribuições, todos os demais invocados pelos recorrentes – vício de violação de lei por violação do artigo 3.°, n.°s 1 e 2, do Decreto-Lei n.° 422/89, vício de violação de lei por violação do disposto nos artigos 3.°, n.° 3 e 10.°, n.° 1, do Decreto-Lei n.° 422/89, vício de violação de lei por violação do artigo 8.° do Decreto-Lei n.° 422/89, vício de violação de lei por inobservância do artigo 11.° da Lei de Defesa da Concorrência (Decreto-Lei n.° 371/93, de 20 de Outubro), violação do Direito Comunitário, designadamente dos artigos 87 e 12 do Tratado de Roma, vício de forma por violação do artigo 10.°, n.° 1, do Decreto-Lei n.° 422/89, vício de forma por violação do disposto no artigo 9.°, n.° 1, alínea *c*) e do artigo 3.°, alínea *l*), do Decreto-Lei n.° 184/88, de 25 de Maio – são geradores de mera anulabilidade, regra geral em matéria de invalidade dos actos administrativos (artigo 135.° do CPA). O invocado vício de incompetência, a existir, seria gerador de nulidade nos termos da alínea *b*) do n.° 2 do artigo 133.° do CPA. Sucede, todavia, que tal vício consistiria, para os recorrentes, na circunstância de a competência para adjudicar a concessão de jogo ser do Governo, nos termos do artigo 8.° do Decreto-Lei n.° 422/89, e a jurisprudência deste tribunal, tirada em 1938, ter concluído "que se deve entender conferida ao Ministro da pasta respectiva a competência para a prática de actos quando a lei se limita a referir que a competência é do Governo sem dizer qual é o órgão a quem especificamente a comete".

Só que uma tal arguição, mesmo numa análise superficial[4], não consubstancia, fundadamente, um vício de incompetência por falta de atribuições. Com efeito, Governo, segundo a Constituição (artigo 182.°) é o órgão de condução da política geral do país e o órgão superior da administração pública", sendo constituído "pelo Primeiro-Ministro, pelos Ministros e pelos Secretários e Subsecretários de Estado" (artigo 183.°, n.° 1). "O Conselho de Ministros é constituído pelo Primeiro-Ministro, pelos Vice-Primeiros-Ministros, e pelos Ministros" (artigo 184.°, n.° 1), sendo certo que pode haver Conselhos de Ministros especializados (artigo 184.°, n.° 2) e que "Os decretos-leis e os demais decretos do Governo são assinados pelo Primeiro-Ministro e pelos Ministros competentes em razão da matéria" (artigo 201.°, n.° 3).

Se a competência para a criação de zonas de jogo é do Governo, à luz do Decreto-Lei n.° 422/89, o certo é que, no caso em apreço, essa competência foi efectivamente exercida pelo Governo. Na verdade, é o próprio Decreto-Lei

[4] Outra não é possível, por se tratar de um vício do acto que tem, portanto, a ver com o mérito do recurso.

n.° 15/03, que o afirma indubitavelmente quando refere, na parte final do preâmbulo, que "nos termos da alínea *a*) do n.° 1 do artigo 198.° da Constituição, o Governo decreta o seguinte", vindo, a final, o diploma a ser assinado pelos Ministros da respectiva área. É certo que o citado artigo 198.° da CRP fixa a competência legislativa do Governo e aquilo que está em causa nos autos é um acto administrativo e, portanto, a competência que relevaria seria a sua competência administrativa. Essa encontra-se, contudo, no artigo 199.°, podendo ver-se na alínea *g*) competir ao Governo "Praticar todos os actos e tomar todas as providências necessárias à promoção do desenvolvimento económico-social e à satisfação das necessidades colectivas". Sendo, justamente, um desses actos, por força do artigo 9.° do Decreto-Lei n.° 422/89, a concessão de jogo. Terá, pois, de concluir-se que o acto recorrido deliberado pelo Governo, a entidade competente para o emitir, não sofre de qualquer vício de incompetência e muito menos passível de acarretar a sua nulidade.

É certo, como refere Marcelo Rebelo de Sousa (*Lições de Direito Administrativo*, I, 245) que "...as alusões constitucionais e legais à competência administrativa do Governo tanto podem respeitar ao órgão complexo (Governo propriamente dito), como a cada um dos órgãos simples que o integram (Ministros, Secretários de Estado ou Subsecretários de Estado) e que se não confundem com os respectivos titulares" podendo, nesta concepção mais restrita, colocar-se a dúvida suscitada pelos recorrentes, isto é, o acto recorrido ser da competência do Ministro da área respectiva e não do órgão colegial em que se integra. Só que, a existir essa discrepância, ou não existiria qualquer ilegalidade pela decorrência natural do princípio de que quem pode o mais pode o menos, ou a existir, o vício não seria de incompetência absoluta, mas relativa, ocasionando simples anulabilidade, já que, não se poderia dizer que tendo o acto sido praticado pelo Governo e não pelo Ministro ele fosse estranho às suas atribuições na justa medida em que este constitucionalmente se integra naquele.

O acto foi publicado no DR a 30.1.03, não padece de qualquer vício gerador de nulidade, e o recurso contencioso apenas entrou em tribunal a 7.4.03, para além, assim, dos dois meses previstos no artigo 28.° da LPTA.

O recurso contencioso é, por isso, extemporâneo, não podendo prosseguir.

IV. **Decisão**

Nos termos e com os fundamentos expostos acordam em rejeitar o recurso.

Custas a cargo dos recorrentes fixando-se a Taxa de Justiça e a Procuradoria em 450 e 300 euros, respectivamente.

Lisboa, 23 de Setembro de 2004.
Rui Botelho (Relator), Santos Coelho, Freitas Carvalho

Anotação

1. Tendo sido interposto recurso contencioso de anulação do acto administrativo inserido no Decreto-Lei n.° 15/2003, de 30 de Janeiro, o Supremo Tribunal Administrativo veio a entender, nos termos do referido Acórdão, que, não existindo qualquer vício gerador de nulidade, o recurso era extemporâneo, rejeitando-o.

Independentemente de diversas questões que a douta decisão judicial suscita, centraremos a nossa atenção num único aspecto: será que o prazo de impugnação de um acto administrativo integrado em decreto-lei se deve contar a partir da data da sua publicação – tal como sustenta o Supremo Tribunal Administrativo, fundando-se no então artigo 29.°, n.° 1, da LPTA – ou, pelo contrário, esse prazo desse começar a contar-se do termo do prazo de *vacatio legis*?

Esse é o problema jurídico a que cumpre encontrar resposta.

2. A *vacatio legis*, enquanto período de tempo que medeia entre a publicação de uma lei e a sua entrada em vigor[1], funciona como instrumento garantístico da segurança jurídica a três níveis[2]: (i) traduz um período de cognoscibilidade das novas normas, (ii) releva como período de previsibilidade de comportamentos e de efeitos jurídicos à luz das novas normas e (iii) constitui ainda um período de adaptabilidade das condutas às novas normas.

A circunstância de se estar diante de um decreto-lei sem conteúdo normativo, traduzindo materialmente um verdadeiro acto administrativo, apesar de esbater a relevância do valor segurança que é particularmente importante perante normas, em nada altera o regime da *vacatio legis*: todos os actos legislativos – tenham ou não conteúdo normativo – se encontram sujeitos às regras da *vacatio legis*.

[1] Cfr. José de Oliveira Ascensão, *O Direito – Introdução e Teoria Geral*, 13.ª ed., Coimbra, 2005, pp. 303 ss.

[2] Cfr. Paulo Otero, *Lições de Introdução ao Estudo do Direito*, I, 1.° tomo, Lisboa, 1998, p. 193.

O regime jurídico da *vacatio legis* resume-se em três regras:

(i) Integra a esfera de liberdade do legislador a definição do prazo de *vacatio legis*, razão pela qual cada acto legislativo pode ter o prazo que entenda mais conveniente ou, pura e simplesmente, pode suprimir a existência de *vacatio legis*, hipótese esta última em que a lei entra em vigor na data da sua publicação ou mesmo em data anterior a essa mesma publicação;

(ii) Na falta de prazo específico de *vacatio legis*, desde que este não tenha sido suprimido, verificando-se que o legislador não exerce a liberdade de definir um qualquer prazo próprio para a entrada em vigor de um determinado acto legislativo, a ordem jurídica fixa em cinco dias o prazo supletivo de *vacatio legis*[3]: no silêncio da lei sobre a data de entrada em vigor dos seus preceitos, existe um prazo geral de cinco dias de *vacatio legis*;

(iii) Durante a *vacatio legis*, a lei em causa já existe no mundo jurídico, mostra-se potencialmente perfeita, apenas não produz ainda os seus efeitos típicos, pois não entrou em vigor, razão pela qual não pode ser aplicada: a *vacatio legis* funciona como causa de inaplicabilidade da lei.

Conhecedores de que, à luz do respectivo regime jurídico, o termo do prazo da *vacatio legis* gera a entrada em vigor da lei, tornando-se a mesma aplicável à regulação das situações subsumíveis na previsão das suas normas, regista-se que a *vacatio legis* assume a natureza jurídica de verdadeiro termo suspensivo ou inicial face à entrada em vigor da lei: a *vacatio legis* configura-se como facto futuro e certo a que se encontra sujeita a produção de efeitos de uma lei[4].

Trata-se a *vacatio legis*, todavia, de um termo inicial ou suspensivo legal: o prazo de entrada em vigor do diploma ou de começo da produção de efeitos até então "paralisados" resulta da própria lei. Pode falar-se aqui, por conseguinte, em termo impróprio[5].

[3] Cfr. Decreto-Lei n.° 6/83, de 29 de Julho, segundo as alterações introduzidas pelo Decreto-Lei n.° 337/87, de 21 de Outubro, e pelo Decreto-Lei n.° 1/91, de 2 de Janeiro.

[4] Urge acrescentar, no entanto, que se a lei sujeita a *vacatio legis* produzir efeito revogatório face a uma lei antiga, a *vacatio legis* é sempre dotada de um duplo efeito: ela funciona como termo suspensivo da entrada em vigor da lei nova e, simultaneamente, como termo resolutivo da aplicação da lei antiga, determinando a data de cessação da sua vigência.

[5] O conceito de termo impróprio visa sublinhar que, sendo esse termo resultante de lei, ele não decorre da vontade das partes, tal como acontece na maior parte dos negócios jurídicos. Sobre o

Em suma, a *vacatio legis* tem a natureza de termo legal suspensivo ou inicial da produção de efeitos de uma lei.

3. Sabendo-se que a *vacatio legis* tem a natureza de um termo suspensivo ou inicial, a questão da impugnação contenciosa de actos administrativos inseridos em decretos-leis durante o período da respectiva *vacatio legis* resume-se nos seguintes termos: será que um acto administrativo sujeito a termo inicial ou a termo suspensivo pode ser impugnado contenciosamente?

Em termos doutrinais, antes e depois da reforma do contencioso administrativo de 2002, a maioria da doutrina entendia [6] – e continua hoje a entender [7] – que os actos administrativos sujeitos a termo inicial, enquanto actos "não executórios" [8] ou de "eficácia diferida"[9], não podem ser, por via de regra, objecto de impugnação contenciosa: o acto sujeito a termo inicial ainda não introduziu qualquer modificação da ordem jurídica que se possa considerar, nos seus efeitos típicos, lesiva [10].

Igual solução tem sido expressamente acolhida pela jurisprudência do Supremo Tribunal Administrativo: o seu Acórdão da 2.ª Subsecção do Contencioso Administrativo, de 8 de Março de 2000, expressamente refere que um acto sujeito a termo inicial só a partir do momento em que tal acto adquire eficácia pode dele ser interposto recurso contencioso de anulação [11].

Compreende-se, neste contexto, que um acto administrativo inserido num decreto-lei não possa ser impugnado contenciosamente durante o período do respectivo prazo de *vacatio legis*.

Não se desconhecem, todavia, excepções ao mencionado princípio geral: já antes da reforma do contencioso administrativo de 2002/2003 se admitia que

tema, cfr. António Menezes Cordeiro, *Tratado de Direito Civil Português*, I, 1.° tomo, 3.ª ed., Coimbra, 2005, p. 729.

6 Cfr. Diogo Freitas do Amaral, *Direito Administrativo*, IV, Policop., Lisboa, 1988, p. 149.

7 Cfr. Mário Aroso de Almeida, *O Novo Regime do Processo nos Tribunais Administrativos*, 4.ª ed., Coimbra, 2005, p. 168.

8 Cfr. Diogo Freitas do Amaral, *Curso de Direito Administrativo*, II, Coimbra, 2001, p. 285.

9 Cfr. Mário Aroso de Almeida/Carlos Alberto Fernandes Cadilha, *Comentário ao Código de Processo nos Tribunais Administrativos*, Coimbra, 2005, p. 275.

10 Em termos gerais sobre os actos ineficazes, considerando que o destinatário não tem interesse directo e pessoal para o provimento da impugnação, porque "desprovido [o acto] da virtualidade de produzir os efeitos que lhe são típicos, ele não constitui ainda obstáculo à satisfação de uma pretensão nem representa causa imediata de prejuízos", cfr. Sérvulo Correia, *Direito do Contencioso Administrativo*, I, Lisboa, 2005, p. 515.

11 Cfr. www.dgsi.pt/jsta

alguns dos efeitos dos actos administrativos sujeitos a termo inicial pudessem ser objecto de impugnação contenciosa [12], tal como hoje, segundo o disposto no artigo 54.°, n.° 1, alínea *b*), do Novo Código de Processo nos Tribunais Administrativos, se reconhece a impugnabilidade de actos sujeitos a termo inicial quando "seja seguro ou muito provável que o acto irá produzir efeitos" [13].

As excepções não podem, no entanto, fazer obnubilar a regra geral: se um acto não introduz efeitos na ordem jurídica, tal como sucede quando reveste a forma de decreto-lei durante o prazo da *vacatio legis*, ele só poderá ser impugnado contenciosamente a partir do momento em que comece a produzir os efeitos jurídicos, sem prejuízo de uma produção antecipada de certos efeitos lesivos atípicos poder sempre ser imediatamente objecto de controlo judicial.

Independentemente desta última hipótese, verificando-se que o acto sujeito a termo inicial só poderá ser impugnado contenciosamente a partir do momento em que tal acto adquire eficácia, isto é, desde que cesse a *vacatio legis* no caso de revestir a forma de decreto-lei, uma inevitável interrogação se coloca: a partir de que momento começa a correr a contagem do prazo de impugnação contenciosa desse acto administrativo?

4. Se deparamos com um acto administrativo ineficaz, torna-se claro que o prazo legal para a respectiva impugnação contenciosa só poderá começar a contar-se a partir da data em que o mesmo se tornou eficaz [14].

Assim, se um acto administrativo assume a forma de decreto-lei, sabendo-se que a *vacatio legis* tem a natureza de um termo suspensivo ou inicial da respectiva entrada em vigor ou início da produção de efeitos (v. *supra*, n.° 2), sendo a partir dessa data que o mesmo poderá ser impugnado contenciosamente quanto aos seus efeitos típicos lesivos (v. *supra*, n.° 3), torna-se indiscutível que a contagem do prazo de impugnação só começa a correr da data da entrada em vigor desse mesmo decreto-lei.

A respectiva data de publicação do decreto-lei no Jornal Oficial torna-se totalmente irrelevante para efeitos de início da contagem do prazo de impugnação contenciosa, tal como irrelevante é a data da notificação de um acto administrativo sujeito a termo inicial ou a condição suspensiva para idêntica

[12] Neste sentido, cfr. SÉRVULO CORREIA, *Noções de Direito Administrativo*, I, Lisboa, 1982, pp. 326 ss.

[13] Cfr. MÁRIO ESTEVES DE OLIVEIRA/RODRIGO ESTEVES DE OLIVEIRA, *Código de Processo nos Tribunais Administrativos*, I, Coimbra, 2004, p. 361.

[14] Neste sentido, cfr. MÁRIO ESTEVES DE OLIVEIRA/RODRIGO ESTEVES DE OLIVEIRA, *Código de Processo...*, I, p. 361.

finalidade: o prazo da *vacatio legis* faz retardar o início da contagem do prazo de impugnação dos actos administrativos publicados sob a forma de decreto-lei, remetendo o início da contagem desse prazo para o termo do prazo da própria *vacatio legis*.

Esta solução resulta directamente dos efeitos "paralisantes" que a *vacatio legis* gera para a eficácia do acto administrativo sob a forma de decreto-lei, retardando a sua entrada em vigor e, deste modo, o início da produção dos respectivos efeitos típicos lesivos.

5. Paralelamente ao fundamento jurídico-administrativo que determina que o início da contagem do prazo de impugnação contenciosa de actos administrativos sob a forma de decreto-lei se faça da data da entrada em vigor desse mesmo acto – data essa correspondente ao termo do prazo da *vacatio legis* –, um fundamento jurídico-constitucional pode reforçar esta solução: o regime da apreciação parlamentar de decretos-leis, nos termos do artigo 169.° da Constituição.

Se se admitir que os decretos-leis que materializam verdadeiros actos administrativos podem ser objecto de apreciação parlamentar [15], incluindo a possibilidade de verem cessada ou suspensa a sua vigência por intervenção da Assembleia da República [16], uma vez que essa apreciação tem de ser solicitada nos trinta dias subsequentes à sua publicação [17], ela não depende do decurso do prazo da *vacatio legis*: durante o período da *vacatio legis*, os decretos-leis podem ser objecto de apreciação parlamentar para efeitos do estipulado no artigo 169.° da Constituição.

Quer isto dizer o seguinte: um decreto-lei que não tenha ainda entrado em vigor, carecendo as suas normas de qualquer eficácia jurídica, desde que tenha sido publicado, e ainda que se encontre em período de *vacatio legis*, poderá sempre ser objecto de apreciação política pela Assembleia da República.

Os trinta dias subsequentes à publicação do decreto-lei criam, deste modo, um espaço de reserva política de intervenção da Assembleia da República, integrando-se o período de *vacatio legis* neste domínio: uma *vacatio legis* superior a trinta dias corresponderá mesmo à inequívoca garantia pelo legislador de uma

15 Neste sentido, cfr. JORGE MIRANDA, *Manual de Direito Constitucional*, V, 3.ª ed., Coimbra, 2004, pp. 346 e 347. Em sentido contrário, cfr. PAULO OTERO, *O Poder de Substituição em Direito Administrativo – enquadramento dogmático-constitucional*, II, Lisboa, Lex, 1995, p. 628.

16 Cfr. JORGE MIRANDA, *Manual...*, V, p. 346.

17 Cfr. CRP, artigo 169.°, n.° 1.

reserva absoluta de intervenção política parlamentar de controlo sobre os diplomas legislativos, excluindo-se qualquer intervenção jurisdicional de controlo durante esse mesmo prazo.

Reforça-se, por esta via, a função constitucional do prazo da *vacatio legis* de decretos-leis que integram actos administrativos: trata-se de um período de controlo parlamentar do mérito político do acto e, simultaneamente, de exclusão de controlo contencioso dos respectivos efeitos típicos. Garantem-se, deste modo, dois princípios fundamentais:

(i) Previnem-se, em primeiro lugar, potenciais embaraços à separação de poderes entre o controlo político e o controlo jurisdicional do mesmo acto;

(ii) Satisfaz-se, em segundo lugar, uma regra de economia processual que poderá bem ditar a desnecessidade de utilização dos meios contenciosos face a actos que, entretanto – ainda durante o período da *vacatio legis* –, cessam a sua vigência pelo mecanismo do artigo 169.° da Constituição [18].

Confirma-se aqui, igualmente, que a melhor solução constitucional será sempre aguardar pelo termo do prazo da *vacatio legis* para se dar início à contagem do prazo de impugnação contenciosa de actos administrativos sob a forma de decreto-lei.

6. Sem entrar na discussão sobre a bondade da solução final acolhida pelo Acórdão da 1.ª Subsecção da Secção do Contencioso Administrativo do Supremo Tribunal Administrativo, de 23 de Setembro de 2004 (Associação dos Concessionários de Bingo e outros / Conselho de Ministros e outros), verifica-se que a problemática do prazo da *vacatio legis* do decreto-lei que aprovou o acto recorrido não foi tomada em consideração para aferir da eventual extemporaneidade do recurso interposto.

[18] É certo, urge sublinhar, que a cessação de vigência não tem efeitos retroactivos, uma vez que o decreto-lei apenas deixa de vigorar no dia da publicação da respectiva resolução (CRP, artigo 169.°, n.° 4), razão pela qual os efeitos produzidos desde o termo do prazo da *vacatio legis* até à data da publicação da resolução que determina a sua cessação de vigência se mantêm na ordem jurídica. Contra tais efeitos, sem prejuízo da possibilidade de suspensão do próprio decreto-lei (CRP, artigo 169.°, n.° 2) ou da própria cessação de vigência ocorrer dentro do período da *vacatio legis* do decreto-lei, sempre se encontram disponíveis os meios do contencioso administrativo.

Bem pelo contrário, o Supremo Tribunal Administrativo, esquecendo que a *vacatio legis* assume a natureza de verdadeiro termo inicial (v. *supra*, n.° 2) e ao arrepio da jurisprudência anterior que entende que um acto sujeito a termo inicial só pode ser objecto de impugnação contenciosa a partir do momento em que tal acto adquire eficácia (v. *supra*, n.° 3), resolveu que o início da contagem do prazo do recurso contencioso de acto administrativo inserido em decreto-lei se aferia da data da publicação do decreto-lei, sem discutir os efeitos da *vacatio legis* sobre o acto recorrido.

Nessa omissão de ponderação do prazo da *vacatio legis* sobre o início da contagem do prazo da impugnação contenciosa, independentemente do resultado final da sentença continuar (ou não) a ser a extemporaneidade do recurso de anulação, reside o alvo da objecção dirigida ao presente Acórdão do Supremo Tribunal Administrativa. É que, em última análise, a impugnação contenciosa de acto administrativo praticado sob a forma de decreto-lei encontra na temática da *vacatio legis* uma especificidade que nunca se coloca nos restantes actos administrativos [19].

PAULO OTERO

[19] Refira-se ainda, em termos complementares, que os actos administrativos praticados sob a forma de decreto-lei deparam com outras especificidades de regime que, muito clara e inequivocamente, os diferenciam dos restantes actos administrativos: a título exemplificativo, encontram-se sujeitos a promulgação presidencial, podem ser objecto de veto político ou ainda de fiscalização preventiva da constitucionalidade.

Registo Bibliográfico

O princípio da desculpa em Direito penal

(Maria Fernanda Palma, Coimbra, Livraria Almedina, 2005, 264 pp., € 17,00 com IVA)

1. O Direito penal assenta no princípio da culpa. De acordo com o moderno penalismo, o Estado só pode punir o agente que, tendo perpetrado um ilícito criminal, incorra numa especial censura. E essa censura cabe porque, no facto, o agente revela uma postura interna pessoal juridicamente desaprovada. O julgador deverá pois, para além do juízo de ilicitude, formular, em instância distinta, o juízo integrador da culpa. Quanto à natureza última da culpa, que se prende com a clássica discussão do livre-arbítrio *versus* determinismo, a literatura é abundante: Roxin, *Strafrecht/Allgemeiner Teil*, I, 3.ª ed. (1997), 732 ss., refere, além dos inevitáveis negativistas, cinco teorias.

2. A Prof. Doutora Maria Fernanda Palma, da Faculdade de Direito de Lisboa, em páginas claras mas densas, enfrenta directamente o problema: os juízes aplicam apenas um esquema formal em que a culpa é uma pura consequência do ilícito; ela só poderá ser excluída em casos tipificados que não atendem à verdadeira estrutura existencial e emocional do agente (p. 13). A Autora propõe-se contrariar esse estado de coisas, que tem por negativo. E para tanto, apresenta aos seus leitores o princípio da desculpa.

3. Num primeiro capítulo, Maria Fernanda Palma pondera os problemas actuais da culpa: o seu esvaziamento problemático-decisório (p. 13) herdado da teoria do ilícito pessoal (p. 25); o dilema entre a auto-avaliação do agente e o crivo da perspectiva cultural dominante (p. 25); o dilema entre a relevância dos estados subjectivos de cariz psicológico e a sua pura negação (p. 25); finalmente: as restrições que o Código Penal põe quanto à relevância do papel da culpa (pp. 25-32).

4. No capítulo segundo, a Autora analisa o tema da liberdade e da responsabilidade, numa perspectiva de relação entre o debate filosófico e o Direito penal. Trata-se do debate clássico – e sempre actual – entre determinismo e liberdade: examinado na vertente filosófica (p. 42) e na neurociência (p. 48). Impor-se-iam respostas de meio termo ou compatibilistas, das quais se imporia retirar um princípio da desculpa (p. 64). A concepção de liberdade pessoal de base individualista, do Prof. Figueiredo Dias é criticada (pp. 66-68), contrapondo-se-lhe uma visão menos racionalizada, apoiada no desejo e na emoção que constituiriam indícios e critérios de deliberação moral (p. 77). A possibilidade de culpa, nesta dimensão, tem vantagem em ser aferida a partir do seu afastamento: o princípio autónomo da desculpa (p. 88).

5. O terceiro capítulo é dedicado ao problema do mal (pp. 85-116). A ideia é seguida como negatividade, de Aristóteles a Adorno (p. 88), até à "desmalificação" levada a cabo por pensadores distintos como Karl Marx e Sigmund Freud (p. 101) e às concepções culturais (p. 103). A Autora acolhe-se à fórmula de Jean Nabet: o mal é o injustificável porquanto produto da liberdade e não do determinismo o que, pelo prisma da Autora, envolve a sua excepcionalidade (p. 114).

6. Desbravadas estas noções, a obra passa, no quarto capítulo (pp. 117-140), a estudar a culpa e a desculpa no Direito penal. A culpa penalmente relevante é expressão de uma acção que reflecte a identidade do seu autor (a consciência de si) e pressupõe não estarem em causa as condições essenciais de uma opção por alternativas (p. 131); o acto de punir é contido por razões morais (p. 133), sendo a desculpa a expressão de princípios de justiça elementares e condição moral da responsabilidade penal (p. 134). O princípio da desculpa, insatisfatoriamente consagrado na lei, assentaria nos seguintes traços (p. 139): 1.° Exigência de verificação empírica da capacidade do agente se motivar pela norma, com rejeição do normativismo e das causas de desculpa; 2.° Confrontação da capacidade abstracta de o agente se motivar pela norma com a oportunidade concreta de o fazer, de acordo com critérios de justiça e equidade que atestem a situação do agente; 3.° Relevância desculpante de factores que afectam a manifestação da identidade da pessoa no acto.

7. Finalmente e no quinto capítulo, Maria Fernanda Palma constrói o ensaio sobre a teoria da desculpa (pp. 141-247). No essencial: a ideia geral de desculpa unifica as diversas situações de excusa previstas na lei e potencia novas causas (pp. 141-143); assenta numa ética de emoções: uma falta concreta de

capacidade emocional, que não de vontade (pp. 144-149), enquanto a justificação pressuporia uma delimitação recíproca de direitos (p. 154). A desculpa é ponderada perante o estado de necessidade desculpante (p. 154 e p. 156), sendo insuficiente a ideia de inexigibilidade (p. 159); a própria Constituição, que não poderia contracenar com meros direitos em conflito, admitiria a emergência subjectiva (p. 163) e o apelo ao conflito existencial do agente (p. 166). Segue-se a análise de várias situações problemáticas (pp. 174-215), incluindo a das variações do contexto social com relevo para a defesa da honra (p. 181) e para o erro moral (p. 206). A ideia de desculpa é, por fim, espraiada a partir de uma ética de emoções (p. 225-244). O capítulo encerra com breves conclusões (pp. 245-247).

8. *O princípio da desculpa* foi elaborado expressamente para a prestação de provas de agregação em Direito, que a Autora concluiu, com justo êxito, no passado dia 13-Dez.-2005, na Universidade de Lisboa. É uma obra de leitura difícil, que toca com profundidade em muitos dos grandes temas do Direito penal e da Filosofia do Direito. As discordâncias serão múltiplas: o pré-entendimento da irrelevância prática da culpa, o determinismo que temos por excessivo e indemonstrado, os problemas de concretização legal e o próprio construtivismo que permite converter a culpa em essência da desculpa. Fica-nos, porém, um trabalho do mais alto nível, que relança, com todo o mérito, o debate eterno da condição humana.

M.C.

Da cessação do contrato

(PEDRO ROMANO MARTINEZ, Coimbra, Livraria Almedina, 2005, 687 pp., € 35,00 com IVA)

1. A cessação do contrato constitui uma área pouco versada e pouco sistematizada, no Direito das obrigações. O próprio Código Civil dá o mote, uma vez que no título relativo às obrigações em geral, ele apenas trata da resolução – artigos 432.° a 436.° – e da resolução por alteração das circunstâncias – artigos 437.° a 439.°. A caducidade *stricto sensu* surge na parte geral – artigos 328.° a 333.° – enquanto a revogação, a oposição à renovação e a denúncia originam disposições esparsas, reflectidas, com flutuações de toda a ordem, por diversos contratos. A situação torna-se mais complexa mercê da presença, em diplomas extravagantes, de regimes atinentes à cessação de figuras contratuais distintas: pense-se no contrato de agência, no contrato de arrendamento urbano e no contrato de trabalho.

2. O Prof. Doutor Pedro Romano Martinez, da Faculdade de Direito de Lisboa e da Universidade Católica, chamou a si um empreendimento de grande porte: o de estudar, de modo sistemático, a cessação do contrato. O universo é extenso. Desde logo, o contrato extingue-se pelo cumprimento de todas as obrigações que nele tenham a sua fonte. E cessará, naturalmente, pela sua invalidação ou por impossibilidade superveniente. O Autor, referindo o problema – particularmente interessante perante a reforma do BGB de 2001/2002 – acaba por se centrar nas quatro figuras clássicas de cessação do vínculo obrigacional: resolução, revogação, denúncia e caducidade (p. 34). E é sobre essas figuras que se irá debruçar a sua monografia.

3. *Da cessação do contrato*, após a introdução (pp. 19-36), está ordenada em duas partes: I – Regime comum de extinção dos vínculos contratuais (pp. 37-247)

e II – Regimes particulares de cessação do vínculo contratual (pp. 251-600). A obra encerra com conclusões (pp. 601-603), apresentando, ainda, vigorosos índices: bibliográfico, ideográfico, de jurisprudência, de autores, de disposições legais (nacionais e estrangeiras) e geral.

4. O regime comum mostra-se, por seu turno, ordenado por quatro capítulos. Primeiro, temos as formas de cessação do contrato (pp. 39-88), relativas, sucessivamente, à caducidade, à revogação, à denúncia, e à resolução. A rescisão é apontada como não tendo um sentido unívoco, correspondendo, na dúvida, à resolução. Segue-se um capítulo relativo ao regime específico das diferentes formas da cessação onde, pela mesma ordem, são ponderadas as referidas quatro figuras: uma área especialmente estimulante da obra (pp. 89-224). Nos terceiro e quarto capítulos são expostas particularidades atinentes à extinção de relações duradouras (pp. 225-240) e à cessação do vínculo em contratos coligados (pp. 241-247).

5. A parte II é dedicada, como se disse, aos regimes particulares de cessação do vínculo contratual: digamos que se trata da parte especial da obra. O Autor analisa, aí, sucessivamente, as especificidades da compra e venda (pp. 251 e ss.), da doação (pp. 287 ss.), da sociedade (pp. 295 ss.), da locação (pp. 309 ss.), da parceria pecuária (pp. 355 ss.), do comodato (pp. 359 ss.), do mútuo (pp. 365 ss.), do trabalho (pp. 371 ss.), da prestação de serviço, incluindo a agência (pp. 519 ss.), do mandato (pp. 521 ss.), do depósito (pp. 543 ss.), da empreitada (pp. 551 ss.), da renda perpétua (pp. 589 ss.), da renda vitalícia (pp. 593 ss.), do jogo e aposta (pp. 597 ss.) e da transacção (p. 599). Como se vê, avultam, lado a lado com os contratos do Código Civil, importantes figuras extravagantes, com relevo para a agência e, sobretudo, para o contrato de trabalho, que obtém um desenvolvimento de quase 150 pp.. Este justifica-se pelo longo e pormenorizado regime legal – artigos 382.° a 450.° do Código do Trabalho.

6. A presente obra foi elaborada para a prestação de provas de agregação em Direito, concluídas no dia 15-Dez.-2005, na Universidade de Lisboa: com pleno e justificado êxito. Mais importante, porém: o seu Autor veio colmatar, da melhor forma, uma patente lacuna na nossa literatura jurídica: a cessação dos contratos.

M.C.

Cessão de créditos

(Luís Menezes Leitão, Coimbra, Livraria Almedina, 2005, 669 pp., € 39,99 com IVA)

1. Na tradição romana, a obrigação era um vínculo pessoal entre o credor e o seu devedor: ideia que, de resto, ainda hoje perpassa pelo artigo 397.° do Código Civil. Nestes termos, ela era inerente quer à pessoa do credor, quer à do devedor. *Nomina ossibus inhaerent*: os créditos inerem aos ossos, nas palavras dos glosadores.

Ao longo da História, foram-se desenvolvendo os expedientes destinados a permitir a transmissão dos créditos, matéria agora em causa. Depois de diversas flutuações, a cessão de créditos ficaria consignada nos vários códigos civis, desenvolvendo-se toda uma dogmática destinada a aplainar dificuldades e a proteger a posição do devedor. O actual Direito bancário compõe figuras significativas, assentes na cessão de créditos, com relevo para a cessão financeira (*factoring*).

2. O Prof. Doutor Luís Menezes Leitão, da Faculdade de Direito de Lisboa, assumiu a tarefa de dotar a actual civilística portuguesa de uma obra de fôlego, no domínio da cessão de créditos. Em boa hora: para encontrar na nossa Terra, um outro livro de peso sobre o tema, teríamos de remontar cinquenta anos: até ao trabalho do Prof. Vaz Serra, *Cessão de créditos ou de outros direitos*, BMJ, número especial, 1955, 5-374. Tratou-se, então, de um estudo preparatório, com vista à elaboração do Código Civil. Outros estudos entretanto publicados sobre a cessão ficam francamente aquém da obra ora em recensão.

3. A *cessão de créditos* divide-se em duas partes: evolução histórico-dogmática (pp. 23-282) e estudo do Direito positivo (pp. 283-586), encerrando a obra com a jurisprudência, a bibliografia e o índice geral (pp. 587-669). Por seu

turno, o estudo do Direito positivo subdivide-se numa primeira rubrica, sobre a disciplina genérica da cessão de créditos (pp. 285-414) e numa segunda, sobre casos especiais de cessão de créditos (pp. 414-586). A repartição é clara e permite uma rápida localização da matéria.

4. Na parte dedicada à evolução histórico-dogmática, o Autor oferece-nos um aprofundado desenvolvimento: ao nível do que já nos havia habituado em *O enriquecimento sem causa no Direito civil* (1996, 2.ª ed., 2005, Coimbra, Almedina). A matéria, com um sólido apoio bibliográfico e nos textos, é seguida, entre outros domínios, no Direito romano (pp. 23 ss.), nos glosadores e pós-glosadores (pp. 45 ss.), na prática notarial italiana nos séculos XII a XV (pp. 56 ss.), no humanismo francês e holandês (pp. 65 ss.), no novo *usus modernus* (pp. 114 ss.), no jusnaturalismo (pp. 129 ss.), na pré-codificação francesa (pp. 142 ss.), na primeira codificação (pp. 150 ss.), na pandectística (pp. 168 ss.), na segunda codificação (pp. 190 ss.), nos novos desenvolvimentos continentais (pp. 206 ss.), no *common law* (pp. 216 ss.) e no Direito uniforme (pp. 253 ss.).

5. Em síntese da evolução histórico-dogmática, o Autor é levado a concluir que a moderna cessão de créditos não resulta da lógica jurídica mas, antes, do produto "... de uma complexa evolução histórico-dogmática, em que as necessidades do tráfego foram impondo uma sucessiva alteração dos paradigmas existentes em relação à transmissão do crédito" (p. 276). Toda a evolução se deu no sentido de se apurarem expedientes destinados a, sob um princípio de intransmissibilidade, tornar possível a efectiva circulação dos créditos, com uma tutela para o devedor.

Além disso, a evolução histórico-dogmática permite apurar uma clivagem de modelos, consoante exista ou não uma separação entre a cessão e o negócio-base (pp. 277 ss.) e divergências no tocante à relevância a atribuir à notificação ao devedor.

6. Passando ao estudo do Direito positivo, o Autor vai ocupar-se, primeiramente, da disciplina jurídica da cessão de créditos. São examinados os seus requisitos (pp. 288 ss.) e os seus efeitos (pp. 313 ss.), em relação às partes, ao devedor e a terceiros. Aspecto importante e circunstanciadamente examinado é o da transmissão das garantias e acessórios do crédito. Luís Menezes Leitão segue o método de isolar os diversos problemas, ponderá-los à luz da doutrina e da jurisprudência e, depois, propor soluções.

A rubrica conclui com a aplicação do enriquecimento sem causa no âmbito da cessão de créditos (pp. 403 ss.).

7. Segue-se o exame dos casos especiais de cessão de créditos: cessão de créditos futuros (pp. 414 ss.), cessão de créditos em garantia (pp. 440 ss.), cessão de créditos futuros com fins de garantia (pp. 454 ss.), cessão global (457 ss.), dação de créditos em cumprimento (pp. 462 ss.), dação de créditos *pro solvendo* (pp. 462 ss.), cessão para cobrança (pp. 470 ss.), cessão de créditos sujeita a condição (pp. 473 ss.), cessão de créditos sujeita a termo (pp. 479 ss.), cessão em branco (pp. 481 ss.), desconto bancário (pp. 491 ss.), cessão financeira (pp. 506 ss.), cessão de créditos para efeitos de titularização (pp. 540 ss.) e cessão de créditos ao consumo (pp. 575 ss.).

8. Como conclusão do estudo de Direito positivo, o Autor retira, essencialmente: que as exigências económicas levaram a que a cessão de créditos não se cinja a uma transmissão isolada do crédito, antes abrangendo a de outros elementos que o acompanham, como as garantias e outros acessórios; que a diferença entre a cessão de crédito e a cessão da posição contratual acaba, assim, por ser de mero grau (pp. 584-585); e que o regime geral dos artigos 577.° e seguintes do Código Civil não se adapta às categorias especiais de cessão de créditos, as quais devem ser estudadas (p. 586).

9. No actual momento da nossa História, torna-se fundamental estabelecer, no estudo, no ensino e na literatura, o Direito civil português. Será a base, no futuro, da manutenção da nossa identidade histórico-cultural: ela tem, na língua e no Direito, os seus mais fortes pilares. A proliferação de figuras especiais de "cessões" e as daí decorrentes (e naturais) curiosidades, patentes em múltiplos estudos sectoriais, não nos podem levar a esquecer a boa velha cepa civil, base de todas as valorações. A tudo isto a *Cesssão de créditos*, de Menezes Leitão, vem dar respostas.

10. A obra ora recencionada foi expressamente elaborada por Luís Menezes Leitão para a prestação de provas de agregação em Direito, concluídas na Universidade de Lisboa, no dia 20-Dez.-2005, com pleno e justo êxito. E para todos fica disponível um excelente estudo que associa, a uma investigação científica aprofundada, a divulgação global de figuras fundamentais no actual tráfego jurídico.

M.C.

Arbitragem transnacional/A determinação do estatuto da arbitragem

(LUÍS DE LIMA PINHEIRO, Coimbra, Livraria Almedina, 2005, 702 pp., € 39,99 com IVA)

1. No plano interno, os contratos mais significativos são, muitas vezes, concluídos com convenções de arbitragem. Por várias razões: as partes pretendem assegurar-se de que os seus eventuais dissídios são resolvidos de forma lesta; elas preferem entregar os problemas a especialistas; elas esperam, numa discussão menos formal, majorar as hipóteses de demonstrar a sua razão. Dispõe, sobre o tema e no fundamental, a Lei n.° 31/86, de 29 de Agosto, sendo de contar, ainda, com os centros de arbitragem institucionalizada, com relevo para o que funciona junto da Associação Comercial de Lisboa. E a importância da arbitragem é ainda maior no campo internacional: estima-se que cerca de 90% dos contratos comerciais internacionais contenham convenções de arbitragem. No plano internacional há que contar com diversos instrumentos relevantes, destacando-se a Convenção de Nova Iorque sobre o Reconhecimento e a Execução de Sentenças Arbitrais Estrangeiras, de 1958. E também aqui joga a arbitragem institucionalizada, sendo de referir a que funciona junto da Câmara de Comércio Internacional, de Paris. Por aí têm passado muitos interesses portugueses, de teor internacional.

2. O Prof. Doutor Luís de Lima Pinheiro, da Faculdade de Direito de Lisboa, vem pôr à disposição do público interessado de língua portuguesa um primeiro tratado de arbitragem internacional – ou, como ele prefere "transnacional". Assinale-se de imediato que a obra sob recensão vai muito para além de uma exposição sistemática da matéria: antes procede a diversas e importantes investigações jurídico-científicas em profundidade. *Arbitragem transnacional*

comporta dois níveis de leitura: a de seriação descritiva de diversas fontes relativas à arbitragem internacional e o de uma pesquisa sobre temas complexos de arbitragem e de doutrina internacional privada.

3. A obra reparte-se por três partes: regulação e controlo estadual da arbitragem transnacional, regulação autónoma da arbitragem transnacional e determinação do estatuto da arbitragem pelos árbitros.

Na parte I, após um primeiro capítulo de preliminares, o Autor vem ocupar-se da arbitragem voluntária em geral (pp. 83 ss.): versa, aí, entre outros, pontos básicos da competência do tribunal arbitral, da convenção de arbitragem, do estatuto dos árbitros, do processo arbitral, da execução da decisão arbitral e da natureza jurídica da arbitragem. Apuradas as inerentes noções, Lima Pinheiro examina profiquamente a arbitragem transnacional retomando, agora nesse nível, as diversas conceitualizações (pp. 197 ss.). O reconhecimento das decisões arbitrais estrangeiras (pp. 283 ss.) e o âmbito espacial da regulação e do controlo estadual da arbitragem transnacional (pp. 333 ss.) fecham essa parte.

4. A parte II ocupa-se da regulação autónoma da arbitragem transnacional (pp. 375 ss.). São sucessivamente apresentados o espaço transnacional (pp. 375 ss.), a tese da ordem jurídica autónoma do comércio internacional (pp. 383 ss.) e o Direito transnacional da arbitragem (pp. 441 ss.). Analisando e rebatendo diversas teses, Lima Pinheiro acaba por fazer assentar a arbitragem internacional num Direito transnacional autónomo relativamente às ordens jurídicas estaduais (p. 460).

5. Na parte III, o livro ora examinado versa a determinação do estatuto da arbitragem pelos árbitros. Pondera as teses tradicionais (pp. 477 ss.), a relevância do Direito unificado (pp. 497 ss.), os árbitros como destinatários do Direito transnacional da arbitragem e de directrizes estaduais e supra-estaduais (pp. 517 ss.), a resolução de conflitos de directrizes estaduais (pp. 585 ss.) e a conjugação do Direito transnacional da arbitragem com as directrizes estaduais (pp. 617 ss.). Em todas estas rubricas, é passada em revista matéria técnica do maior relevo, sempre com um excelente nível de informação.

6. As conclusões (pp. 621-626) são úteis: apresentam um panorama concreto do roteiro da obra, embora não dispensem a leitura atenta do livro.

7. *Arbitragem transnacional* surge ainda com um importante nível comparatístico. O Autor trabalha com as leis e as doutrinas francesa, suíça, inglesa, alemã,

italiana, norte-americana, brasileira e, naturalmente, portuguesa (pp. 57-58), demonstrando um fino virtuosismo.

Na presente oportunidade, cumpre deixar uma nota nossa e pessoal, baseada no estudo e na prática da arbitragem: esta não é sempre, para as partes, o *el dorado* que possa ser sugerido pela multiplicação de convenções de arbitragem, nos contratos internacionais. Há uma grande margem de incerteza quanto ao sentido das decisões. A aplicação de Direitos nacionais feita por juristas de outros países – frequente, nas arbitragens CCI, uma vez que, em regra, o presidente é escolhido entre personalidades de terceiros Estados – é, sempre, flutuante: a prova do Direito aplicável acaba, assim, por se tornar central nas arbitragens internacionais, em novo factor de incerteza. E, com frequência, pelo prisma da parte perdedora, os tribunais internacionais menosprezam a globalidade da prova, centrando-se em pontos precisos. Apenas especialistas muito experientes podem abalançar-se a intervir, com bons resultados, na arbitragem internacional. E, nesta, a grande fonte legitimadora, a todos os níveis, é a convenção de arbitragem: dê-se-lhe, depois, a cobertura técnica que se pretender. Para além das controvérsias clássicas do Direito internacional privado, os árbitros centram a sua atenção na aplicação do contrato.

8. *Arbitragem transnacional* foi, ainda, uma obra expressamente aprontada por Luís de Lima Pinheiro para a realização de provas de agregação em Direito, na Universidade de Lisboa. Estas concluíram-se, com justo êxito, em 22-Dez.-2005. Fica, agora, à disposição de todo o público interessado cumprindo, também a esse nível e da melhor maneira, a sua missão.

M.C.